Tony Anthony

Authentische Leben
Den Tiger zähmen

Verlag C. M. Fliß
Lütt Kollau 17, 22453 Hamburg

1. Auflage 2005
Originaltitel: Taming the Tiger
Übersetzung: Dr. Friedemann Lux
Umschlag: Jens Meier
Satz: Satz & Medien Wieser, Stolberg
Druck: Printed in Germany

ISBN 3-931188-86-8

Wir informieren Sie gern über unser Gesamtprogramm.
Postkarte, Fax oder E-Mail genügt:
Verlag C. M. Fliß, Postfach 61 04 70, 22424 Hamburg
Tel. 040 / 58 64 92, Fax 040 / 58 37 04
Bestellservice@cmf-verlag.de
www.cmf-verlag.de

Ich widme dieses Buch Michael Wright,
der mich und so viele andere aus der Wüste rief.

Den Tiger zähmen, den Drachen besiegen.

(Chinesisches Sprichwort)

Und ich sah einen Engel vom Himmel herabfahren, der hatte den Schlüssel zum Abgrund und eine große Kette in seiner Hand. Und er ergriff den Drachen, die alte Schlange, das ist der Teufel und der Satan, und fesselte ihn für tausend Jahre, und warf ihn in den Abgrund und verschloß ihn und setzte ein Siegel oben darauf, damit er die Völker nicht mehr verführen sollte.

(Offenbarung 20,1-3)

Danke!

Dieses Buch beschreibt eine lange Reise, und viele Menschen haben bei seiner Entstehung eine Rolle gespielt.

Am meisten danke ich meiner Frau Sara für ihre Weisheit. Sie ist meine beste Freundin, die mir immer wieder Mut macht und mich korrigiert. Sie ist mit ihrem ruhigen Lächeln der ruhende Pol in einer zutiefst befriedigenden, aber manchmal an die emotionale Substanz gehenden Arbeit. Ein großes Dankeschön auch meinen Söhnen Ethan und Jacob, die mir sagen: »Papa, wir vermissen dich so, wenn du nicht da bist«, und die mich dann, wenn ich nach Hause komme, daran erinnern, daß Väter zum Spielen, Geschichten-Vorlesen und Schmusen da sind.

Dieses Buch wäre nicht möglich gewesen ohne die hingebungsvolle Beharrlichkeit von Angela Little, der besten Mitautorin, die man sich wünschen kann. Von unserer ersten Begegnung an waren wir auf einer Wellenlänge, und ihre Begeisterung für dieses Projekt ist ebenso unermüdlich wie ansteckend gewesen. Danke, daß du dieses Projekt angenommen und durchgeführt hast. Danke, daß du verstanden hast, wer ich früher war und wer ich heute bin.

Angelas Ehemann Phil: Danke für all deine Hilfe und Ermutigung. Ein großes Dankeschön auch an euren Sohn Samuel, der so viel Zeit mit Mama großzügig geopfert hat. Ich danke den vielen Freunden und Verwandten, die Angela bei diesem Projekt unterstützt haben – vor allem Gordon und Dorothy Little, Tony und Linda Smith und Chris und Linda McIntire für all ihre ganz praktische Hilfe und Ermutigung.

Malcolm Down und das Team des Verlags Authentic Publishing: Danke für eure Begeisterung, euren Mut und euren Glauben an dieses Buch.

Ich danke ferner den Vorstandsmitgliedern meines Werkes, die mir so treu Leitung und Richtung für meine Arbeit geben: Rob Land, Martin Eady, Sara Anthony, David Coleman, David Duell, Patrick Russell-Mott, Tina May, Jane Christian und Luke Dobson.

Ich danke meinen Mentoren: George Verwer, Steven Hembery, Gwyn Jordan, David Chadwick und Paul Wilcox, deren Weisheit und Rat mein Leben und meine Arbeit reicher gemacht haben.

Und nicht zuletzt: Danke, lieber Leser, daß du dir die Zeit nimmst, meine Geschichte zu lesen.

Tony Anthony

Kapitel 1

Shane D'Souza war kaum noch zu erkennen. Er war zusammengeschlagen, zerstochen, vergewaltigt, auf jede nur erdenkliche Art demoliert. Die Wärter hoben ihn von dem Zellenfußboden, auf dem sich große, dunkelrote Blutpfützen gebildet hatten, und legten seinen Körper auf eine schmutzige Trage. Dann trugen sie ihn durch den dunklen Korridor zur Krankenstation. Die kleine Gruppe der Zuschauer löste sich auf. Wir alle wußten, wer den jungen Mann aus Sri Lanka so zugerichtet hatte, aber niemand sagte ein Wort. Der Gefängnisverwaltung war es egal. Für sie war es ein Knastbruder (oder, auf griechisch, *fylakismenos*) weniger im Block B. Er würde bald durch einen anderen ersetzt werden. Es würde keine Untersuchung geben, keine Strafe für den Täter, keine Gerechtigkeit für meinen Freund.

Es war ein ganz normaler Tag im Zentralgefängnis von Nikosia. Wir waren Mörder, Drogenhändler und Schmuggler, Gangster, Kindesschänder, Diebe, Vergewaltiger, Terroristen und Betrüger, ein stinkender Eintopf menschlicher Verderbtheit, von den Gemeinsten der Gemeinen bis zu denen, die einfach Pech gehabt hatten, zusammengewürfelt in einem zypriotischen Gefängnis.

Es gab viele Gesetze in diesem Gefängnis, aber sie stammten nicht von der Obrigkeit. Wir lebten nach einem Gesetzbuch der Gewalt, dessen eines Ziel das Überleben war. Jeder für sich, ständig galt es, auf der Hut zu sein, keiner wußte, wann das nächste Blut vergossen würde, womöglich nur so aus Spaß. Aber zwischen mir und Shane hatte es so etwas wie ein Bündnis gegeben, und als ich sah, was da mit Shane passiert war, stieg die schwarze Wut in mir hoch.

Al Capone – oder Alcaponey, wie die Griechen ihn nannten – war ein Exemplar von der übelsten Sorte. Seinen wirklichen Namen kannte niemand. Er war einer von den kriminellen Geistesgestörten. Die Gerichte gaben sich nicht mit psychiatrischen Anstalten ab, sie luden die Verrückten einfach bei uns ab. Sie waren ihr eigenes Gesetz, die Verrückten, und Alcaponey war einer der Allerschlimmsten. Er war ein Barbar aus Zypern, ein Einzelgänger, der kaum seine Muttersprache beherrschte. Er saß wegen Mord und diverser Vergewaltigungen ein und war ein Psychopath erster Güte. Während wir anderen unsere Zeit mit Drogen, kleineren Diebstählen (meist Zigaretten und Schokolade, unsere hauptsächliche »Währung«) und gelegentlichen handwerklichen oder künstlerischen Arbeiten verbrachten, bestand Alcaponeys Tagewerk darin, andere Insassen zusammenzuschlagen, zu verstümmeln und zu vergewaltigen. Er war ein Lebenslänglicher, der entschlossen schien, uns anderen das Leben zur Hölle zu machen.

An dem Tag, an dem er Shane so zurichtete, schwor ich, Shanes Rächer zu werden. Alcaponey war einen guten Kopf größer als ich. Er trainierte mit Hanteln, und seine Arme waren so dick wie meine Oberschenkel, aber ich wußte, daß ich ihn kriegen konnte. Ich wußte: Ich konnte ihn mit meinen bloßen Händen töten, er würde bezahlen für jeden Schlag, für jede Untat, für jeden Tropfen von Shanes Blut.

In den nächsten Tagen hing eine stumme Wolke der Vorahnung über dem Gefängnis. Jeder wußte, daß ich hinter Alcaponey her war. Es würde nicht schön werden. Ich wartete nur auf den richtigen Augenblick. Fast zwei Wochen vergingen, und mit jedem Tag stieg meine Wut und meine Entschlossenheit, ihn auf jede nur erdenkliche Art leiden zu lassen. Es reichte mir nicht, ihn zu töten. Bevor ich ihn zur Hölle schickte, sollte er mich auf Knien um Gnade anflehen. Ich war ein Kung-Fu-Meister der Weltklasse, ich konnte ihn buchstäblich in Stücke reißen. Ich konnte es jederzeit, mit meinen bloßen Händen, auch wenn ich, wie die meisten Männer hier, oft eine Klinge bei mir trug. Wir brachen die Klingen aus unseren Rasierern heraus und versteckten sie anschließend unter der Zunge oder an anderen Stellen, wo die Wärter sie nicht leicht entdeckten. Nicht, daß die Wärter sich viel Mühe machten. Einigen von ihnen bereitete unsere Bewaffnung ein sadistisches Vergnügen, andere schauten einfach weg. Was ging es sie an, wenn der nächste Insasse zusammengestochen oder mit dem Rasiermesser an der Kehle vergewaltigt wurde?

Gammodi bastardos! Plötzlich hallte Alcaponeys kreischender Schrei durch den dunklen Korridor, im nächsten Augenblick preßte er mich gegen die Betonwand. Ich ärgerte mich über mich selber, daß ich nicht besser aufgepaßt hatte, doch gleichzeitig schoß das Adrenalin durch meine Adern. Endlich war die Stunde der Abrechnung mit diesem Teufel da.

Der Gestank seines Atems war widerlich, als er das ganze Gewicht seines riesigen Körpers gegen mich drückte, bis unsere Nasen sich berührten. Eine Klinge schnitt in meinen Hals, suchte nach meiner Halsschlagader. Meine freie linke Hand schoß nach vorne und packte sein schweißiges Gesicht, mein Daumen hing über seiner Augenhöhle, bereit, zuzustechen. Wir rangen stumm miteinander, ich kalkulierte blitzschnell meine Möglichkeiten. Ich wußte, daß ich einen lebensbedrohenden Schnitt bekommen würde, aber das zählte jetzt nicht. Nichts zählte mehr. Wenn ich sterben mußte, würde ich zuerst ihn töten.

Ich wollte sein Blut. Sein Auge wäre ein Kinderspiel, danach würde ich mit meinen Zähnen sein Ohr abreißen. Der Haß und die Wut kochten in mir – aber dann war plötzlich noch etwas anderes da. In der Hitze dieser Sekundenbruchteile spürte ich auf einmal, daß hier noch ein zweiter Kampf tobte, tief in mir drinnen, und dieser Kampf hatte kaum etwas mit Alcaponey zu tun, sondern ganz mit mir selber. Es war, als ob eine plötzliche innere Stimme, ein neues Bewußtsein meine eingefleischten Kämpferinstinkte schwächte. Ein Bild schoß in meinen Kopf – ein Bild von etwas, das ich erst an diesem Morgen gelesen hatte. Ein unschuldig verhafteter Mann, dessen Freund ihn verteidigen wollte, indem er das Ohr eines Dieners der Ankläger abschnitt. Alcaponeys Ohr war nur Zentimeter von meinem Mund.

»Los, Tony, beiß zu, du bist schnell, du schaffst das«, sagte die Stimme meines Instinkts.

»Nein, warte … Wer das Schwert nimmt, wird durch das Schwert umkommen …« Wo hatte ich das nur gehört?

»Komm, Mann, tu's einfach, worauf wartest du?«

Ich spürte, wie Alcaponeys freie Hand nach meiner Leistengegend tastete. Sein böses Grinsen enthüllte abgebrochene, verfaulte Zähne, als meine Finger sich in sein Gesicht gruben und an der ledernen Haut rissen. Die Stimme kam wieder: »Willst du dich zusammenstechen und vergewaltigen lassen wie Shane?«

Was hielt mich ab? Ich wußte es nicht. Ich lockerte meinen Griff um das Scheusal nicht, aber irgend etwas hinderte mich daran, mein nächstes Manöver auszuführen. Ich weiß nicht, wie lange er dauerte, der Kampf der beiden Stimmen in mir. Einen Schweißtropfen auf Alcaponeys Gesicht lang? Oder eine Ewigkeit? Es war, als ob die Zeit still stand. Es war ein Dialog, der mein ganzes Leben betraf, ja mein innerstes Wesen – das, was ich war, der Mensch, der ich geworden war.

Ich wußte, welche Stimme gewinnen mußte. Aber was dann? Sollte ich mich genauso verstümmeln und schänden lassen wie mein Freund? Oder konnte ich dieser neuen Stimme, die so entschieden und gewiß klang, vertrauen? Und dann kamen plötzlich Worte aus meinem Mund. Deutliche, ruhige, vollmächtige Worte. Alcaponey kannte nur Griechisch, aber in diesem unwirklichen Augenblick sprach ich Englisch. Ich sprach die Worte, und dann lockerte ich meinen Griff und wartete.

Ich spürte, wie ein Schockstoß durch Alcaponeys Körper ging. Er zitterte, bekam eine Gänsehaut. In seinen trüben Augen war auf einmal eine namenlose Angst. Gleich würde er angreifen – oder? Dann hob sein Körper sich und er lockerte seinen Griff. Wir standen da, immer noch nur Zentimeter voneinander entfernt, und starrten uns an. Dann drehte er sich um und floh. Er rannte wie ein Besessener, die Hände vor den Kopf geschlagen. Sein tierischer Schrei echote von den Betonwänden, dann verschwand er in der Dunkelheit.

Ich langte nach meinem Hals und zog die Klinge weg. Kein Tropfen Blut. Sie hatte mich noch nicht einmal gekratzt.

Kapitel 2

Ich war vier Jahre alt, als der Fremde kam. In unser Haus kamen kaum Besucher, und als die Türklingel ging, war ich ganz aufgeregt. Ich stand am oberen Ende der Treppe und schaute zu, wie mein Vater den Fremden einließ und ins Wohnzimmer führte. Der Fremde war chinesisch, wie meine Mutter. Ich stahl mich nach unten und schaute durch die nur angelehnte Tür. Meine Eltern und der Fremde unterhielten sich so leise, daß ich nicht verstand, was sie sagten, aber ich sah das Gesicht des Fremden; es sah niederträchtig aus.

»Komm rein, Antonio.« Die Stimme meiner Mutter ließ mich zusammenzucken. Ich ging in das Zimmer, mit abgewandtem Gesicht an dem Fremden vorbei und versuchte, mich hinter den Beinen meines Vaters zu verstecken. Meine Mutter packte mich und zog mich zu sich. Ich schaute hilflos zu meinem Vater hin, aber der starrte wortlos auf den Kamin. Er blinzelte heftig, als ob er etwas im Auge hatte.

Plötzlich packte der Fremde mich am Handgelenk. Ich versuchte, mich loszureißen, aber sein Griff war fest und meine Mutter sah mich mit jenem Blick an, den sie benutzte, wenn ich still sein sollte. Sie reichte dem Fremden eine kleine Tasche, und bevor ich es mich versah, waren wir draußen und gingen durch den Vorgarten zur Straße, weg von meinen Eltern.

Von der Reise weiß ich nicht mehr viel. Der Fremde sprach kein Wort mit mir. Ich hatte keinen Schimmer, wohin er mich bringen würde. Als wir auf einmal im Flughafen waren, begann ich zu vibrieren, halb aus Aufregung, halb aus Angst. Dies konnte ein tolles

Abenteuer werden – aber nein, hier stimmte etwas nicht. Wir stiegen in ein Flugzeug, und immer noch sagte der Fremde nichts. Mit der Zeit wurde meine Angst immer größer. Der Flug schien kein Ende nehmen zu wollen. Sicher würden bald Mama und Papa kommen und wir würden zurück in unser Haus gehen und alles wäre wieder gut? Ich wußte nicht, daß das Flugzeug nach China flog.

Mit meinen vier Jahren konnte ich das Labyrinth des Lebens meiner Eltern nicht verstehen. Alles, was ich wußte, war, daß meine Mutter mich haßte. Als ich dort in dem Flugzeug saß, hatte ich nur einen Gedanken: Warum war sie diesmal böse auf mich? Was hatte ich getan? Ich wußte bereits, daß ich das Leben meiner Mutter ruiniert hatte. Das hatte sie mir selber gesagt. Sie war immer wütend auf mich.

Einige Zeit vor dem Besuch des Fremden gab es einen Vorfall, den ich nie vergessen habe. Wir waren aus unserer kleinen Wohnung im West End von London in ein großes Haus in Edgware in Nordwest-London gezogen. Für mich war dieses Haus ein Palast, und ich erinnere mich, wie ich begeistert quietschend von einem Zimmer ins andere rannte. Mama und Papa hatten ein großes neues Bett gekauft, und ich hüpfte darauf herum, mit dem Kopf hinein in die weiche Bettdecke. Auf einmal kam meine Mutter hereingestürmt. »Hör sofort auf, du dummes Kind!« schrie sie und schlug mich heftig auf die Beine. Dann trat sie an die Frisierkommode, nahm den großen Spiegel in die Hand und fing an, sich zu betrachten. Sie streckte ihr Kinn nach vorne, befühlte ihre Lippen und putzte ihre Augenwimpern, wie das ihre Art war. Ich machte, daß ich von dem Bett wegkam, aber in meiner Eile stolperte ich und fiel noch einmal in die Bettdecke. Ich konnte nicht anders, ich lachte noch einmal.

Im nächsten Augenblick hatte sie sich auf mich gestürzt. Um meinen Kopf krachte und klirrte es, dann kam die Stimme meiner Mutter, mit schrillen Flüchen. Mein Kopf tat plötzlich furchtbar weh. »Du Trottel, was hab ich dir gesagt?« kreischte sie. »Da hast du's!«

Sie stolzierte aus dem Zimmer und knallte die Tür hinter sich zu. Ich wollte mich bewegen und konnte nicht. Der Rahmen des Spiegels lag über meinen Schultern, und rasiermesserscharfe Glassplitter stachen mir in den Hals und das Gesicht. Ich spürte, wie das Blut lief, und es wurde mehr, als ich mich vor Schmerzen wand und einen großen Splitter aus meiner Wange zog.

Ich fuhr aus dem Schlaf. Das Flugzeug stand, und die Leute stiegen alle aus. Wo waren wir? Ich versuchte, mir die Augen zu reiben, aber der Fremde hielt meine Hand immer noch wie in einem Schraubstock. Die Menschen um uns unterhielten sich angeregt, aber ich verstand kein Wort, die Stimmen waren so hoch und komisch. Angst. Verwirrung. Wer war dieser Mann? Wohin hatte er mich gebracht? Überall sah man Passagiere mit Taschen, Gepäckwagen und Paketen, aber dies war nicht derselbe Flughaben wie zu Beginn unserer Reise. Die Luft war dick von Zigarettenqualm und anderen komischen Gerüchen. Vor lauter Angst und Müdigkeit begann ich zu weinen und zu schluchzen. »Schhh!« befahl der Fremde und verdoppelte seinen Griff, daß ich seine Fingernägel in meinem Fleisch spürte. Der Schmerz ließ mich rasch wieder verstummen. Der Fremde zog mich weiter, hinaus in die Abendluft. Und jetzt merkte ich, daß ich weit, weit von zu Hause fort war.

Wie ein verängstigtes Kaninchen schaute ich nach links und rechts. Wo waren meine Eltern? Die Menschen trugen Kleider, die ich noch nie gesehen hatte. Man hörte laute Rufe und Hundegebell. Ein Mann trug einen Käfig mit Vögeln. Dann hielten wir an, vor einem dürren Mann, der eine Art schwarze Seidenjacke mit weiten, losen Ärmeln und hohem Kragen trug. Ich erfuhr später, daß er mein Großvater war. Es gab keine Begrüßung, kein Lächeln, keine Erklärung. Sie hoben mich ohne Umstände auf seinen von einem Pferd gezogenen Karren, dann schnalzte er mit der Zunge und wir fuhren in die Nacht hinein.

Wir verließen den Flughafen. Tiere huschten durch das Zwielicht, die Bäume sahen bizarr aus. Ich hatte eine wahnsinnige Angst, und mir war halb übel von dem Gestank, der in der Luft hing. (Ich erfuhr später, daß er von der Lilienseife kam, die mein Großvater benutzte. Sie ist in China sehr beliebt, wegen ihrer antiseptischen Eigenschaften, aber der Gestank ist mir immer auf den Magen geschlagen.) Es wurde der Geruch meiner Verfolgungsangst.

Die Fahrt schien kein Ende nehmen zu wollen. Als der Karren endlich anhielt, war es stockdunkel geworden. Ich konnte kaum etwas sehen, aber ich spürte, daß wir vor einem Tor standen und daß in dem Tor mehrere Frauen waren. Vielleicht warteten sie auf uns. Die Frauen mochten mich nicht, das merkte ich sofort. Aber was hatte ich nur falsch gemacht? Ich mußte immer mehr an meine Mutter denken. Dann gingen die Frauen, mit verächtlichen Blicken und krähenartigen Lauten. Bis auf eine. Sie war »Jowmo«, meine Großmutter.

Wir gingen in das Haus. Ich bibberte vor Kälte. Immer noch sprach niemand zu mir. Ich versuchte zu fragen, wo ich war, aber als ich sprechen wollte, war die Reaktion ein Finger auf den Lippen und ein hartes »Shhh!« Ich war vier Jahre alt und mutterseelenallein in einer fremden, feindseligen Welt.

Das Haus war komisch. Ich fuhr zusammen, als plötzlich eine ganze Wand sich bewegte. Die Frau brachte mich zu einem Bett in der Ecke. Es sah ganz anders aus als mein Bett zu Hause – Bambusstöcke auf einem wackligen Rahmen. Das Bett knarrte, als ich mich hinlegte, und kniff mir in die Haut, wenn ich mich bewegte. Das dünne Baumwolltuch war kaum groß genug, um mich zu bedecken, aber ich zog es um meine Schultern, zog die Knie an meine Brust und weinte leise, bis der Schlaf kam. In den folgenden Tagen und Wochen lernte ich es bald, meine Tränen zu unterdrücken.

Meine Tage begannen um vier oder fünf Uhr morgens. Mein Großvater (ich mußte ihn *Lowsi* nennen, was »Meister« oder »Lehrer« bedeutet) kam in mein Zimmer und schlug mich mit seinem Bambusstock am Kopf, um mich zu wecken. Ich lernte es bald, schon aufzustehen, bevor ich seine Schritte hörte, und ihn zu begrüßen. Geschlagen hat er mich trotzdem. Lowsis Prügel waren brutal. Ich gewöhnte mich schließlich an sie, aber sie waren nicht leicht zu ertragen. Er benutzte frisch geschnittene Bambusstöcke, die er mir gegen die Ohren schlug, oft so lange, bis ich blutete. Meistens gab es keinerlei Grund für die Schläge, außer daß ich für Lowsi *Lo han quilo* (»der kleine ausländische Teufel«) war. Es war seine Methode, »mir das Rundauge auszutreiben«.

Als einziger männlicher Enkel meines Großvaters hätte ich eigentlich eine ganz andere Behandlung verdient gehabt. In China bringen Jungen der Familie Glück und Ehre und werden oft als »kleine Kaiser« bezeichnet. Sie sind der Augenstern ihrer Eltern und mehr noch ihrer Großeltern und werden entsprechend verwöhnt.

Aber meine Mutter hatte einen Ausländer geheiratet – einen in England geborenen und aufgewachsenen Italiener – und damit ihrer Familie Schande gemacht, wofür ich jetzt offenbar zu büßen hatte.

Jeden Morgen folgte ich Lowsi hinaus in den Hof, wo er seine Morgen-Übungen machte. Mehrere Stunden lang bibberte ich in meinem dünnen Baumwollgewand, aber ich wagte es kaum, meine Augen von ihm zu nehmen, damit er mich nicht wieder schlug. Nur dann und wann schaute ich verstohlen zu dem Dach und den Mauern hinauf, die mit allerlei bizarren Dingen wie Drachen, Phönixen, fliegenden Pferden, Einhörnern und einem auf einem Huhn reitenden Mann verziert waren.

Zuerst konnte ich nur zuschauen, während Lowsi seine merkwürdigen Bewegungen machte. Ich mußte ganz still stehen und durch meine Nase ein- und den Mund ausatmen. Es war furchtbar langweilig. Als ich im Laufe der Wochen seine Sprache zu lernen begann, erklärte er mir, daß seine Bewegungen *Tai Chi* waren, eine Disziplin, die grundlegend für das Kung Fu ist.

Mir wurde bald klar, daß mein Großvater ein Großmeister in der uralten Kampfkunst des Kung Fu war. Die Menschen in dem Dorf verehrten ihn. Das war auch der Grund, warum unser Haus prächtiger war als die anderen. Ich fand, daß es fast ein wenig aussah wie der Tempel auf dem Hügel.

Ich weiß nicht sehr viel über meine Vorfahren, aber mein Großvater kam aus Nordchina. Nach der japanischen Invasion floh er nach Kanton. Er gehörte zur Sippe Soo, die direkt auf Gong Soo zurückging, einen der sogenannten »ehrwürdigen Fünf«, die bei der Zerstörung des ursprünglichen Shaolin-Tempels unter der Manchu-Dynastie 1768 entkamen. Gong Soo war untergetaucht und hatte weiter sein Kung Fu praktiziert. Sein Wissen war von einer Generation zur nächsten weitergegeben worden, bis zu meinem Großvater, Cheung Ling Soo.

Als Shaolin-Mönch war mein Großvater stolz auf dieses fünfhundert Jahre alte Erbe. Nachdem er den Tempel, wo er ausgebildet wurde, verlassen hatte, begann er seine eigenen Stile zu entwickeln und ein Kung-Fu-Lehrer zu werden. Er wurde bald ein hochangesehener Großmeister. Doch da er keinen eigenen Sohn hatte, war die Soo-Linie zum Aussterben verurteilt. Ich war der unerwartetste und seltsamste Schüler, den er hatte, und vielleicht war das der Grund, warum er mir bei der Ausbildung nichts ersparte. Er wußte, daß ich als halbes »Rundauge« keinen leichten Stand haben würde. In den folgenden Jahren führte Lowsi mich in die Geheimnisse und Schätze der alten Kampfkunst ein und machte mich zu einem hochdisziplinierten, wahrhaft erleuchteten Jünger und unschlagbaren Kämpfer.

Der Schüler der Kampfkunst muß eine ganze Lebensart übernehmen, die völlig anders ist als alles, was die westliche Welt kennt. Die Wurzeln des Kung Fu liegen in der geistlichen Disziplin und Praxis des Taoismus. Der Vater des Kung Fu soll der indische Mönch Bodidharma sein, der den Chinesen unter dem Namen *Ta Mo* bekannt ist. Nach der Legende verließ er zu Beginn des 6. Jahrhunderts sein Kloster in Indien, um die Lehren des Buddha in China zu verbreiten. Als er durch die Berge Nordchinas wanderte, kehrte er in einem Kloster ein, das den Namen *Shaolin* hatte. *Shaolin* bedeutet »junger Baum« – also ein Baum, der starke Winde und Stürme überstehen kann, weil er biegsam ist.

Ta Mo verlangte von seinen Schülern äußerste Disziplin im Meditieren und der Suche nach Erleuchtung. Aber sie schliefen beim Meditieren immer wieder ein. Er erkannte, daß dies an der Schwäche ihrer Körper lag, und entwickelte eine Reihe von Übungen, die er so erklärte:

Der Weg des Buddha ist für die Seele, aber Seele und Leib sind untrennbar. Darum gebe ich euch eine Methode, durch die ihr eure Energie so entwickeln könnt, daß ihr die Gegenwart des Buddha erlangt.

Diese Übungen waren eine Art Meditation durch Bewegung. Aber sie waren auch eine höchst nützliche Art der Selbstverteidigung, wenn die Mönche auf ihren Reisen von Räubern angegriffen wurden. Doch das Hauptziel Ta Mos war und blieb nicht die körperliche Ertüchtigung, sondern die Kultivierung der inneren Energie des *Chi* – ein Wort, das man am ehesten mit »Atem«, »Geist« oder »Lebenskraft« übersetzen kann.

Die Pflege und Entwicklung des Chi steht im Zentrum aller taoistischen Künste, einschließlich der Kampfkunst, der Philosophie und der Heilkunst. Diese Tage, als ich im Hof meines Großvaters in stundenlanger Übung mein Atmen unter Kontrolle brachte, sollten das Fundament für ein mächtiges Gebäude werden.

Eines Tages zog Lowsi mir orangene Gewänder an und nahm mich mit in den Shaolin-Tempel. Der Himmel war strahlend blau, als wir die vielen Stufen zu dem Eingang hochstiegen. Die Luft roch merkwürdig süß. »Räucherstäbchen und Kirschblüten«, klärte Lowsi mich auf. »Wir benutzen sie als Geschenke, um dem Buddha unsere Ehre zu erweisen.« Ich schaute ihm zu, wie er für uns mehrere Stäbchen anzündete. »Das Aroma wird dir helfen, deine Gedanken zur Ruhe zu bringen«, erklärte er. »Wenn du dem Weg der Erleuchtung folgst, wirst du wie der Rauch werden, der von den Räucherstäbchen in den Himmel steigt.«

Mein Meister führte mich an eine ruhige Stelle, um unsere Meditation zu beginnen. Er bemerkte, wie ich neugierig zu mehreren Mönchen hinsah, die gerade eine Kampftechnik übten. »Sie haben ihre Füße und Unterschenkel mit Schnüren zusammengebunden«, erklärte er, »zur Stärkung und zum Schutz beim Training der Fußbewegungen.« Ich schaute sprachlos zu, wie rasend schnell die Tritte hin- und herflogen. Lowsi erklärte: »Sie lernen gerade den Weg des Kranichs, eines der traditionellen Shaolin-Kampfsysteme. Eines Tages kam ein Mönch dazu, als ein großer Affe und ein Kranich miteinander kämpften. Es schien, als ob der Affe den Vogel ohne Mühe entzweibrechen konnte, doch der Vogel war viel verschlagener als der Affe. Er schlug mit seinen Flügeln und schoß vor und zurück, bis er den Affen in die Flucht schlug. Beachte die Anmut in ihren Bewegungen, den weit ausholenden Tritt und die Stellung auf einem Bein. Schau dir an, wie sie die Hände wie den Schnabel eines Kranichs einsetzen.«

Im Laufe meiner Ausbildung meisterte auch ich den Weg des Kranichs und viele andere Systeme des Kung Fu. In der chinesischen Kampfkunst soll es nicht weniger als 1500 Stile geben. Die Nachahmung von Tieren ist die klassische und älteste Kung-Fu-Übung des Shaolin. Mein Meister erklärte mir, daß der Mensch, der schwächer ist als das Tier, sich zum Überleben vor allem auf seinen Verstand verläßt. Doch wer die Bewegungen und das »Denken« eines bestimmten Tieres wahrhaftig nachzuahmen lernt, der meistert die Kunst des Stillhaltens und raschen Handelns, der Beobachtung und der Reaktion, der stetigen Bewegung und des plötzlichen Angriffs.

»Und jetzt konzentriere dich!« Der Ruf riß meine Aufmerksamkeit von den Mönchen weg.

»Richte dein Denken auf diese Flamme.« Lowsi stellte eine brennende Kerze vor mich. »Konzentriere dich auf die innere Flamme und mach deinen Kopf leer. Und jetzt fang an zu atmen.«

Mehrere Stunden lang starrten wir in die Kerzenflamme. Ich sehnte mich danach, meine Augen zu schließen, aber jedesmal, wenn sie schwer wurden, traf der Bambusstock mein Gesicht. Jedesmal, wenn Lowsi dachte, daß ich die Konzentration verlor, schlug er mich. Der Sinn dieser stundenlangen Meditation war, mich in Kontakt mit dem Chi zu bringen. Ich erfuhr, daß alles in der Welt ein Ergebnis negativer und positiver kosmischer Kräfte war, des Yin und des Yang, und daß man diese Kräfte durch das Studium des Chi miteinander in Harmonie bringen konnte. Im menschlichen Körper kann man sich das Chi am besten als den Fluß von Energie vorstellen. Für die Jünger des Tao bestimmt das Chi unsere Muskelbewegungen, unser Atmen, den Schlag des Herzens und das Funktionieren des Nervensystems.

»Wenn du das Chi in Körper und Geist vollständig harmonisieren kannst«, dozierte Lowsi, »kommst du zur Erleuchtung und zum inneren Frieden und entdeckst Kräfte in dir, die übernatürlich zu sein scheinen. Die Nutzbarmachung des Chi ist ein Grundstein in der Kunst des Kung Fu. Sie gibt dir Geschmeidigkeit und Fluß.« Er tauchte seine Hand in eine kleine Vase mit Wasser, dann hielt er sie hoch, bis sich an der Spitze seines Zeigefingers ein kleiner Tropfen bildete. »Ein einziger Wassertropfen. Alleine ist er harmlos, sanft und machtlos. Aber was auf der Erde kann der Macht einer Flutwelle widerstehen? Sie hat die Macht, alles zu zerstören, was sich ihr in den Weg stellt. Lerne es, das Chi zu zügeln, Junge. Zapfe seine universelle Energie an, und auch du wirst eine Kraft haben, die um ein Vielfaches größer ist als deine natürliche Kraft.«

In den folgenden Jahren verstand ich das Chi allmählich immer besser. Es war der »innere Gott«, die Wurzel meiner Macht. Wenn ich die Energie meines Körpers an das Chi ankoppelte, konnte ich mit der bloßen Hand Ziegel zertrümmern und noch ganz andere

Dinge schaffen. Das Chi steigerte auch mein Bewußtsein, bis dahin, daß ich im Dunkeln die Bewegungen eines Gegners wahrnehmen konnte und großen Schmerzen widerstehen konnte, indem ich sie über meinen ganzen Körper verteilte.

Alles in meinem Leben in China kreiste um die Ausbildung zum Kung-Fu-Kämpfer. Als Novize mußte ich die niedrigsten und schwierigsten Arbeiten in unserem Haus und im Tempel übernehmen. Lowsi war die ganze Zeit dabei, meinen Körper auf das eigentliche Kampftraining vorzubereiten. Eine meiner ersten Übungen bestand darin, meine Hände in einen Eimer mit Sand zu tauchen. Stundenlang mußte ich dies unter seinem wachsamen Auge tun, bis meine Hände wund waren und bluteten. Nach ein paar Wochen bekam ich eine Hornhaut, so daß ich den Schmerz nicht mehr spürte. Darauf gab Lowsi kleine Steinchen in den Eimer, und die Prozedur begann von neuem. Alle paar Tage nahm er größere Steine, bis ich schließlich meine Hände mit großer Wucht zwischen scharfkantige Steinbrocken stoßen konnte, ohne auch nur eine Blase zu bekommen.

Eine meiner Hauptaufgaben war die Versorgung der Tiere. Meine Großeltern hatten Reisfelder und hielten Hühner, Ziegen, Kühe und ein Pferd. Für gewöhnlich war ich mit den Tieren alleine. Hier war kein Lowsi, der mir dauernd streng etwas zuflüsterte. Wenn ich bei den Tieren war, konnte ich die Schmerzen meiner Ausbildung und meinen Haß auf meinen Großvater für eine Weile vergessen.

Eine andere willkommene Abwechslung war der Gang zum Markt mit meiner Großmutter. Ich mußte riesige Lasten tragen, aber sie waren besser als die gnadenlosen Schläge meines Lehrers. Der Markt war laut und bunt. Man feilschte, man schrie, man spielte Mah-Jong. In Käfigen sah man lebendige Tiere aller Art: Hunde, Enten, Ziegen, Kaninchen, Vögel, Schlangen. Auf großen Holzkarren wurden exotische Fische feilgeboten. Ich hielt mich immer dicht an meine Großmutter, damit der »Schlangenmann« mich nicht sah. Er war sehr alt und buckelig, mit einem dünnen Spitzbart, einem noch dünneren Schnurrbart und einem Gesicht, das so runzelig war wie eine Backpflaume. Seine verschrumpelten Finger hatten lange gelbe Nägel; mit dem zugespitzten Nagel des einen Daumens schnitt er den Sumpfschildkröten, die er verkaufte, die Kehle auf. Er verkaufte alle möglichen Insekten und Schlangen – lebendig, tot, getrocknet oder gehäutet.

Eine weitere Quelle der makabren Faszination war der Medizinladen. Hier gab es riesige Glasbehälter mit zusammengerollten Kobras und Regale mit Krügen, die alle möglichen Körperteile von Tieren enthielten, dazu Skorpione, kleinere Schlangen, Käfer jeder Größe und Art und ganze Trauben von Honigbienen, alle in stark riechenden Flüssigkeiten konserviert.

Großmutter konnte ewig mit der Kräuterfrau feilschen. Mit Staunen betrachtete ich die riesigen Peperoni, bunten Pulver und bizarr aussehenden Wurzeln, aus denen sie Ginseng- und Ingwer-Tees machte. Auf der Straße roch es köstlich aus den großen Woks, in denen die Menschen ihre Mahlzeiten kochten. Es waren die 1970er Jahre, und halb Kanton schien eine Baustelle zu sein. Neben den traditionellen Marktbuden und Läden schossen riesige westlich aussehende Bauten in die Höhe, errichtet von Arbeitern, die barfuß oder in Sandalen auf Bambusgerüsten umherkletterten, die so aussahen, als ob ein Windstoß sie umwerfen konnte.

Wir bahnten uns einen Weg durch Berge von Schutt und scharf riechenden Marktabfällen, geschickt den lästigen Wahrsagestöckchen-Verkäufern ausweichend. Mich zog es immer zu den Kalligraphen hin, den traditionellen Schönschreibern, die sich mit Pinsel und Tinte an den Straßenrand setzten. »Sie benutzen ein besonderes Xuan-Papier, das aus Baumrinde und Reisstroh hergestellt wird«, erklärte Jowmo mir. »Die Leute lassen sich von ihnen Briefe und besondere Ankündigungen schreiben.«

Meine Großmutter war nicht gerade herzlich zu mir, aber sie schien mich gerne über die Sitten und Traditionen ihres Volkes aufzuklären. In China gibt es viele Feste und Feiertage. Das wichtigste ist das Neujahrsfest. Der chinesische Kalender folgt dem Mondjahr, und sein Zyklus wiederholt sich alle zwölf Jahre, wobei für jedes Jahr ein anderes Tier steht.

»Es gibt eine Legende, nach der der Buddha, bevor er von der Erde ging, alle Tiere zu sich kommen ließ«, erklärte Jowmo. »Aber nur zwölf von ihnen waren bereit, zu ihm zu gehen, um sich von ihm zu verabschieden. Als Belohnung versprach er diesen zwölf, nach jedem von ihnen ein Jahr zu benennen, und zwar in der Reihenfolge, in der sie eintrafen. Die Tiere stritten sich, wer von ihnen als erster zum Buddha gehen sollte. Sie einigten sich schließlich auf einen Wettkampf: Das erste Tier, das das gegenüberliegende Ufer des Flusses erreichte, wäre das erste, und die übrigen würden nach ihrer Reihenfolge ihr Jahr bekommen. Alle zwölf Tiere gingen an das Flußufer und sprangen hinein. Aber die Ratte war heimlich auf den Rücken des Ochsen gesprungen, und als dieser gerade als erster ans andere Ufer springen wollte, sprang sie von seinem Rücken und gewann den Wettkampf, und der Ochse wurde nur zweiter. Die anderen kamen in dieser Reihenfolge an: der Tiger, das Kaninchen, der Drache, die Schlange, das Pferd, das Schaf, der Affe, der Hahn, der Hund und zuletzt das langsame, behäbige Schwein.«

Jowmo erzählte mir diese Geschichte viele Male. Meistens lachte sie laut über das arme Schwein. »Du bist im Jahr des Hahns geboren«, erklärte sie mir. »Wer unter dem Zeichen des Hahns geboren ist, versteht es, hart zu arbeiten und klare Entscheidungen zu treffen. Er hat keine Angst, seine Meinung zu sagen, aber paß auf: Der Hahn kann sehr prahlerisch und selbstsicher sein. Und du wirst auch sehr tapfer sein.« Sie sah mich fest an, als sie das sagte.

Eine wachsende Spannung lag in der Luft, als das Neue Jahr näherkam. Der zwanzigste Tag des zwölften Mondes war der Tag des großen Jahreshausputzes. Meine Großmutter nannte ihn »das Fegen des Bodens«. Jede Ecke des Hauses mußte blitzsauber gemacht werden. Ich half ihr, große rote Papierrollen an die Wände und in das Tor zu hängen, auf denen in schöner schwarzer Tinte Grüße und die besten Wünsche für die Familie geschrieben standen. Wir schmückten das ganze Haus mit Blumen, Mandarinen, Orangen und großen birnenförmigen Pampelmusen. »Die werden uns Glück und Reichtum bringen«, erklärte meine Großmutter, als sie sorgfältig eine Fruchtschale richtete. (Im Chinesischen klingt das Wort für »Mandarine« genauso wie das für »Glück«, und das für »Orange« genauso wie das für »Reichtum«.)

»Wenn das Haus sauber ist, werden wir das Fest vorbereiten und uns von Zaowang, dem Küchengott, verabschieden«, fuhr meine Großmutter fort. »Am ersten Tag des neuen Jahres, wenn die Feierlichkeiten vorbei sind, kommt Zaowang dann zurück.« Es gab jede

Menge Arbeit. Sämtliche Speisen mußten vor dem Neujahrstag zubereitet werden, damit man am Neujahrstag selber alles Scharfe (wie Messer und Scheren), das das Neujahrsglück beschädigen konnte, wegschließen konnte.

Am Vorabend des Neuen Jahres versammelte sich die ganze Familie in unserem Haus. Sie war aus ganz China gekommen. Für die, die nicht kommen konnten, stellte meine Großmutter leere Teller auf den Tisch. »Das ist ein Zeichen für ihre Gegenwart bei dem Festmahl, auch wenn sie nicht selber da sein können«, erklärte sie mir. Ob es auch einen Teller für meine Mutter gab? Aber ich traute mich nicht, zu fragen. Viele der Gäste behandelten mich gerade so herablassend wie mein Großvater, aber wenigstens gab es ein paar andere Kinder – meine Kusinen, lauter Mädchen –, mit denen ich spielen konnte. Es war auch eine dicke Frau mit einem großen, stets lächelnden Gesicht da, die mir verschmitzt zuzwinkerte. Sie war die Schwester meines Großvaters und hieß Li Mei (»Pflaumenblüte«). Seine andere Schwester, Li Wei, machte ihrem Namen (»schöne Rose«) wenig Ehre. Ich fand sie überhaupt nicht schön. Sie hatte denselben spitzen Blick wie mein Großvater. Um Mitternacht, als das Bankett zu Ende war, mußten die Mädchen und ich uns vor unseren Großeltern und den anderen Erwachsenen verneigen, als Zeichen des Respekts. Ich machte wohl oder übel mit, aber ich haßte sie trotzdem.

Am Neujahrstag bekamen wir als Geschenk rote *Lai See*-Umschläge, in denen Glücksgeld war. Alle trugen neue Kleider, und mein Großvater trug einen schönen roten Seidenanzug, auf den mit Goldfäden ein kunstvoller Drache gestickt war.

Ich gewöhnte mich rasch an mein neues Leben, aber ich merkte auch, daß ich hier, unter diesen Menschen, immer ein Außenseiter wäre. In England war meine Mutter stolz auf mein orientalisches Aussehen gewesen, aber hier, bei den Chinesen, war ich mehr oder weniger ein »ausländischer Teufel«. Ich war ganze sechs Jahre alt, als ich entdeckte, daß dieser Haß auf die, die »anders« sind, auch bei Kindern keine Grenzen kennt.

Eines Tages, als ich wieder mit meiner Großmutter vom Markt zurückkam, hielten wir an dem Dorfteich an, um zu verschnaufen. Jowmo legte sich in den Schatten, und ich schlenderte umher und warf Steine in das Wasser. Plötzlich umzingelten mich mehrere Jungen, die nicht viel älter als ich waren. »He, Rundauge, was machst du hier?« sagte einer und spuckte mich an. Ich war ganz schockiert. Was hatte ich bloß falsch gemacht? Was sagten sie da? »Er spricht noch nicht mal unsere Sprache«, spottete ein anderer Junge und schlug mich heftig auf den Mund. »Komm, Rundauge, sag was!« Ich suchte nach Worten. Mein Mund schmeckte nach Blut. Dann kam der zweite Schlag in mein Gesicht. Er war so heftig, daß ich das Gleichgewicht verlor und rückwärts in den Dreck fiel. Die Jungen stürzten sich wie Furien auf mich, schlugen und kratzten mich und rissen mich am Haar. Ich rang nach Luft und schrie nach meiner Großmutter, aber sie kam nicht. Sie schlugen und traten mich, schrieen und lachten, daß es mir durch den Kopf hallte, bis sich alles zu drehen begann und es mir schwarz vor den Augen wurde. Dann Stille, kein Schmerz, nichts mehr.

Als ich ein paar Tage später wieder zu mir kam, lag ich im Krankenhaus. Meine beiden Arme und Beine waren eingegipst. Als ich versuchte, mich zu bewegen, riß der Schmerz wie ein Messer durch meinen ganzen Oberkörper.

Eines Abends – ich lag immer noch im Krankenhaus und war nur halb bei Bewußtsein – sah ich wie durch einen Schleier hindurch, daß Lowsi und ein anderer Mann neben meinem Bett standen. Ich bekam nicht viel von ihrem Gespräch mit, aber sie schienen die Jungen, die mich überfallen hatten, zu kennen.

»Kinder der Triade, aus Schanghai«, sagte der Fremde. »Sie haben ihre Verwandten besucht.«

»Dann wußten sie nicht, wer dieser Junge ist?« zischte Lowsi.

»Offensichtlich nicht.«

»Sind sie bestraft worden?«

»O ja, die Familie hat sie schwer bestraft, und die Ältesten möchten sich morgen mit euch treffen, um euch um Vergebung zu bitten.«

In den folgenden Jahren machten die Jungen aus Schanghai einen großen Bogen um mich. Als Kinder aus Triaden-Familien (der notorischen chinesischen Mafia) lernten auch sie Kung Fu, aber jeder wußte, daß sie niemals die gleiche Ausbildung erhalten würden wie ich. Hätten sie gewußt, daß ich ein Jünger des hochverehrten Cheung Ling Soo war, sie hätten meine Familie niemals so entehrt und wären mir mit großem Respekt und Ehrerbietung gegenübergetreten. Solche Vorfälle vergißt man bei den Chinesen nicht leicht. Noch Jahre später trugen diese Jungen die Last ihres Fehlers mit sich herum. Als ich als Erwachsener nach einer längeren Abwesenheit in das Dorf zurückkehrte, hörte ich, daß einer der damaligen Angreifer glaubte, daß ich wiedergekommen war, um mich zu rächen. Er hatte solch eine Angst, daß er Vorbereitungen traf, mit seiner Familie fortzuziehen.

Ich verbrachte viele Wochen in dem Krankenhaus. Kaum war ich frei von meinem Gips, ging mein Lehrer wieder mit mir in den Hof, wo ich wie ein Tier üben mußte. Der Schmerz war so groß, daß mir die Tränen kamen. Aber Tränen, das wußte ich, duldete mein Großvater nicht, und da kam auch schon der nächste Schlag des Bambusstocks auf meine Ohren. Ich spürte, wie der Haß in mir kochte. Ich war erst sechs Jahre alt, aber jede Faser meines Körpers, jeder Tropfen meines Blutes schrie nach Rache.

In der nächsten Nacht wachte ich schweißgebadet auf. Ich hörte das Schnarren der Insekten draußen und wußte: es war noch lange nicht Morgen. Das Haus war still und friedlich, aber meine Alpträume fachten meinen Haß zu einer lodernden Flamme an. Ich warf mich auf meinem Bett hin und her, die frischen Wunden schmerzten. Das Bild meines Großvaters und seines Bambusstocks folterte mich. Es würde nie aufhören. Aber wie konnte ich auch nur noch einen Tag ertragen? Es gab nur einen Ausweg.

Als ich lautlos durch die Küche ging, hatte ich Angst, daß das ganze Haus den Schlag meines Herzens hören konnte. Lowsi bewahrte einige seiner Kampfbeile in einer großen Truhe auf. Wir säuberten und putzten sie täglich, so daß ich sie gut kannte. Ich wählte eines der Beile und hielt es hoch, daß es wie ein Spiegel aufleuchtete. Die Klinge war rasiermesserscharf.

Ein Strahl des Mondlichts brach durch die Bambusläden, und ich sah den schlafenden Körper meines Großvaters. Ich blieb einige Schritte vor ihm stehen und sah ihn an, der Haß und der Ekel wie Wellen. Ich merkte plötzlich, wie schwer ich atmete. Es war ironisch, daß ich seine Lehren benutzte, um mich zu beruhigen und auf den tödlichen Hieb vorzubereiten. *Konzentriere dich auf das*

Chi. Lenke deinen Körper durch deinen Geist. Mit angehaltenem Atem ging ich zu dem Bett. Er lag reglos da.

Ich hob das Beil über sein Herz.

Kapitel 3

»Vater unser im Himmel, geheiligt werde dein Name …« Dieses Gebet hatte mein Vater manchmal gesprochen, wenn er mich ins Bett brachte. Er sagte, daß er Katholik war, weil er Italiener war und weil Gott die Katholiken liebte. Aber wenn es Gott gab, dann hatte er mich jedenfalls vergessen. Er hatte keinen Platz in meiner grausamen Welt. Mein Leben in England verschwamm zusehends zu einem undeutlichen Erinnerungsnebel. Ich wußte nicht einmal mehr genau, wie das Gesicht meines Vaters aussah.

Konfuzius hatte gelehrt: »Der Frieden im Staat beginnt mit der Ordnung in der Familie … Wer seine Eltern liebt und achtet, wird nie seine Mitmenschen hassen oder verachten.« Konfuzius sprach auch von Liebe, Tugend und Ehre als den höchsten Idealen der Gesellschaft.

Ich wußte mit meinen sechs Jahren schon eine Menge über Ehre und Tugend. Diese Dinge hatte man buchstäblich in jede Faser meines jungen Körpers hineingeschlagen. Aber Liebe? Was war das? Ich hatte nie welche erfahren. Ich war ein ungewolltes Kind, ein »ausländischer Teufel«, der denen, die mich lieben sollten, nichts als Schande und Unglück gebracht hatte. Kein Wunder, daß mein junges Herz von solch einem Haß verzehrt wurde.

Ich packte das Beil noch fester und ließ die volle Wucht meines Armes nach unten fallen.

Wie ein Blitz schoß Lowsis linke Hand nach oben und packte meinen Arm. Im nächsten Augenblick hatte er ihn hinter meinen Rücken gedreht, mich mit seiner Rechten am Hals gepackt und zu

Boden geworfen. Es war ein Manöver, das ich in den folgenden Jahren selber lernen und benutzen würde. Mit dieser *Dim Lo*- Technik kann man einen Angreifer im Bruchteil einer Sekunde bewegungsunfähig machen. Sie ist von einer verwandten, *Dim Mak* genannten Technik abgeleitet; hätte mein Großvater sie benutzt, ich wäre tot gewesen.

Lowsis Finger gruben sich tief in meinen Nacken und preßten meinen Kopf auf den Fußboden. Ich keuchte nach Luft. Lieber tot sein als so … Aus dem Rückblick bin ich mir nicht sicher, ob seine durchdringenden Augen, die sich in die meinen bohrten, nicht eine Spur lächelten. Vielleicht war dies hier das, wonach er sich gesehnt hatte: eine Demonstration, daß irgendwo in diesem schmutzigen Ausländerblut noch genug von dem Familiengeist der Soo war, um die Linie der Shaolin-Kämpfer weiterzuführen. Alles, was ich damals spürte, war das volle Gewicht seiner Wut und seines Hasses auf mich. Er zog mich an den Haaren aus dem Haus hinaus, riß mir die Kleider vom Leib und schrie mir ins Gesicht, daß ich die Lektion, die er mir jetzt erteilen würde, nie vergessen würde.

Er hatte recht. Er schlug mich gnadenlos, und dann mußte ich mich splitternackt in die eisige Strömung des Flusses stellen. Es war eine der kältesten Nächte des Winters, und nach mehreren Stunden der Kälte und Schmerzen kam ein schwarzes Loch. Als ich wieder zu mir kam, lag ich wieder im Krankenhaus, mit Unterkühlungen und Verletzungen, die mich an die Tür des Todes geführt hatten.

Nach dieser Episode verhärtete sich etwas tief in mir. Ich beugte mich unter Lowsis Willen. Ich war wie ein Pferd, das sein Herr eingeritten hatte. Ich war entschlossen, so zu werden wie er. Ich würde mir seinen Respekt verdienen, indem ich fähig würde, von Mann zu Mann mit ihm zu kämpfen. Ich wurde stark, konzentriert und entschlossen.

Als ich acht Jahre war, hatte ich mein Vorrecht als Lowsis Jünger voll angenommen. Als Novize war ich durch strenge Prüfungen gegangen. Jetzt, wo Lowsi überzeugt war, daß ich dem Weg des Kung Fu hingegeben war, fing er an, mich in die Geheimnisse seiner Kunst einzuweihen, während ich gleichzeitig den Weg des Taoismus betrat, der mich zur inneren Erleuchtung führen sollte.

Meine Ausbildung erklomm eine höhere Stufe. Wir arbeiteten täglich mindestens acht Stunden, übten neue Techniken ein, bauten meine Kraft und Schnelligkeit auf. Ein Großteil meines täglichen Trainings vollzog sich mit dem *Mook Jong* (»hölzerner Mann«), einem kräftigen mannshohen Holzpfahl mit hervorstehenden Holzstücken, die Arme und Beine in verschiedenen Winkeln darstellten. Der Mook Jong ist entweder an einer Art Gestell befestigt oder ruht auf einer massiven hölzernen Basis. Lowsi hatte einen der Bäume im Hof durch Beschneiden und Schnitzen zum Mook Jong umfunktioniert.

»Mit dem Mook Jong wirst du lernen, die Winkel und Entfernungen deiner Angriffsbewegungen genau einzuschätzen«, sagte Lowsi. »Benutze stets die wirkungsvollste Bewegung.« Und so trat und boxte ich stundenlang um den Mook Jong herum, aus allen möglichen Stellungen und Winkeln, und lernte so, einen Gegner aus kürzester Distanz anzugreifen.

Als Novize hatte ich viele Stunden zugeschaut, wie Lowsi die traditionellen Waffen der Shaolin-Mönche herstellte. Er fertigte Klingen aller Formen und Größen, und ein Teil meiner Tagesroutine bestand darin, sie mit Flintstein und Öl zu schärfen. Als Großmeister stellte mein Großvater seine eigenen Waffen her, und als sein Jünger lernte ich auch dies.

Auf unseren Ausflügen in die Natur musterten wir immer die Bäume, auf der Suche nach dem idealen Ast für einen Stock oder Speer. Wir machten mehrere Pilgerreisen zu einem Tempel in Tibet, um den prächtige Weiden wuchsen, aus denen wir lange, vollkommen gerade Stöcke schnitzen konnten. Lowsi hatte immer eine Axt dabei, und wir hackten die Äste ab und reinigten sie, bis sie glatt waren. Sie mußten stark und gleichzeitig flexibel sein, und ich testete sie, indem ich einen Anlauf nahm und mich dann, ähnlich einem Stabhochspringer, mit dem Stab nach oben katapultierte. »Und jetzt schau gut zu«, befahl Lowsi. Und er nahm einen der Stäbe und begann mir die Techniken des Shaolin-Kämpfers zu zeigen. Mit raschen, geschmeidigen Bewegungen demonstrierte er mir, wie ich einen Angreifer blockieren konnte. »Denke daran: Ein guter Kämpfer konzentriert sich zuerst immer auf die Verteidigung. Du mußt jederzeit den nächsten Schritt deines Gegners vorhersagen können.«

Wir übten mit den 18 klassischen Waffen der Shaolin, darunter Knüppel, Speer, Schwert, Dreizack und Peitsche, und bauten sie alle in meine Tai-Chi-Routinen ein. Wir benutzten die Waffen sowohl zum allgemeinen Kraft- und Geschicklichkeitstraining als auch zum Kampftraining. Der Umgang mit den Waffen war gefährlich, und ich verletzte mich immer wieder. Eines Tages zeigte Lowsi mir zwei Holzstücke, die durch ein Seil miteinander verbunden waren. »Ein einfaches *Nunchaku*«, verkündete er. Ich schaute zu, wie er das Nunchaku mit atemberaubender Geschwindigkeit um seinen Körper wirbeln ließ und präzise gegen Ziele schleuderte. »Dies kann in einem Kampf eine tödliche Waffe sein«, erklärte er mir.

Ich fing an, jeden Tag mit dem Nunchaku zu trainieren, um meine Arme zu kräftigen. Ich ließ es nach der »Schmetterlingstechnik« über meinen Kopf und um meinen Körper kreisen. Der Trick bestand darin, das Nunchaku möglichst schnell und möglichst nah um den Körper kreisen zu lassen, ohne von ihm getroffen zu werden. Mir knallte es oft gegen den Hinterkopf, und es dauerte einige Zeit, bevor Lowsi mich mit der noch gefährlicheren Metallversion bekannt machte, bei der das Nunchaku aus einer Kette und zwei Metallstücken besteht.

Noch mehr Kraft und Geschmeidigkeit gaben mir die Kurzkeulen. Dies sind zehnseitige, massive Eisenteile, die sehr schwer sind, und ich mußte stundenlang mit ihnen trainieren. Oft führte Lowsi mich zum Fluß, wo ich mit den Keulen im tiefen Wasser Tai-Chi-Bewegungen ausführen mußte. »Bewege deinen Körper, als ob du an der Luft bist«, rief er mir zu, während ich mich der Strömung entgegenstemmte und meine Muskeln zwang, schnell und zielbewußt zu arbeiten. »Konzentriere dich und tu so, als ob das Wasser nicht da ist.«

Ich hinterfragte nie, was Lowsi mir auftrug, und er trieb mich ständig bis an meine äußersten Grenzen. Oft ließ er mich beim Üben alleine, aber ich wagte es nie, in meinem Eifer nachzulassen. Ich hatte auf die harte Art gelernt, daß ich nie sicher sein konnte, daß er mich nicht doch beobachtete.

Eines Tages ging er mit mir auf eine Wiese in der Nähe unseres Hauses. Es war ein schöner Frühlingstag, mit einem tiefblauen Himmel. Er reichte mir die Keulen und befahl mir, meine Übungen zu beginnen. Ich übte, bis mir alles wehtat. »Mach weiter!« rief Lowsi mir zu, während er fortging. Die Zeit verging. Wo blieb er? Versteckte er sich in den Bäumen? Ich durfte mein Tempo nicht drosseln. Ich übte weiter, eine Stunde nach der anderen, bis meine Muskeln brannten und die Schmerztränen mir das Gesicht hinabschossen. Als die Sonne unterging, kam Lowsi zurück. »Du kannst jetzt aufhören«, sagte er. Er gönnte mir nie ein Wort des Lobes oder der Ermutigung, aber ich merkte allmählich, daß ich dabei war, mir seinen Respekt zu verdienen.

Das körperliche Training war nur ein Teil meiner Ausbildung. Der Kung-Fu-Schüler muß sich voll in Kunst und Wissenschaft dieser Kampfkunst vertiefen. Ich studierte Kalligraphie, Sprachen und Geschichte, und von meinen ersten Tagen als Novize an verbrachte ich viele Stunden damit, das Verhalten von Insekten, Vögeln und anderen Tieren zu beobachten.

Eines Tages brachte Lowsi ein Holzkästchen hinaus in den Hof. Die Art, wie er es hielt, ließ mich neugierig werden, aber machte mir auch Angst. Er rief mich zu sich, und als ich kam, langte er mit einer Zange in das Kästchen hinein. Ein Skorpion. »Sieh her, wie er sich bewegt«, flüsterte Loswi. »Er ist kampfbereit, er mag es nicht, wenn jemand ihn berührt oder anfaßt.« Er hielt den zappelnden Skorpion an seinem Schwanz hoch, dann plazierte er ihn sehr vorsichtig auf den Teller seiner offenen Hand. »Schau her, jetzt ist er ruhiger, aber immer noch kampfbereit.« Ich schaute nervös zu. »Ich muß meine Hand vollkommen ruhig halten«, fuhr er fort. »In der Hand ist Energie, und die darf das Tier nicht spüren.«

Ich hielt den Atem an. »Es geht ein leichter Wind. Ich bewege mich mit ihm, damit das Tier keinen Widerstand in mir spürt«, erklärte Lowsi. Er hielt den Skorpion noch ein paar Augenblicke auf seiner Hand, dann drehte er sie, und das Tier fiel auf den Boden. Ich sprang instinktiv zurück. Lowsi hob das Tier mit der Zange wieder auf und legte es zurück in das Kästchen. »Streck deine Hand aus«, wies er mich an. Ich tat es, aber die Hand zitterte. »Konzentriere dich auf deine Atmung. Verlangsame deinen Herzschlag, damit du nicht schwitzt. Er darf in deiner Hand keinen Puls und keine Feuchtigkeit spüren.« Ich konzentrierte mich und verlangsamte meine Atmung – eine Technik, die anfing, mir zur zweiten Natur zu werden.

Ich war dabei, zu lernen, durch kontrolliertes Atmen die verschiedenen Funktionen meines Körpers zu beherrschen und zum Beispiel Schmerzen wegzuatmen und meine Körpertemperatur zu verändern. Ich atmete also – und merkte, wie meine Angst weniger wurde.

Lowsi öffnete das Kästchen wieder. »Versetze dich an die Stelle des Skorpions. Geh in ihn hinein. Was wird er als nächstes tun? Was sieht er gerade? Wie atmet er?« Er legte das Tier vorsichtig auf meine Hand und hielt den Blick auf mich gerichtet, während ich in die richtige Meditationshaltung schlüpfte. Ich stand vollkommen reglos, aber mit voll wachen Sinnen da. Ein plötzlicher Luftstoß, ein unerwartetes Geräusch, und der Skorpion konnte zustechen. Wann würde mein Meister das erlösende Signal geben, den Skorpion fallen zu lassen? Als es endlich kam, kippte meine Hand schneller als der Blitz, und mein Großvater lächelte.

Von den ersten Tagen meiner Ausbildung an praktizierte ich die Kunst, mich innerlich in Tiere hineinzuversetzen. Diese Technik ist unerläßlich, wenn man die zahlreichen Tiersysteme der Shaolin-Kämpfer erlernen will.

In unserem Hof war eine Gottesanbeterin. Ich mußte buchstäblich stundenlang ihre Bewegungen studieren, so lange, bis ich sie nachahmen konnte. »Das *Tang Lang Chuan* (Gottesanbeterin-Kung-Fu) entstand in Nordchina zur Zeit der Ming-Dynastie«, erklärte Lowsi mir, als wir eines Tages wieder das Tier studierten. Es gab kein Kung-Fu-System, das nicht seine Geschichten oder Legenden hatte. »Man nimmt an, daß der Gründer dieses Systems der Boxer Wang Lang war, vor über vierhundert Jahren«, fuhr Lowsi fort. »Nach der Legende verließ er seine Heimatprovinz Shantun, um im Honan-Tempel sein Kung Fu zu vervollkommnen. Aber er wurde unzufrieden mit seiner Kunst, bis er eines Tages zufällig sah, wie eine Gottesanbeterin mit einem viel größeren Tier kämpfte. Die Gottesanbeterin besiegte ihren Gegner, und Wang nahm sie mit in den Tempel, um ihre Bewegungen zu studieren. Er baute diese in sein bisheriges System ein, nahm die Fußbewegungen des Affenstils dazu und schuf so den Gottesanbeterinstil des Nordens.«

Nach dieser Geschichte fing Lowsi an, mir das Tang-Lang-Chuan-System anzutrainieren. »Die Schlüsselbewegung ist der Gottesanbeterin-Haken«, erklärte er mir, während er meine Hand so bog, daß sie der Klaue des Insekts ähnelte. »Er wird zum Schlagen, Blockieren und Parieren benutzt.« Er demonstrierte mir mehrere Bewegungen. Das Tempo seiner aus fünf Einzelbewegungen bestehenden »Pflaumenblütenfausthiebe« war atemberaubend. »Merke dir: Der Vorteil der Gottesanbeterin ist ihre Stille, Geduld und Entschlossenheit. Sie ist verschlagen und äußerst fähig. Oft gibt sie nach, um zu siegen, so daß der Angriff hier wichtiger ist als die Abwehr«, erklärte Lowsi. »Beim Tang Lang Chuan stößt du aus dem Ellbogen oder dem Handteller heraus zu. Dein Ziel ist, die Ellbogengelenke deines Gegners zu brechen. So.« Und er schlug mit einer raschen Handbewegung den Ast eines Baumes entzwei.

Eine von Lowsis Lieblingstechniken war das Südliche Schlangen-Kung-Fu. Es ist eines der kompliziertesten Systeme und eines der tödlichsten. Nach dem Modell der Viper, der Kobra und der Python benutzt es Stechbewegungen gegen Gesicht, Kehle und Genitalien.

»Die Viper fügt ihrem Opfer großen psychologischen Schaden zu, indem sie es stark bluten läßt. Ihr Markenzeichen ist der Zungenstoß.« Er nahm zwei meiner Finger. »Ziele auf die Hauptarterien und -venen.« Er demonstrierte die Stechbewegungen in der Luft. Dann nahm er meine Hand, öffnete sie und bog meinen Daumen darunter. »Diese Position hält eine dynamische Spannung, wie sie für die Kobra typisch ist. Die Kobra konzentriert ihre Angriffe auf Nerven und Druckpunkte.« Lowsi fuhr fort und erklärte mir die Strategie der Python, mit ihren gezielten Stößen und ihrer Ringkampftechnik. »Diese Schlange ist für ihr Tempo und ihre Beharrlichkeit berühmt. Wenn sie einmal zugestoßen hat, läßt sie ihr Opfer nicht mehr los, bis es tot ist.«

»Ist das eine Dim-Mak-Technik?« fragte ich.

»Richtig. Für das Schlangensystem ist das Chi unerläßlich. Du mußt es nutzen, um die Ringel- und Schlängelbewegungen einer Schlange nachzuahmen. Nur durch das Chi erreicht man den richtigen Fluß, der die Technik funktionieren läßt.«

Einmal, als mein Großvater und ich wieder durch den Wald hinter unserem Haus gingen, merkte ich, wie sich im Unterholz etwas bewegte. Ich hatte es bereits gelernt, meine Sinne stets offen zu halten, und hatte vor allem meine außersinnliche Wahrnehmung geschärft. »Der weiße Tiger«, sagte mein Meister, als ob er meine Gedanken las. Er verzog keine Miene, als er weiterging. »Er lebt auf diesem Berg und ist uns die ganze letzte Meile schon gefolgt. Hast du ihn erst jetzt bemerkt?«

Wir gingen weiter, und Lowsi erzählte mir, wie der weiße Tiger lebte und sich an seine Beute anschlich. Nach einer Weile kletterten wir auf einen Baum.

»Paß auf«, sagte Lowsi. »Der Tiger wird bald kommen. Er ist neugierig.«

Als wir eine halbe Ewigkeit auf dem Baum gesessen hatten, erspähten wir in einer kleinen Lichtung die bezaubernde Fellzeichnung des seltenen und schönen Tieres. »Weiß der Tiger, daß wir hier sind?« fragte ich.

»Natürlich. Die Frage ist: Was wird er tun? Schau dir an, wie er sich bewegt. Ist er hungrig? Oder spielerisch?«

Ich beobachtete den Tiger, wie er geschmeidig durch das Unterholz schlich. »Er sieht entspannt aus«, flüsterte ich. Das Tier reckte sich und gähnte, dann legte es sich in das Farnkraut. »Und Hunger hat er nicht«, kommentierte ich zufrieden.

»Nein, aber er ist hellwach. Er hört unser Flüstern und wittert unseren Geruch. Er ist nur deswegen so entspannt, weil er uns nicht als Gefahr sieht.«

Ich konnte meine Augen nicht von dem edlen Tier reißen. Dieses exquisite Fell, diese perfekte Zeichnung, diese herrliche, unverdünnte Muskelkraft, die jeden Augenblick aus ihrem Schlummer erwachen konnte.

In den folgenden Wochen suchten wir regelmäßig den weißen Tiger. Er kam nie in die Nähe der Stadt, aber oft in den Wald am Fuße des Berges. Manchmal legte mein Großvater frisches Fleisch aus, um ihn anzulocken. Ich begann, an meiner Imitationstechnik zu arbeiten. »Du mußt nicht nur verstehen, wie er sich bewegt«, schärfte Lowsi mir ein, »sondern auch, wie er denkt und wie er atmet. Du mußt seine Reaktionen vorhersehen können. Erst dann wirst du das Tiger-System meistern.«

Eines Tages folgten wir dem Tiger in eine kleine Lichtung in dem Wald, wo er oft ruhte und spielte. Wir gingen bewußt gegen den Wind, so daß er uns erst wittern konnte, wenn wir ganz nahe waren. Als wir näher kamen, blickte der Tiger auf und zuckte einmal mit dem Schwanz, wie um zu zeigen, daß er uns kannte. Lowsi machte es sich hoch auf einem benachbarten Baum bequem; niemand konnte so klettern wie er. Als auch ich anfing, den Baum hochzuklettern, stoppte er mich. »Geh zu dem Tiger«, flüsterte er.

Wir hatten das Tier viele Wochen lang aus relativ kurzer Distanz beobachtet, aber ich wußte nur zu gut, daß ein Tiger ein hochgefährliches Raubtier war, das mich mit einem einzigen Prankenhieb töten konnte.

»Er kennt dich«, fuhr Lowsi fort. »Geh zu ihm, als ob du zu ihm gehörst. Es ist ein Muttertier. Werde sein Junges. Habe keine Angst, sonst greift er dich an und du stirbst.« Ich kontrollierte meinen Atem und konzentrierte meine Gedanken. Ganz langsam legte ich meinen Stock hin, dann begann ich, mit hängenden Armen langsam auf den Tiger zuzugehen. *Ich darf ihm keine Angst machen,* schärfte ich mir ein. *Augen auf den Boden richten, dem Tiger nicht in die Augen sehen, ganz entspannt und locker sein …*

Nur wenige Menschen in der Welt haben das Vorrecht gehabt, einen weißen Tiger in freier Wildbahn auch nur zu sehen. An diesem Tag legte das gewaltige Tier seinen Kopf gegen mich und ließ sich von mir wie eine Hauskatze hinter den Ohren kraulen. Ich schaute zu meinem Meister hoch und lächelte. Plötzlich knackte dort, wo er saß, ein Zweig. Ich verlor meine Konzentration, fuhr zusammen und zog meine Hand hastig von dem Tiger zurück. Die Pranke des Tigers flog in meine Richtung. Ich konnte gerade noch ausweichen, bevor sie in mein Fleisch riß, aber als ich zurücksprang, hob der Tiger seine zweite Vorderpranke zum nächsten Hieb. Er machte Anstalten, aufzustehen, und ich wußte: Jetzt ging es um alles oder nichts. Ich mußte einen kühlen Kopf bewahren. *Gesicht nach unten, kein Augenkontakt. Ja nicht fortrennen, sonst hat er dich gleich.* Ich zwang mich in die gleiche passiv-lockere Haltung, mit der ich gekommen war, hielt meinen Blick auf die Pranken des Tieres gerichtet, sah ihm nicht in die Augen. Der Tiger stoppte, und als ich einen langsamen Schritt rückwärts machte, legte er sich zurück in das Unterholz.

Lowsi begrüßte mich mit einer Verneigung – das erste Mal, daß er mir dieses Respektzeichen gönnte. »Du lernst gut.« Von diesem Tag an nannte er mich *Lo Fu Zai* (»Kleiner Tiger«).

Ich studierte verschiedene Tiere, aber am meisten zog es mich zu dem Tiger hin. Das Kung-Fu-System des Tigers dient der Kräftigung von Knochen, Sehnen und Muskeln. Die Bewegungen sind kurz, zackig und kräftig und betonen Kraft und Spannung. Der Tiger ist von Natur aus ein defensives Tier, das erst dann, wenn es gleichsam mit dem Rücken zur Wand steht, angreift, dann allerdings nicht mehr zu stoppen ist. Der Tiger-Kämpfer ist eine Kampfmaschine, die alles zerreißt und zerbricht, was ihr in den Weg kommt. Das Tiger-System mit seiner Tigerklauen-Handposition ist äußerst nützlich im unbewaffneten Kampf gegen bewaffnete Gegner. Der Verteidiger packt die Waffe des Angreifers und macht sie damit für diesen nutzlos.

Eines Morgens, als ich vielleicht zehn Jahre alt war, führte Lowsi mich wieder in den Wald. Es war noch sehr früh, die Sonne war noch nicht aufgegangen. Wir gingen mehrere Meilen weit, wobei wir wie üblich meditierten, aber auf einem Weg, den ich noch nicht kannte. Dann tauchte eine Art Holzgestellt aus dem Wald auf. Ich betrachtete es und sah, daß es von einem dicken Ast eines kräftigen Baumes herabhing, an einem Seil, das zu dem Ast eines anderen Baumes weiterging. Das Gestell war achteckig und mochte zehn Fuß breit sein. Es hing waagrecht unter dem Baum, und aus seiner unteren Seite ragten Hunderte messerscharfer Metallspitzen, die alle gleich lang waren. Mein Mund wurde trocken, als ich die vielen Fußspuren auf dem Boden unter dem Gestell sah.

»Stell dich unter das Gestell«, befahl Lowsi. Wie immer gehorchte ich ihm, ohne zu fragen. Ich schaute zu den mörderischen Nägeln hoch, die in dem matten Licht der Morgendämmerung leuchteten. »Nimm die Tiger-Haltung ein.« Ich hockte mich hin, während Lowsi an dem Seil zog, bis das Gestell nur noch Zentimeter von meinem Körper entfernt war. »Noch tiefer, bis deine Beine parallel zum Boden sind!« Ich gehorchte. »Dies ist der Flachtiger«, erklärte Lowsi. »Er dient nicht zum Kämpfen, aber er wird deine Beine kräftigen.« Er ließ das Gestell noch tiefer herunter. »Steh nicht auf.« Und fort ging er, zurück in die Richtung des Hauses.

Ich blieb eine halbe Ewigkeit lang in dieser Position. Es wurde heller, und obwohl die Hitze des Tages noch längst nicht ihre volle Kraft hatte, strömte mir der Schweiß über den Leib. Meine Beine brannten vor Schmerz, aber wie sollte ich mich unter diesen mörderischen Nägeln bewegen? Dann war auf einmal Lowsi wieder da. Er ging langsam um den Nagelrahmen herum und prüfte, wie ich lag. Er sah, wie ich litt; die Tränen und der Schweiß strömten mir die Wangen hinab. »Du kannst dir Erleichterung verschaffen, indem du ein Bein flach über den Boden bewegst«, sagte er. Es war ein schwieriges Manöver, aber es nahm mir einen Teil des Krampfes weg. »Dies ist eine Pfeil-und-Bogen-Stellung«, erklärte Lowsi. »Dein vorderes Bein ist jetzt angewinkelt, wie ein Bogen, und das hintere Bein in den Boden gestemmt und so gerade wie ein Pfeil.«

Mit dem Nagelrahmen brachte Lowsi mir eine ganze Reihe »flacher« Stellungen bei. Es waren tiefere Versionen vieler der Tigerstellungen, die ich schon kannte. Zu meinem Training gehörte das blitzschnelle Wechseln von der Pfeil-und-Bogen-Position zur Stellung der kämpfenden Katze, der Drehstellung und so weiter bis zur Pferdestellung. In monatelangem Üben lernte ich das Manövrieren in Flachpositionen, und meine Beinmuskeln wurden steinhart. Auf ähnliche Art baute Lowsi auch meine Armmuskeln auf. Es war ein grausames Training. Wenn ich dort unter dem Nagelgestell lag, reichte er mir Steine, die ich in den Händen zu halten hatte. Der Schmerz war unerträglich, aber ich konnte und wollte nicht aufgeben.

Mit der Zeit gingen viele dieser Stellungen mir in Fleisch und Blut über. Lowsi testete mich immer wieder. In einer Nacht kam er zu mir in mein Zimmer, während ich schlief, und schüttete einen Eimer Eiswasser über mich. Ich fuhr hoch und nahm sofort die Position des kämpfenden Pferdes an, ohne zu wissen, was überhaupt los war. »Die Schulter weiter nach vorne«, schrie er, während er mich schlug. Dann, in freundlicherem Ton, befahl er mir, aufzustehen und mit in den Hof zu kommen.

Als wir draußen waren, langte Lowsi in einen Korb und zog ein teuer aussehendes Tintenfaß, mehrere schön gearbeitete Messingschreibfedern und mehrere Bogen Papier hervor. »Schreibe alles auf, was du über die Technik des kämpfenden Tigers gelernt hast.« Die Aufgabe war eine willkommene Pause in der endlosen Kette von Ausdauerübungen, aber die Pause wurde lang. Lowsi ließ mich vom frühen Morgen bis zum späten Abend schreiben.

Ich kannte den Hof bislang nur als einen Ort des Elends und der Folter, aber an diesem Tag, als ich allein dort saß und nachdachte, sah ich, daß er eigentlich schön war. Hinter dem Mondtor in der gegenüberliegenden Mauer leuchtete der Südhang des Hanshan Si, des »Kalten Berges«. Wenn ich die Augen zusammenkniff, konnte ich gerade eben die Umrisse des hoch über dem Cassia-Wald gelegenen Klosters ausmachen. Über meinem Kopf tanzten alle möglichen Fabelwesen auf dem Dach und den Hofmauern. Sie hatten mich schon immer fasziniert. Inzwischen wußte ich, daß sie das Haus vor bösen Geistern schützen sollten.

Wie die meisten Chinesen, waren auch meine Verwandten sehr abergläubisch, aber ich merkte, wie meine Kung-Fu-Ausbildung mir die innere Kraft gab, mit jeder Art von Angst fertig zu werden. »Es gibt keinen Gott, außer dem Gott in dir selber«, sagte Lowsi mir wieder und wieder. »Benutze das Chi, um deine Angst zu überwinden.« Lowsi hatte viele Strategien, um mir meine Ängste auszutreiben. Einmal stiegen wir mehrere Tage lang einen Berg hoch, bis wir einen schwindelerregenden Grat erreichten. Mitten in einem heftigen Unwetter mußte ich meine Übungen beginnen. Ich konnte mich fast nicht konzentrieren in dem kalten Regen, der in meine dünne Kleidung biß, und den Windböen, die mich fortzufegen drohten.

Bald danach begann Lowsi, mir meine ersten Kämpfe zu vermitteln. Wir fuhren zu Tempeln in ganz China, bis nach Shandong und Tanggu im Nordosten, nach Lanzhou und Chengdu, im Westen bis nach Tibet und gelegentlich nach Pakistan. Ich hatte gelernt, keine Gefühle zu zeigen, aber wenn wir nach Hongkong fuhren, spürte ich jedesmal ein inneres Erregungszittern. Es war Ende der 1970er Jahre, und in Hongkong pulsierte das Leben. Hier gab es Sportwagen, Männer in eleganten westlichen Anzügen und überall Neonlichter und Musik.

Bei meinem ersten Hongkong-Besuch ging es um die Kumatai-Kämpfe. Sie waren illegal, was Polizisten und Beamte nicht daran hinderte, munter mitzuwetten. »Das Kumatai ist ein totaler Freistil-Wettbewerb, in dem Kämpfer aus allen Systemen der Kampfkunst gegeneinander antreten können«, erklärte Lowsi, als wir unsere Plätze in der Arena einnahmen. Die Zuschauer schienen schier rasend zu sein; so eine Atmosphäre hatte ich noch nirgends erlebt.

Mein Großvater sah meinen Blick und erklärte: »Die Zuschauer hier wollen Blut sehen. So mancher Kampf endet mit dem Tod eines der Gegner.« Ich wußte, daß Lowsi selber viele Male im Kumatai gekämpft hatte. »Eines Tages wirst du der Herrscher des Kumatai sein«, sagte er mir, und ich wußte: er hatte recht.

Kapitel 4

Als ich zwölf Jahre alt war, eröffnete mein Großvater mir, daß sie mich zurück nach England schicken würden, zu meinen Eltern. Meine Gefühle waren gemischt; halb freute ich mich, halb hatte ich Angst. Auf der Fahrt zum Flughafen schwiegen Lowsi und ich. Als der Terminal in Sicht kam, erklärte er mir, daß meine Ausbildung in London weitergehen würde. »Ich habe über die Internationale Kung-Fu-Föderation in Genf das Nötige veranlaßt. Sie wird dir einen Lehrer besorgen und deine Ausbildung finanzieren.« Der Karren blieb stehen. »Ich werde mich über deine Fortschritte auf dem laufenden halten, und später kommst du zu mir zurück.« Und er verneigte sich und fuhr fort.

Als das Flugzeug in den Himmel stieg, fragte ich mich, was mich in London erwarten würde. In den acht Jahren, die ich in China gelebt hatte, hatte ich mehrere Besuche zu Hause gemacht, manchmal ein, zwei Monate lang. London hatte mich immer fasziniert. Ich liebte die Spielwarengeschäfte, die Punks am Trafalgar Square, die roten Doppeldeckerbusse, die Lichterreklame am Picadilly Circus. Aber mit meinen Eltern zusammensein war nie einfach. Für sie schien mein Leben in China nicht zu existieren. Vor allem meine Mutter tat so, als sei ich nie fort gewesen. Wir sprachen kaum miteinander. Daß das Englische mir zur Fremdsprache geworden war, machte die Sache nicht einfacher. »Meine« Sprache – das war jetzt das Kantonesische. Sprach meine Mutter sie noch, oder hatte sie ihre eigene Muttersprache vergessen? Ich fragte sie nie. Es gab vieles an meiner Familie, das ich nicht verstand.

Ich mußte an meinen letzten Besuch in England denken. Ich war damals neun Jahre alt gewesen. Eines Tages war ich mit meiner Mutter zum Supermarkt gegangen. Wie üblich stopfte sie den Einkaufswagen mit allen möglichen Sachen voll. Dann sah ich, daß ganz unten, unter ihrer Handtasche, eine teure Packung Garnelen lag. »Guck, Mama«, sagte ich unschuldig, als sie den Wagen an der Kasse auslud. »Das hast du vergessen!«

»O, wie dumm von mir!« Mit rotem Gesicht zog sie die Garnelen aus dem Wagen und kramte in ihrem Portemonnaie nach mehr Geld.

»Ist schon gut«, sagte die Kassiererin, »so was kann mal passieren.«

Meine Mutter sah ärgerlich aus, als wir den Laden verließen, aber das war ich gewöhnt. Ich verstand nicht, was da schief gelaufen war, aber ich wußte, daß ich besser nicht weiter bohrte.

Ich hätte den Vorfall bald vergessen, wenn er sich nicht ein paar Tage später wiederholt hätte. Diesmal war es eine teure Schachtel Pralinen. Als wir zur Kasse gingen, zog meine Mutter sie aus dem Wagen und schob sie unter ihren Mantel. »Mama, du hast …« Ich unterbrach mich. Ihr finsterer Blick sprach Bände.

Gab es auch schönere Erinnerungen? Doch. Ich dachte an meine frühe Kindheit, als meine Eltern in dem großen Haus in Edgware wohnten. Mein Vater war ein erfolgreicher Fernsehtechniker, und sein Geschäft muß gut gelaufen sein. Eines Abends kam er lachend und singend nach Hause. Einer seiner Kunden hatte ihm eine dicke Rechnung in bar bezahlt. Er platzte durch die Tür und warf ein ganzes Bündel Geldscheine in die Luft. Mutter rannte wie ein kleines Mädchen zu ihm und fing an, die Scheine aufzuheben. Ich schaute vergnügt zu, wie Vater sie um die Taille packte und hochhob und wie sie beide einen Freudentanz aufführten. Es war eine der wenigen glücklichen Szenen, an die ich mich von zu Hause erinnerte.

Die Stunden vergingen, und ich gab mich dem einlullenden Geräusch der Triebwerke hin. Schließlich schlief ich ein; die Stewardeß weckte mich, als wir unseren Anflug auf London Heathrow begannen.

Die Stewardessen kümmerten sich rührend um mich. Als wir gelandet waren, begleitete mich eine zu dem Terminalgebäude, wo meine Eltern auf mich warteten. Ich hatte nur mein Handgepäck dabei. Ich musterte das Meer der Gesichter in der Empfangshalle. Da war meine Mutter, wie immer in eleganten Kleidern, grell geschminkt und mit einer Handtasche, die zu ihren Schuhen paßte. Und neben ihr ... Mir stockte der Atem. War mein Vater nicht ein stattlicher Mann mit markanten Gesichtszügen, olivenfarbener Haut und dickem, welligem schwarzem Haar? Jetzt saß er in einem Rollstuhl, klein und blaß, und sein Haar war graugesprenkelt. Ich begrüßte beide mit einer kurzen Verbeugung. Meine Mutter, die betreten und unbehaglich aussah, gab mir einen spitzen Kuß auf die Wange.

Später erfuhr ich mehr über die Krankheit meines Vaters. Er hatte Multiple Sklerose. Die Diagnose war kurz nach meiner Geburt gekommen. Vielleicht war das der Grund, warum meine Mutter mich immer gehaßt hatte, vielleicht war es meine Schuld.

Bei meinem Vater hatte ich mich immer wohler gefühlt als bei ihr. Er nahm sich Zeit für mich und zeigte mir manches. Die Dosen und Schachteln mit all den verschiedenen Schrauben, Muttern und Bolzen faszinierten mich. Er brachte mir das Schachspielen bei und bastelte, nach Vorlagen in den Büchern, die er las, Modelle mit mir. Er las ständig große Bücher über Technik und Maschinenbau. Nur Fußball oder Fangen oder Räuber und Gendarm mit mir spielen tat er nie. Jetzt wußte ich, warum. Er konnte nur ein paar Schritte laufen und wurde rasch müde. Oft schlief er mit einem Buch auf den Knien ein. Mutter ging viel aus, meistens einkaufen.

Auch wenn es eine Erleichterung war, nicht mehr unter der Fuchtel meines Großvaters zu leben, fiel mir das Wiedereinleben in England schwer. Der ganze westliche Lebensstil war mir fremd geworden. Anfangs konnte ich auf der weichen Matratze nicht schlafen und legte mich stattdessen auf den Fußboden.

Meine Eltern schickten mich in die nächstliegende Gesamtschule, und abends besuchte ich einen Sprachkurs, um mein Englisch zu verbessern. Ich haßte die Schule. Ich hatte nichts gemein mit den anderen Jungen. Ihre Gossensprache und ihre Aufsässigkeit gegenüber den Lehrern schockierten mich. In der chinesischen Kultur herrschte Disziplin; dort war es selbstverständlich, die älteren Menschen zu ehren und ihnen zu gehorchen.

»He, Schlitzauge, wo willst du hin?« Das war Steve Jenkins, der Anführer einer Bande, der mich seit meinem ersten Tag in der Schule aufzog und provozierte. Mehrere Wochen lang hatte ich versucht, die Typen zu ignorieren. »Gehst du zum Chinesen essen, wie?« Die anderen lachten, während sie mir über den Schulhof folgten. »He, Chinese, ich sprech' mit dir!« Ich ging weiter, aber in mir kochte es. Ich hatte ihnen lange ihren Spaß gelassen. Sie kannten mich nicht. Eines der ersten Prinzipien des Kung Fu ist, Konflikte nicht zu provozieren und nur dann aktiv zu werden, wenn man sich verteidigen muß. Aber diese Typen gaben nicht auf, und ich war ihrer Sprüche und Schikanen herzlich müde. Steve Jenkins war ein großer, häßlicher Bursche, der sich einen Sport daraus machte, schwarze und asiatische Schüler zu mobben. Ich hatte ihn zusammen mit seinem Vater gesehen. Beide hatten kahlrasierte Schädel, und sein Vater hatte mehrere Tätowierungen der National Front.

»Komm, Chinese! Was ist mit dir? Hast du Angst zu reden? Ach ja, du sprichst ja kein Englisch, wie konnte ich das vergessen?« Jenkins begann, um mich herumzutanzen, die Augen zu Schlitzen zusammengezogen. Die anderen taten es ihm nach, lachend und johlend. Ich mußte an den Tag zurückdenken, wo die Triaden-Jungen mich fast totgeschlagen hatten. Das würde mir nicht noch einmal passieren! Jenkins schob sein Gesicht vor meine Nase, weiter an seinen Augen ziehend. »Laß mich in Ruhe«, sagte ich. Er lachte häßlich und sagte, meinen Akzent nachahmend: »Ihr sollt ihn in Ruhe lassen, hat er gesagt, he, wie?« Er schaute kurz seine Bande an, dann stieß er mich heftig gegen meine linke Schulter. Ich revanchierte mich mit einem blitzschnellen Schlag in sein Gesicht, der ihm die Nase brach. Er fiel rücklings auf den Boden. Die anderen sahen sprachlos zu, wie er sich vor Schmerzen schreiend und fluchend wand und versuchte, den Blutschwall zu stoppen. Ich sah den anderen in die Augen. Sie drehten sich um und rannten davon. Es fühlte sich gut an.

Ich bekam eine milde Strafe. Die Lehrer wußten sehr wohl, was ich hinter mir hatte. Ich war ein fleißiger, höflicher und gehorsamer Schüler, während Jenkins ein notorischer Schläger war. Nicht lange nach diesem Vorfall flog er von der Schule. Die Nachricht über meinen Kung-Fu-Angriff verbreitete sich wie ein Lauffeuer, und ich wurde eine Berühmtheit wider Willen. Ich war es nicht gewöhnt, derart im Zentrum der Aufmerksamkeit zu stehen. Diese Jungen waren auf der Suche nach einem Führer, nach Action und Abenteuer. Ich war hin- und hergerissen zwischen meiner Kultur der Disziplin und einer neuen, gefährlich mächtigen Freiheit. Es war ein Kulturschock, wie er intensiver kaum sein konnte. Ich wußte nicht, wie ich mich verhalten sollte in einer Umgebung, in der alles durchging und wo viele Lehrer einen schier aussichtslosen Kampf um Ordnung im Klassenzimmer führten. Aber eigentlich gefiel mir meine neue Rolle. Alle ließen mich in Ruhe, und es war besser, der Schultyrann zu sein als von den anderen tyrannisiert zu werden.

Wenn mein Kung-Fu-Training nicht gewesen wäre, ich hätte leicht so enden können wie Steve Jenkins und seine Kumpel. Der Ruf meines Großvaters war so gut, daß die Internationale Kung-Fu-Föderation (IKFF) in Genf die Finanzierung meiner weiteren Ausbildung übernahm. Sie überwies mich an eine Kung-Fu-Schule in Swiss Cottage (Nordwest-London), die von Mr. Chang geleitet wurde. Er war ein freundlicher, jovialer Mann und erfahrener Meister. Es zeigte sich bald, daß ich in vielen Techniken weiter war als seine Schüler, aber sein Unterricht war für meine Entwicklung trotzdem nützlich. Mit seiner so ganz anderen Art als Lowsi gab er mir neuen Auftrieb, und bald stellte er mich als Hilfslehrer ein. An seiner Schule lernte ich auch Kingsley kennen, der aus Jamaika kam und ebenfalls ein fortgeschrittener Student der Kampfkünste war. Er wurde mein erster echter Freund.

Die Disziplin der Kung-Fu-Schule hielt mich von der Straße und ihren Gefahren fern. Das einzige Problem war Mr. Changs offene, lockere Art, die mir nach Lowsis Härte nicht recht zu dem passen wollte, was ich unter einer richtigen Ausbildung verstand. Wahrscheinlich vermißte ich die feste Hand, die ich für den größten Teil meines Lebens gekannt hatte. Ich fand sie schließlich in gewissem Maße in einem meiner Lehrer. Mr. Sizer unterrichtete Religion. Die meisten Schüler haßten ihn, weil er so streng war. Ich war stets höflich zu den Lehrern, aber Mr. Sizer war einer der wenigen, vor denen ich echt Respekt hatte. Ich mochte den Religionsunterricht. Mein Großvater hatte mir einiges über die verschiedenen Weltreligionen beigebracht. Ich war fasziniert von den vielen verschiedenen Glaubenssystemen und Frömmigkeitsstilen, die es gab, aber ich wußte, daß der einzige wirkliche Gott der Gott »drinnen«, das Chi war. Ich erinnere mich, wie Mr. Sizer uns einmal von Abraham erzählte und wie er bereit war, seinen eigenen Sohn, Isaak, zu opfern. Was für ein Gehorsam, was für ein Mut! Das war eine Geschichte für mich. Vielleicht würde ich mir eines Tages eine Bibel besorgen und darin lesen.

Mit der Unterstützung der IKFF konnte ich zu Kampfsportwettbewerben in aller Welt fahren. Die meisten fanden in Asien statt, und mein Großvater war als Besucher dabei. Ich wußte, daß er immer mitwettete und große Summen auf mich setzte. Ich enttäuschte ihn nie. Jedes Jahr kehrte ich für zwei oder drei Monate nach China zurück, um unter seiner Anleitung meine Kunst zu vervollkommnen. Er schlug mich nicht mehr, aber ich beugte mich weiter bedingungslos unter seinen Willen.

Als ich siebzehn war, begann er, mich in realen Alltagssituationen zu testen. Eines Tages fuhren wir nach Nanchang in der Provinz Jiangxi, südöstlich des Boyang-Sees. Ich wußte das damals noch nicht, aber Nanchang ist berüchtigt für seine Straßenbanden. »Erwarte stets des Unerwartete«, sagte Lowsi mir. Dann wies er mich an, mich dort mitten auf der Straße bis auf die Unterwäsche auszuziehen. Das war schon schlimm genug. Ich musterte sein Gesicht, aber seine Miene verriet mir natürlich nichts. Dann zog er eine Schriftrolle aus seiner Jacke und hing sie mir um den Hals.. Mir wurde schlecht, als ich die Schriftzeichen las: *Hum kah chan* (»Tod deiner Familie!«) und *Chao ni niang de zhu zong shi ba dai* (»Schlaf mit deinen Ahnen, deinen Großmüttern und Urgroßmüttern!«).

Lowsi zeigte auf den Eingang zu einer dunklen Seitengasse. »Geh.« Ich begriff, was er vorhatte. Als ich die ersten Schritte gemacht hatte, verschwand eine alte Frau hastig in eines der Häuser; ich hörte, wie sie die Tür hinter sich zuschlug und verriegelte. Dann hallten plötzlich Flüche und Schreie durch die Luft, und acht oder neun Straßenkämpfer rannten auf mich zu. Die Gasse war eng, was mir zugute kam, denn es begrenzte die Zahl der Gegner, die sich gleichzeitig auf mich stürzen konnten. Ich ging rasch in die Tigerstellung und konzentrierte mich, mit blitzschnellem Einsatz meiner Füße, auf die Angreifer, die mir am nächsten waren. Der erste kam mit einem rechten Haken. Ich drehte mich aus der Hüfte und blockte ihn mit meinem Arm ab, während ich ihn gleichzeitig mit meinem rechten Fuß k.o. trat. Da kam schon der nächste, mit einem geraden Schlag gegen meinen Kopf. Ich wirbelte wieder herum, wehrte den Schlag ab und schickte den Kerl mit einem seitlichen Tritt ins Gesicht ins Land der Träume.

Der nächste Gegner versuchte es mit einem Schlag seines rechten Arms in mein Gesicht. Ich fing auch ihn ab und traf ihn mit den Knöcheln meiner rechten Faust. Er ging zu Boden, und ich stieg auf ihn, um mehr Höhe und Übersicht zu haben. Die nächsten beiden kamen, der erste mit einem Schlag in die Herzgegend, der andere mit einem Tritt in die Seite. Ich blockierte den ersten Schlag mit meinem linken Arm und knallte dem Kerl meine Faust gegen die Schläfe, während ich gleichzeitig dem anderen einen gezielten Tritt in die Leistengegend verpaßte und meine Taille zur Seite bog, um seinem Tritt auszuweichen.

Der nächste kam. Ich empfing ihn mit einem Tritt gegen die Schläfe. Er ging zu Boden, und der nächste versuchte es mit einem Fausthieb gegen meine Brust. Ich buckelte geschickt, ging blitzschnell in die Knieendes-Pferd-Position und traf den Angreifer in die Leistengegend. Die letzten beiden Angreifer warfen ein paar Flaschen und Flüche in meine Richtung, bevor sie wegrannten.

Ich stand ein paar Augenblicke da, brachte meinen Atem unter Kontrolle und vergewisserte mich, daß der Kampf wirklich vorbei war. Auf einmal war mein Großvater da und verneigte sich. Wir machten, daß wir fortkamen.

Im Laufe der nächsten Jahre sollten wir Nanchang und seine Straßenbanden noch oft besuchen. Wieder und wieder bewies ich, daß ich jeder Situation gewachsen war. Einmal mußte ich mich als chinesische Opernsängerin verkleiden. Mein Großvater führte mich in ein Bergdorf, wo er mein Gesicht schminkte und mir schwere Bühnengewänder anlegte. Um die Einheimischen aufzustacheln, mußte ich Obszönitäten schreiend in dem Make-up und den schweren Kleidern durch die Straßen stolzieren. Wieder stürzten sich diverse Angreifer auf mich, die alle möglichen Waffen dabei hatten. Die größte Schwierigkeit bestand darin, in der schweren Kleidung zu kämpfen.

Nicht alle meine Kämpfe waren von meinem Großvater arrangiert. Eines Tages wurde meine Kusine Siu Ming auf einer Reise gekidnappt und gezwungen, als Prostituierte zu arbeiten. So etwas geschieht in China recht häufig. Siu Ming war jung und schön und für jemanden, der ihren Familiennamen nicht kannte, eine leichte Beute. Wir erfuhren, daß man sie in ein Bordell in Schanghai gebracht hatte, das von der Triade betrieben wurde. Wir hielten eine Reihe von Familienräten in unserem Haus. Man versicherte uns, daß unsere Kontaktmänner in Schanghai die Sache regeln und Miu Sings sofortige Freilassung erwirken würden. Mehrere Tage vergingen, dann kam ein Brief. Mein Großvater war aufgebracht, als er ihn las. »Unser Mann in Schanghai scheint zur dortigen Polizei zu gehören«, erklärte er mir, »und die Polizei weigert sich, sich mit der Triade anzulegen, aus Angst vor einem Bandenkrieg.«

Ich fuhr nach Schanghai.

Der Polizist, der mich führte, weigerte sich, zu weit in das Viertel hineinzugehen, aber das Haus war nicht schwer zu finden. Ich stand draußen auf der Straße und lauschte auf die Stimmen drinnen. Die Tür war einen Spalt offen, und ich hörte die bittende Stimme eines Mädchens. Gut möglich, daß es Siu Ming war. Die Worte konnte ich nicht ausmachen. Ich trat in den schummrig erleuchteten Raum. Das Mädchen sah mich und brach in Tränen aus.

»Siu Ming!« Sie war es wirklich. Sie rannte zu mir und umklammerte mich, aber einer der Männer in dem Raum riß sie sofort weg und schob sie in ein Nachbarzimmer.. Ich ging zu der Theke und sprach den dicken Mann in Schlips und Anzug an, der offenbar hier das Sagen hatte. »Entschuldigen Sie, bei diesem Mädchen muß wohl ein Mißverständnis vorliegen.«

»Das Mädchen geht Sie nichts an«, knurrte er, kaum von seinen Papieren aufsehend. Allerhand, der Kerl sah mich noch nicht einmal an. Ich machte meine Stimme energischer. »Sie haben sie gekidnappt…«

»Wir haben niemand gekidnappt«, unterbrach er mich.

»Ich glaube, Sie verstehen mich nicht«, sagte ich. »Siu Ming gehört zur Familie Soo in Kanton. Sie müssen sie freilassen und meinen Großvater, Cheung Ling Soo, um Vergebung bitten.«

Der Mann schnaubte verächtlich. Jeder in China wußte, daß jemand, der eine Familie wie die unsere beleidigte, in aller Form Abbitte zu tun hatte, sonst gab es einen Rachekrieg, der mehrere Generationen andauern konnte. Der Mann vor mir verstand meine Worte sehr gut, schien aber nicht zu glauben, daß ich zur Familie Soo gehörte. »Dein Großvater?« höhnte er. »Und wer bist du, Rundauge?« Dann flog die Tür in der hinteren Wand auf und sieben oder acht Männer stürzten mit gezogenen Messern in den Raum. Ende der friedlichen Verhandlungen. Ich zog mein Kampfbeil hervor, und der Tiger begann seine Arbeit.

Ein paar Minuten später lagen die Männer schwerverletzt auf dem Boden, und ich konnte Miu Sing ohne weitere Probleme mit nach Hause nehmen. Dieser Vorfall verschaffte mir hohe Ehre bei meinen chinesischen Verwandten – genau das, worauf ich so lange gehofft hatte.

Nicht lange danach bereitete mein Großvater mich auf die Prüfung vor, die mich zu einem »Meister« des Kung Fu machen würde. Die Prüfung bestand aus einer Reihe von mündlichen und praktischen Tests, die in dem *Tar Shui*, der »Tunnelprüfung«, gipfelten. Die Tunnelprüfung ist unter den Kung-Fu-Schülern berüchtigt. Nicht viele wagen es, sich ihr zu stellen, und von denen, die es wagen, kommt so mancher nicht mehr aus dem Tunnel heraus.

Wir fuhren in mehreren Tagesreisen nach Norden, in die Provinz Shandong. Der Tunnel befindet sich in einer Höhle unten im Tai Shan, einem der heiligsten taoistischen Berge in China. Ich war bereit für diese Prüfung. Meine Ausbildung war so weit vorangeschritten, daß ich keine Angst mehr kannte. Es war ein schöner Sommertag; um so mehr spürte ich die Kälte des Berges, als ich die Höhle betrat. Es dauerte einen Moment, bis meine Augen sich an das Schummerlicht drinnen gewöhnt hatten. Die Höhle wurde notdürftig von Fackeln erleuchtet. Direkt vor mir lagen mehrere Meter Glasscherben. *Einfach,* dachte ich. Ich fiel in den leichten Schritt des Kranichs und ging über die Scherben. Ich spürte kaum einen Kratzer.

Gleich nach den Scherben kamen glühende Kohlen. Die Hornhaut an meinen Füßen war so dick, daß auch dies kein Problem war. Ich ging gemächlich weiter. Wann käme endlich eine schwierigere

Aufgabe? Da war sie schon – genau das Richtige für mich. Ich lächelte. Eine Art achteckiger Holzrahmen, aus dem nach unten scharfe Speerspitzen herausschauten, versperrte meinen Weg. Das Ding ruhte auf ein paar Bambusstöcken, die mit einem kleinen Labyrinth aus horizontalen und diagonalen Bambusstöcken verbunden waren. Durch dieses Bambusgewirr mußte ich klettern. Eine falsche Bewegung, so daß ich gegen einen der Stöcke stieß, und das ganze Gebilde würde auf mich stürzen und die Speere mich durchbohren.

Ich überlegte. Dies war ein Test, bei dem es um Wendigkeit und Präzision ging. Mit den richtigen Schlangenbewegungen würde ich es schaffen. Ich konzentrierte mich voll auf die Lage meiner Gliedmaßen und begann, mich durch das Labyrinth hindurchzumanövrieren, den Rücken gekrümmt und an den Stellen, wo dies nötig war, mit nur einer Hand auf dem Boden. Mit einer Reihe von Flachpositionen gelang es mir, mich durch die Stöcke hindurchzuschlängeln, bis ich die andere Seite erreicht hatte.

Als nächstes kam die Klinge. Sie lag mitten auf meinem Weg, und die Aufgabe bestand darin, über ihre rasiermesserscharfe Schneide zu laufen. Der Boden und die Wände rechts und links der Klinge schimmerten feucht in dem Fackellicht. Natürlich. Öl. Das einzige, was nicht mit Öl eingeschmiert war, war die acht Meter lange Klinge. Die Höhle war an dieser Stelle so eng, daß an Ausweichen nicht zu denken war; der einzige Weg ging über die Klinge. Ich spürte auch, daß hier noch mehr sein mußte als nur die Klinge, die bereits mein Äußerstes an Konzentration erfordern würde. Ich lenkte die Energie des Chi in meine Füße, so daß ich keinen Schmerz spüren würde. Dann trat ich, in perfekter Balance, auf die Klinge und begann zu laufen. Plötzlich kam ein wütender Hund auf mich zugeschossen. Mein Meister hatte mir eingeschärft: »Erwarte das Unerwartete.« Ich erkannte sofort, daß dieser Hund eine Ablenkungsfalle war. Er versuchte mich anzufallen, aber eine schwere Eisenkette hielt ihn zurück. Meine Kontrolle des Chi ließ mich die Ruhe bewahren. Ruhig und gelassen ging ich weiter über die Klinge.

Ich ließ den Hund hinter mir und ging, alle Sinne auf das äußerste gespitzt, weiter. Der Tunnel wurde jetzt wieder breiter. Dann sah ich es. Eine hölzerne Plattform, die die ganze Breite der Höhle einnahm. An der zu mir gekehrten Seite ragte eine ganze Batterie aus dreigezackten Speerspitzen aus ihr hervor. Die Plattform ruhte auf einem großen Felsblock, und die ganze Konstruktion hatte große, mit Eisen beschlagene Holzräder, die so aussahen, als ob sie noch nie bewegt worden waren. Dies war ohne Zweifel die bisher größte Herausforderung. Wer dieses Ungetüm bewegen und zur Seite schieben wollte, mußte gegen die Speerspitzen drücken.

Ich versetzte mich in den Meditationszustand, so daß ich die Energie des Chi in meine Hände lenken konnte. Dann drückte ich mit meinen Handtellern gegen die Speere, mit aller Kraft, aber die Konstruktion bewegte sich nicht. Ich hob den einen Fuß auf eine der Spitzen und versuchte es erneut. Nichts. Ich machte eine Pause, konzentrierte mich erneut auf das Chi. Ich mußte eine andere Taktik versuchen. Ich drehte mich um und drückte mit dem Rücken gegen die Speere; vielleicht würde die größere Druckfläche meine Kraft vergrößern.

Jahrelang hatte ich mit meinem Großvater Speerspitzen-Abhärtungsübungen gemacht. Eine Standardübung bestand darin, daß er mit dem vollen Gewicht seines Körpers einen Speer mit der Spitze gegen mich drückte. Das Fleisch und die Muskeln des menschlichen Körpers lassen sich mit einem Schwamm vergleichen. Ein trockener Schwamm ist leicht zu durchdringen. Aber ein in Wasser getränkter Schwamm wird fest und stark. Ganz ähnlich werden dann, wenn die ganze Energie des Körpers auf eine Stelle (zum Beispiel den Unterbauch) konzentriert wird, die Haut und die Muskeln dort steinhart. Ich trug bei den Speerübungen außer ein paar Kratzern an der Haut selten Verletzungen davon.

Ich hörte, wie die Plattform unter dem Druck knarrte und ächzte. Gut. Ich drückte weiter, aber jetzt merkte ich, wie die Speerspitzen in meinen Rücken schneiden wollten. Ich kehrte zu meiner ursprünglichen Handposition zurück, konzentrierte meine Energie neu, schloß die Augen und begann, im Geiste die Konstruktion zu bewegen. Mein ganzer Wille, mein ganzes Sein konzentrierte sich in meinen Händen. Die Plattform schien nachzugeben, aber die Räder wollten sich nicht drehen. Ich sammelte erneut meine innere Kraft, setzte die ganze Energie meiner Atmung ein. Ich würde Lowsi nicht enttäuschen, ich würde ihn stolz auf mich machen! Mit einer letzten, gewaltigen Anstrengung gelang es mir, die Konstruktion vielleicht einen halben Meter weit wegzuschieben. Ich fiel auf die Knie, als die Energie durch meinen Körper und in den Felsblock schoß. Ich gönnte mir ein zufriedenes Lächeln, bevor ich mich durch die winzige Öffnung quetschte, die ich da geschaffen hatte.

Ich merkte, wie es in der Höhle heller wurde. Meine Prüfung war fast vorbei, aber eine Aufgabe lag noch vor mir, und ich konnte mir fast denken, was sie war. Richtig: es roch auf einmal nach glühendem Eisen. Bald sah ich die Öffnung der Höhle und die Silhouette meines Großvaters in dem Sonnenlicht. Aber vor dem Ausgang versperrte mir ein großer Kessel mit glühenden Eisenspänen den Weg. Er war rotglühend von der Hitze und sah so aus, als ob er mehrere Zentner wog. Die Wände des Kessels waren mit eisernen Tigerklauen bewehrt, und die Drachenfiguren warteten darauf, mein Fleisch zu verbrennen. Dies war der letzte und größte Tapferkeits-, Kraft- und Ausdauertest. Ich schaute einen Augenblick zu Lowsis Gesicht hin, aber es war wie üblich ausdruckslos. Aber ich brauchte gar keine Worte oder Gesten der Ermutigung; seine bloße Gegenwart genügte.

Ich zwang mich, ganz ruhig zu werden, und ließ die Energie des Chi in meine Arme fließen. Ein paar Augenblicke, und sie wurden eiskalt und taub. Ich schaute geradeaus nach vorne und legte meine Unterarme auf die glühendheißen Drachen. Es roch sofort nach verbrannten Haaren und Fleisch, aber das bedeutete nichts, ich spürte nichts. Mit der Kraft meiner Tigergliedmaßen zwang ich die Energie durch meinen Unterleib nach oben und hob den riesigen Kessel an. Ich hielt ihn so weit weg von meinem Körper, daß die Tigerklauen mich nicht kratzten, dann wuchtete ich ihn aus der Höhle hinaus und stellte ihn vor meinem Meister ab. Ein leises Lächeln trat auf sein Gesicht. Ich zog meine Arme von dem Kessel weg. Sie fühlten sich immer noch eiskalt an, aber als ich auf sie herabsah, sah ich die Brandblasen, an den Stellen, wo die Drachen sich in mein Fleisch gebrannt hatten.

Loswi machte das Ehrenzeichen. Dies ist das Handzeichen, das zum Zeichen der gegenseitigen Achtung zwischen Kung-Fu-Kämpfern sowie zwischen Schüler und Lehrer ausgetauscht wird. Es steht für das Chi, Yin und Yang, Sonne und Mond. Die rechte Hand wird zur Faust geballt (der Mond), die linke bleibt offen (die Sonne) und liegt flach auf der Faust der rechten. Mit diesem Zeichen hatte ich vor jedem Kampf und jeder Übung meine Hingabe an meinen Meister demonstriert; jetzt gab er mir dieses Zeichen zurück. Es war meine höchste Ehre. Dann gab er mir ein verziertes Schwert, als Zeichen meines neuen Standes. Ich war jetzt *Lo Fu Zai* – Meister im Weg des Kung Fu.

Kapitel 5

Als Meister in der Kunst meiner Ahnen war es mein großes Ziel, den Ruhm und das Erbe des Namens Soo weiterzutragen. Jeder neue Kampf war eine Bewährungsprobe für die Lehren und die persönliche Ehre meines Großvaters. Es war eine Last, die ich mit großem Stolz trug.

Einige meiner größten Stunden erlebte ich in der Ahsraf Tae-Schule in Karachi (Pakistan). Ashraf und mein Großvater hatten sich als junge Shaolin-Kämpfer in Nordchina kennengelernt. Beide waren später berühmte Großmeister geworden. Ashraf studierte und entwickelte diverse Kampftechniken, darunter den »Affenkrieger«, die »ringelnde Schlange« und das südchinesische Drachensystem. Der Respekt zwischen den beiden war groß, aber auch die Rivalität, denn ihre Vorstellungen darüber, wie sich ihre Kunst am besten weitergeben und pflegen ließ, waren sehr unterschiedlich. Bis ich zu ihm kam, hatte mein Großvater nie einen geeigneten Schüler gehabt, dem er alle seine Geheimnisse enthüllen konnte, während Ashraf hunderte junger Knaben, darunter viele aus den Bauernfamilien seines Dorfes, im Weg des Kung Fu unterrichtet hatte. Seine Schule war in Kampfkunstkreisen berühmt, doch Lowsi betrachtete die Motive und Hingabe von Ashrafs Schülern mit beißendem Zynismus. »Sie kämpfen mit Wut und menschlicher Kraft«, spottete er. »Sie zeigen in ihren Bewegungen wenig von der Exaktheit des Künstlers.«

Ashraf hatte sich viele Jahre lang in seinem Ruf und seinen Erfolgen gesonnt. Lowsi hatte die ganze Zeit geduldig gewartet, doch jetzt, so fand er, war seine Stunde da. Durch mich würde er endlich beweisen, daß seine Techniken und Lehren weit überlegen waren.

Einer der berühmtesten Schüler von Großmeister Ashraf war Raani, der ein Spezialist in den Techniken des »Affenkämpfers« war. »Ashraf findet, daß ihr beide gleich gut seid«, sagte Lowsi mir, als wir nach Pakistan fuhren. Und in der Tat: Raani hatte den gleichen zierlich-muskulösen Körperbau wie ich, obwohl er etwas größer war. Wie unsere beiden Meister vorhergesagt hatten, trafen wir im Finale eines nach dem K.o.-System durchgeführten Turniers mit etwa 16 Teilnehmern aufeinander.

Ich trat als erster in den Ring. Höflicher Beifall, dann atemlose Stille. Lowsi saß neben Ashraf direkt an dem Ring, seine Augen auf mich gerichtet. Ich wartete. Plötzlich explodierte die Menge mit lauten Anfeuerungsrufen und Klatschen, als ihr Held, Raani, mir gegenübertrat. Wir machten einander das Ehrenzeichen. Raani trug Bauernkleider und sah rauh und ungepflegt aus, aber er war sichtlich der Liebling der Zuschauer. Er war ihr Mann. Sie skandierten weiter seinen Namen und wünschten ihm Glück. Meinen Namen rief niemand. Ich sah meinen Meister an. Sein Gesicht war ruhig und zuversichtlich – genau der Zuspruch, den ich brauchte.

Der Kampfrichter war ein kleines Männchen namens Denju. Er hob Ruhe gebietend seine Arme und befahl Raani und mir, uns vorzubereiten. Die Menge verstummte, nur die Wettgebote gingen mit heftigen Gesten weiter. Dann klatschte Denju in die Hände, und aller Augen hefteten sich auf den Ring.

Ich ging in die Haltung des kämpfenden Tigers und hob meine Hände in die Deckungsstellung, mit flachen Tigerklauen. Ich hatte vor, meine Lieblingstigerbewegungen mit dem Leopardensystem zu kombinieren, das dreimal schneller als der Tiger ist, wenn auch nicht so stark. Unsere Augen bohrten sich ineinander, als ich begann, mich langsam auf Raani zuzubewegen. Er ging in eine sehr niedrige, leicht gedrehte Pferdestellung, die Schultern abwartend gestrafft, das Gewicht auf seinem hinteren Bein. Ich beobachtete ihn gespannt. Was würde er als nächstes tun? Mir fiel auf, daß seine Position ungenau war; solch eine schlampige Technik hätte Lowsi mit einer Tracht Prügel quittiert. Er bewegte sich vor und zurück, mit Schlängel- und Wippbewegungen; manchmal berührte er mit einer oder beiden Fäusten den Boden.

Wir bewegten uns vorsichtig, einander nicht aus den Augen lassend, aufeinander zu. Die Menge schaute mit angehaltenem Atem zu, wie Raani zu kreisen begann, um mich abzulenken. Er täuschte eine Bewegung nach links vor. Ich wollte mich gerade auf sie einstellen, als er auf meine Beine zuschoß. Ein Affenrollenangriff. Ich sprang blitzschnell über ihn. Er packte mein linkes Bein. Ich konterte mit einem scharfen Fersenhaken gegen seinen Arm. Wir krachten beide zu Boden, das Publikum keuchte auf. Ich sprang auf, in die Leopardenstellung, und attackierte meinen Gegner mit einer Serie blitzschneller Tritte.

Raani blockierte sie gut und zog sich von dem Leoparden zurück, zum Rand des Rings hin. Einen Augenblick lang war ich verwirrt. Wollte er schon aufgeben? Er schien aus dem Ring hinauszutreten, dann schoß er unvermittelt auf mich zu. Ich empfing ihn mit einem Stechtritt in die Leiste. Er hatte mein Manöver vorhergesehen und ließ es geschehen, damit er meinen rechten Ärmel packen konnte. Seine Täuschung war perfekt, aber ich sah sofort die Gefahr. Ich hatte zu viele Prügel von meinem Lehrer bekommen, um sie nicht zu sehen. Wieder und wieder hatte er mich mit diesem Manöver schmerzhaft zu Boden geworfen.

Der Affe schlüpfte unter meinem Leoparden-Trommelfeuer hindurch und zog heftig an meinem Ärmel, während er gleichzeitig von unten in meine Leiste trat. Ich schoß nach oben, der Schmerz riß wie ein Blitzschlag durch meinen Körper.

Im Bruchteil einer Sekunde konzentrierte ich mich neu, lenkte den Schmerz ab und drehte mich so, daß ich auf den Füßen landete. Die Menge keuchte auf, als ich darum kämpfte, das Gleichgewicht wiederzubekommen. Ich hatte den einen Fuß im Ring und den anderen auf dem hölzernen Balken am Rand des Rings. Mein Gegner schoß wieder auf mich zu, um mich aus dem Ring hinauszukatapultieren. Ich rannte ein paar Schritte den Balken entlang. Jetzt war ich an der Reihe mit dem Täuschen. Ich balancierte einen Augenblick, dann faßte ich mich mit beiden Händen an der Leiste und beugte mich nach unten, als ob ich gleich vor Schmerzen zusammenbrechen würde. Und die Schmerzen waren echt, aber als der Affe herumwirbelte, um mich vollends aus dem Ring zu stoßen, drehte ich mich blitzschnell auf dem Balken, stieß die Hände des Affen nach unten und versetzte ihm einen scharfen Leopardenstoß in den Hals. Raanis Augen rollten nach oben, und er stürzte zu Boden.

Ein Augenblick Stille. Dann begann Denju zu zählen: »Eins – zwei – drei – aus« und zeigte auf mich. Ich hatte gesiegt. Donnernder Applaus von der Menge. Ich hatte mir ihre Achtung erworben. Raani kam wieder zu sich und setzte sich benommen auf. Er nahm mein Ehrenzeichen entgegen, aber erwiderte meinen Blick kaum. Ich drehte mich zu Lowsi und den anderen Ältesten hin und machte auch ihnen das Ehrenzeichen. Mein Meister stand auf und klatschte Beifall. Es war meine größte Ehre.

Einige Monate danach gab es wieder ein Turnier. Wieder reisten Lowsi und ich nach Pakistan; diesmal sollte ich gegen Raanis Onkel Adnan kämpfen. Es war ein ungleicher Wettkampf, und ich hatte Sorgen, daß mein Ruf hier einen Knick bekommen könnte. War es vielleicht sogar eine von Lowsis Arten, mir eine Lektion zu erteilen? Vielleicht erwartete er überhaupt nicht, daß ich gewinnen würde. Adnan war ein Meister des Bergkranich-Systems und mir um mehrere Jahre an Training voraus. »Dies wird kein öffentlicher Kampf sein«, informierte Lowsi mich. Bei Kämpfen hinter verschlossenen Türen ging es immer um sehr viel Geld.

Adnan sah genauso bäuerisch aus wie sein Neffe. Sein wettergegerbtes Gesicht war entschlossen, konzentriert und gehässig. Es ging um die Ehre seines Meisters, und es war ihm ernst.

Als der Tiger würde ich versuchen, mit heftigen, starken Angriffsmanövern Adnan auf den Leib zu rücken. Ich wußte: Der Weg des Kranichs war das Vermeiden der direkten Konfrontation. Er würde mir mit allen Finessen ausweichen, um im richtigen Augenblick gleichsam aus der Ferne zuzustoßen. Es war eine neue Kampfsituation für mich. Ich hatte ein gemischtes Tiger-Kranich-System studiert, aber ich hatte noch nie Kranich- und Tiger-Kämpfer im Kampf gegeneinander erlebt.

Der Kampf begann so, wie ich gedacht hatte: Adnan schien auf der Luft zu tanzen, mühelos meinen Tigerstößen, -tritten und -klauen ausweichend. Meine Stöße waren viel kräftiger als seine, aber sie trafen einfach nicht ins Ziel. Ich merkte, daß ich meine

Strategie ändern mußte. Als ob er meine Unsicherheit spürte, wich er meinem Fausthieb elegant aus und kratzte mit dem Kranichfeder-Manöver leicht über meine Augen. Einen Augenblick lang sah ich nichts mehr.

Der dünne, großgewachsene Kranich nutzte seinen Vorteil voll. Er ließ sich, auf die Hände gestützt, zu Boden fallen und beschrieb mit seinem einen Bein eine rasche Sichelbewegung durch meine Beine. Meine Füße flogen so hoch wie seine Brust, dann fiel das ganze Gewicht seines Körpers auf mich, daß mein oberer Rücken und die Schultern auf den Boden krachten. Ich sah, wie Lowsi von seinem Platz an der Seite des Rings aufsprang. Ich durfte, ich würde ihm keine Unehre machen!

Ich sprang hoch und ging in Abwehrstellung, aber der Kranich griff wieder an, noch bevor ich wieder richtig atmen konnte. Adnan landete mehrere wirbelnde Kranichfausthiebe an meinem Kopf. Ich kämpfte darum, mich zu konzentrieren. Jetzt kam er noch näher, um mich am Leib zu treffen. Die Kopftreffer machten mich halb benommen, aber eine neue Entschlossenheit schoß durch meine Adern. Als Adnan näherkam, packte ich plötzlich seinen müde werdenden linken Unterarm mit meiner rechten Hand und preßte ihn mit aller Gewalt. Dieses Manöver hatte Adnan nicht erwartet. Er schrie vor Schmerz auf, sein einer Fuß flog gegen mich. Ich ließ mich in eine fast flache Pferdestellung fallen und riß den Arm des Kranichs zur Seite, so daß sein Fuß mich verfehlte. Ich drückte immer fester und begann meinen Gegner zu Boden zu zwingen. Mit einem kehligen Schrei ging er auf die Knie und kämpfte gegen den Schmerz an, bis er ihn nicht mehr aushalten konnte. »Ich ergebe mich«, kreischte er.

Als ich später meinen Großvater wiedersah, hatte er ein Glitzern in den Augen, das ich noch nie gesehen hatte. Er klopfte auf die Tasche seines Gewandes und eröffnete mir, daß mein Sieg ihm so viel Geld gebracht hatte, wie er sonst in einem ganzen Jahr verdiente. Ich hätte es wissen sollen, daß er sich niemals die Unehre angetan hätte, gegen mich zu wetten.

Nach England zurückgekehrt, arbeitete ich weiter an Mr. Changs Schule. Mein Vater wurde immer gebrechlicher und konnte sich ohne meine Hilfe nicht mehr fortbewegen. Meine Mutter ging nach wie vor viel aus. Ich fing allmählich an, ihre Beziehung zu durchschauen. Sie waren ein seltsames Paar. Beide waren in England geboren, aber ganz in den Traditionen ihrer italienischen bzw. chinesischen Kultur erzogen. Ihre beiden Familien mißbilligten ihre Ehe entschieden und mieden sie. Sie waren kulturelle Außenseiter. Meine Mutter war nach wie vor stolz auf ihre Herkunft, machte sich aber mit ihrer hochfahrenden Art wenig Freunde. Ihr Geschmack ging ins Luxuriöse, aber als mein Vater durch seine Krankheit arbeitsunfähig wurde, war es aus mit ihren Träumen vom gehobenen Lebensstil. Sie hielt eine gewisse Fassade aufrecht, indem sie in ihren besten Kleidern durch die vornehmen Geschäfte in der Londoner Regent Street und Knightsbridge bummelte – aber zu Hause warteten eine Sozialwohnung und der nächste Scheck vom Sozialamt auf sie.

Ich übernahm immer mehr Unterrichtsstunden an der Kung-Fu-Schule, und Mr. Chang honorierte dies mit einer Gehaltserhöhung. Ich lieferte meinen gesamten Verdienst bei meinen Eltern ab. Die Reisekosten zu meinen diversen Wettbewerben übernahm die IKFF. Ich war nach wie vor unbesiegt, und die IKFF begann sich Gedanken über meine Zukunft zu machen. Man schlug mir vor, bei den Weltmeisterschaften mitzumachen. Zuerst wischte ich das beiseite. Viele der Kung-Fu-Großmeister erkannten die Weltmeisterschaften nicht an. Der Titel eines Weltmeisters zählt nicht viel für den Weg des Kung Fu. Die Lehrer schicken ihre Schüler allein deswegen in Wettkämpfe, um ihnen Gelegenheit zu geben, ihre Kampftechnik zu vervollkommnen; internationaler Ruhm und Ehre ist eigentlich nie ein Motiv.

»Das mit den Weltmeisterschaften kommt mir so arrogant vor«, sagte ich zu meinem Freund Kingsley, als wir von Mr. Changs Schule nach Hause gingen. »Ich kämpfe allein für meinen Lehrer und Meister.«

»Schon, aber die Weltmeisterschaft packst du doch mit links, Tony, und sie ist doch auch eine Ehre, oder?« Er gab mir lachend einen Rippenstoß. »Und überlege mal, was du mit dem Preisgeld von 10 000 Pfund alles machen könntest!« Kingsley verstand es, mich zum Lächeln zu bringen. Und vielleicht hatte er ja recht. Ich würde die Sache mit Lowsi besprechen.

Ich nahm an drei aufeinanderfolgenden Jahren an der Weltmeisterschaft teil, einmal in Thailand und zweimal in Hongkong. Die Weltmeisterschaften sind Kämpfe ohne »vollen Körperkontakt«, was bedeutet, daß niemand ernsthaft verletzt wird und die Kämpfer vor allem technische Finesse bieten müssen. Jedes Jahr kam ich mit vier Spitzenkämpfern in die Endrunde. Ich genoß die Herausforderung. Mein größter Gegner war Li Chang Po aus Xi'an, ein Schüler des berühmten Großmeisters Gwok Siu Fong. Wir waren uns im Laufe der Jahre bei verschiedenen Tempelschaukämpfen begegnet und hatten große Achtung voreinander. Wir hatten eine ähnliche Ausbildung hinter uns und kämpften mit der gleichen Motivation. Unsere Kämpfe waren hart, aber zwei Jahre hintereinander schlug ich ihn. In meinem dritten Weltmeisterschaftsjahr erfuhr ich zu meiner Enttäuschung, daß Li Chang Po diesmal nicht mitmachte; in diesem Jahr gewann ich die Weltmeisterschaft sozusagen mit der linken Hand.

Das Preisgeld ging direkt an meinen Großvater, der mir darauf einen großzügigen Anteil überwies, von dem ich das meiste meinen Eltern schenkte.

Um diese Zeit wurde mir angeboten, direkt für die IKFF zu arbeiten. Ich reiste um die halbe Welt, inspizierte Kung-Fu-Schulen und registrierte Lehrer. Das Hauptziel der IKFF ist die Förderung und Pflege des Kung Fu. Sie finanziert sich aus den Personenschutzdiensten, die sie Regierungen, Organisationen und Einzelpersonen anbietet. Es dauerte nicht lange, und die IKFF bot mir einen Job als Nahkampfausbilder an. Ich bekam ein ansehnliches Gehalt, ein Motorrad und eine Wohnung in der Nähe des in einem Lagerhaus untergebrachten Ausbildungszentrums an der Rue de la Confederation in Genf. Die Schüler (in der Regel ehemalige Soldaten) kamen aus allen Nationen und Schichten. Sie waren alle zähe Burschen; viele kamen aus der Fremdenlegion, den Special Forces der britischen Armee oder dem amerikanischen Militär. Bei der IKFF lernten sie, ihre Kenntnisse und Fertigkeiten im Kämpfen für den Personenschutz auszubauen. Diese Männer sollten die Bodyguards der Großen der Welt, der Reichsten und Mächtigsten werden.

Die meisten meiner Schüler fühlten sich im Umgang mit Waffen zu Hause, aber meine Aufgabe war es, ihnen zu zeigen, daß der

Kampf mit der bloßen Hand in brenzligen Situationen genauso wirkungsvoll sein konnte. In mehrwöchigen Kursen machte ich sie mit den einfacheren Vollkontakt- und Blockademanövern vertraut und ließ sie ihre neuen Fertigkeiten in gestellten Geiselnahmen, Verfolgungsjagden und allen möglichen Nah- und Fernkampfszenarien ausprobieren.

Wir verstanden uns gut. Wenn wir nicht arbeiteten, machten wir die Clubs und Bars in der Nachbarschaft unsicher. Viele meiner Schüler nahmen Drogen oder tranken kräftig Alkohol, aber solche Laster vermochten mich nicht zu reizen. Fünf bis sechs Stunden am Tag verbrachte ich nach wie vor mit meinem persönlichen Training. Ich brauchte einen klaren Kopf, um meine Disziplin beizubehalten. Aber vieles an dem Lebensstil des Leibwächters gefiel mir auch. Es war ein spannender Beruf; der ständige Flirt mit Tod und Gefahr zog mich an. Diese Männer verkehrten mit den reichsten Leuten der Welt, wohnten in ihren Luxusvillen, fuhren in ihren Autos mit.

Jean Lomme wurde ein guter Freund von mir. Er war Kanadier – ein großgewachsener Mann mit einem breiten Lächeln, dickem Lokkenhaar und einem makabren Sinn für Humor. Er war ehemaliger Fremdenlegionär und arbeitete schon seit Jahren als Leibwächter. Eines Abends gingen wir zusammen mit Sasha aus Belgien und Mohammed aus Indien in ein Restaurant zum Dinner. Sie erzählten sich Geschichten über ihre Arbeitgeber. »Mensch, war das gut«, sagte Jean. »Drei Monate am Strand von Mauritius. Was willst du mehr? Tolles Haus direkt am Ozean, die Jacht und die Wahl zwischen 'nem Jaguar und 'nem 7-er BMW. Saubere Arbeit!«

»Das nennst du Arbeit? Komm, Mann, wo ist da die Action?« spottete Mohammed. »Auf 'ner Jacht in der Sonne liegen, das würde mir das Gehirn austrocknen!«

Jean tat beleidigt. »Jetzt mach's mal halblang! Dieser Mann tätigte ernste Geschäfte ...«

»Bestimmt! Und dein härtester Einsatz war, daß du von der Jacht gesprungen bist, um 'ne Runde zu schwimmen!«

»Mit 'ner Knarre in der Badehose, wie?« Jean zog eine imaginäre Waffe hervor und hielt sie Mohammed an die Schläfe. Mohammed lachte lautstark. »›Allzeit bereit‹ ist die Devise, Mann!« Er klopfte auf die Brusttasche seiner Jacke. Die meisten Bodyguards hatten ständig ihre Waffe dabei.

»He, Tony, was ist mit dir?« sagte Sasha, den anderen zuzwinkernd. »Wann hörst du auf mit dem Lehrerspielen und gehst dahin, wo die Action ist?«

»Recht hat er!« stimmte Mohammed ein. »Für 'nen Lehrer bist du zu schade. Und denk mal an all die einsamen reichen Damen, die nur auf so 'nen hübschen Beschützer wie dich warten!« Alle lachten.

»Ja, wär' nicht schlecht, auch so'n Maskottchen zu werden wie ihr«, grinste ich. Und das Gespräch wandte sich reichen Frauen zu, die ihre Bodyguards ähnlich zur Schau trugen wie ihre Diamantohrringe oder Pelzmäntel. Aber ich wußte natürlich, daß das nur die eine Seite der Medaille war: Viele dieser Männer hatten hochgefährliche Sicherheitsjobs auf höchster Ebene. Sie waren die Elite, dazu ausgebildet, Präsidenten, Diplomaten, Könige und höchste Regierungsbeamte vor Terror- und Mordanschlägen zu schützen. Ja, so etwas sagte mir zu.

Die IKFF begrüßte meine Entscheidung und schickte mich in die einschlägigen Kurse, die mich zum Bodyguard qualifizierten. Ich mußte viel lernen. Mit Feuerwaffen hatte ich kaum Erfahrung, aber es zeigte sich, daß ich ein anständiger Schütze war; bald kannte ich mich mit den verschiedenen Waffen und wie man sie benutzte und pflegte aus. Anhand von Fallstudien und Simulationen schulte man uns im Umgang mit Gewehren mit Zielfernrohr (für Anti-Heckenschützen-Operationen), halbautomatischen Hochgeschwindigkeitskarabinern (für weit entfernte Ziele), Pump-Guns und diversen Pistolen und Revolvern. Ich gab jedoch nach wie vor dem Nahkampf mit der Hand den Vorzug und fand ein Messer besser als eine Feuerwaffe. Ich hatte einiges gemeinsam mit dem Ausbilder, der uns im Gebrauch von Messern und ähnlichen Waffen schulte. Er kam aus Burma und war ähnlich ausgebildet wie ich. Das Tiger-System des Kung Fu wurde in Burma entwickelt, und der Ausbilder ließ mich oft Tiger-Blockaden und -angriffe unter Benutzung eines Messers oder einer Machete demonstrieren.

Ich absolvierte unter anderem Spezialkurse in Autofahren, Überwachung, Alarm, Erster Hilfe, internationalem Strafrecht, Terrorismus-Bekämpfung, Nachrichtentechnik und Sprengstoffen. Wir mußten dicke Bücher wälzen und Hausaufgaben schreiben und absolvierten Grundkurse in den wichtigsten Verkehrssprachen der Welt. Ich bekam lauter gute Noten und konnte schon bald den Leibwächter-Eid ablegen. Er lautete: »Wir fürchten allein Gott.« Ich mußte lächeln, als ich ihn sprach, denn ich fürchtete keinen Gott. Für mich gab es keinen Gott, außer dem in mir selber.

Mein erstes »Praktikum« während meiner Ausbildung führte mich mit Winston in die Schweizer Alpen. Winston kam aus Chicago und war ein erfahrener Leibwächter, der seit etlichen Jahren für die gleiche Kundin arbeitete. Diane war eine stinkreiche Holländerin, die in der Schweiz wohnte. Ich staunte nur so, als wir vor den Toren ihres riesigen Anwesens in den Bergen ankamen. Solch einen Reichtum hatte ich noch nie gesehen. Bis auf gelegentliche Einkaufsfahrten und Besuche in Kunstgalerien lebte Diane mit ihrem kleinen Sohn Gregory und einer Handvoll Diener ganz zurückgezogen auf ihrem Anwesen. Gregory war ein altkluges Kind, aber die Zusammenarbeit mit Winston war gut. Er lehrte mich vieles über Sicherheits- und Überwachungsmaßnahmen und wie man seine Klienten auf Schritt und Tritt beschützte. Ich erfuhr, daß Diane vor allem Angst vor ihrem ehemaligen Ehemann hatte. Sie hatte zwar vor Gericht das Sorgerecht für Gregory bekommen, aber ihr Ex war ein berüchtigter Gangster, der jeden Augenblick versuchen konnte, den Jungen zu entführen. Bis jetzt hatte es noch keine Versuche in der Richtung gegeben, so daß das IKFF Diane und ihren Sohn als »risikoarm« einstufte – gerade das Richtige für einen Auszubildenden wie mich. Ich freute mich schon auf den Tag, wenn ich in einem vollen fünf Mann starken Personenschutzteam arbeiten würde, wo der Klient in der höchsten Risikoklasse war und man jederzeit mit einem Mordversuch rechnen mußte.

Nach einer Weile wurde Winston in ein anderes Projekt versetzt, und ich war allein mit meinen beiden Schutzbefohlenen. Eines Tages kam ein Funkspruch von dem Wachmann, der für den Einfahrtbereich zuständig war. »Nur daß du's weißt, Tony, gleich kommt ein Lieferwagen.«

»Lieferwagen? Was für ein Lieferwagen?«

»Keine Ahnung. Ein weißer Lieferwagen halt, sicher von der Wäscherei oder so was. Vorne sitzen zwei Typen in weißen Overalls.«

»Warte. Frage sie erst, wer sie sind und was sie liefern.« Ich überflog rasch den Terminkalender für die Woche. Nein, für diesen Tag war keine Lieferung eingetragen.

»Das tut mir leid, Tony, ich hab sie schon reingelassen.«

Ich war außer mir. »Du Trottel! Wo hast du deine grauen Zellen?« Diane war ausgegangen, und Gregory war zusammen mit seinem Au-Pair-Mädchen im ersten Stock. Ich rannte hinauf. »Bleibt, wo ihr seid, geht nicht aus dem Zimmer raus!« schrie ich in das verschreckte Gesicht des jungen Mädchens. Und ich sauste die riesige Treppe hinunter, all meine Ausbildung und Richtlinien vergessen. Ich hätte bei dem Jungen bleiben und sofort die Polizei rufen sollen, aber ich dachte nur noch an die Eindringlinge.

Als ich die Haustür öffnete, blickte ich in den Lauf einer Schrotflinte. »Wir wollen den Jungen holen«, erklärte der Mann hinter der Flinte auf französisch. Ich konnte nur bis zum Türrahmen sehen und wußte nicht, wie viele Männer da waren. Der Wachmann hatte mir gesagt, daß es ein Lieferwagen mit zwei Personen war. Ich starrte den Mann mit der Flinte an und merkte, daß gleich hinter ihm, etwas links, noch jemand stand. Aber es war gut möglich, daß in dem Laderaum des Wagens noch mehr Männer gekommen waren. Ich mußte rasch denken.

Ich trat nach vorne, direkt auf den Lauf des Gewehrs zu (so schnell würde der Bursche nicht schießen), und konnte so um den Türrahmen herumsehen. Es war ein Bruchteil einer Sekunde, der mir erlaubte, abzuschätzen, mit wie viel Gegnern ich es zu tun hatte. Aha, rechts standen noch drei. Sie schienen unbewaffnet zu sein, aber in der Hand des links stehenden Komplizen konnte ich einen Revolver ausmachen. Ich packte mit einer blitzartigen Bewegung den Lauf der Schrotflinte und richtete ihn auf ihren Besitzer. Der Zweite hob seinen Revolver; ich reagierte mit einem Hochtritt, der den Revolver über die Köpfe der drei übrigen Gangster fliegen und den zweiten Mann zu Boden krachen ließ. Ein schlechtes Manöver; wenn einer der Typen den Revolver zu fassen kriegte, wäre ich ein toter Mann. Ich rammte den Doppellauf der Flinte in das Gesicht des

Ersten und stürzte mich auf die drei, wie ein Wilder schlagend, stoßend und tretend. Sie gingen ebenfalls zu Boden. Ich sprang zurück und sah gerade noch, wie die Nummer Zwei, die sich wieder aufgerappelt hatte, die Hand nach dem Revolver ausstreckte. Ich trat auf einen der am Boden Liegenden, um Höhe zu gewinnen, sprang dem Kerl auf den Rücken und knallte ihm eine Tigerfaust in den Hinterkopf. Er sackte zusammen, für den Augenblick bewußtlos, während die anderen da lagen und sich vor Schmerzen wanden.

Der Wachmann am Tor hatte inzwischen Verdacht geschöpft und die Küche angerufen, die darauf ihrerseits die Polizei rief. Als die Beamten eintrafen, hatte ich die fünf stöhnenden und verletzten Gangster säuberlich nebeneinander auf die Eingangsstufen gesetzt und bewachte sie mit der Schrotflinte.

Nein, eigentlich konnte ich nicht stolz sein. Ich hatte meinen Schutzbefohlenen verlassen und damit die erste Leibwächter-Grundregel verletzt. Ich war erst Anfang zwanzig und voll jugendlichen Draufgängertums. Wenn meine Aktion schiefgegangen wäre, hätte dies Gregory und die Hausangestellten in ernste Gefahr gebracht. Es war eine harte Lektion, aber ich brauchte sie nicht noch einmal zu lernen.

Im Laufe der nächsten Jahre ging meine Personenschutz-Karriere steil nach oben. Ich bekam Kunden, die in akuter Gefahr standen, entführt oder ermordet oder Opfer von Racheaktionen zu werden. Ich bewährte mich in den kitzligsten Situationen und wurde von einigen der mächtigsten Menschen der Welt angefordert.

Mehrere Monate lang arbeitete ich mit einem reichen Amerikaner namens William Black. Er war ein ausgebuffter Geschäftsmann, der in etliche der Gebäude in Manhattan investiert hatte. Ich wurde sein Chef-Bodyguard. Er nannte mich gerne seinen »Point Man«, was wohl mit meiner Angewohnheit zu tun hatte, mit meinem Finger in die Luft zu stechen, wenn ich mit jemandem redete.

Ich hatte alles über William Black zu wissen, von seinen neuesten Geschäftsabschlüssen bis hin zu der richtigen Brotsorte für sein Lunch-Sandwich. Und dann natürlich die Frauen. William war ein fleißiger Frauenheld. Zu meinem großen Ärger brachten seine Affären nicht selten seinen Terminplan für den Tag durcheinander; dauernd war ich dabei, den Plan anzupassen. Es war ein großer Extra-

Streß für mich und die anderen im Team. Je nachdem, wohin Black reiste und um was für Geschäfte es sich handelte, bestand sein Sicherheitsteam nur aus mir und noch einem anderen Mann oder aus mehreren, bis hin zum vollen Fünf-Mann-Team, das von mir geleitet wurde.

Theoretisch war er in Sicherheit, solange er in den USA war, doch in dem Augenblick, als er in ein Flugzeug stieg, stieg das Risiko. Für einen so reichen, mächtigen und bekannten Geschäftsmann wie ihn bedeuteten Auslandsreisen massiv erhöhte Gefahr, vor allem wenn sie in ein Land mit starken antiamerikanischen Ressentiments führten.

Eines Tages kam eine Meldung von Williams persönlichem Assistenten. Seine Leute hatten für ihn ein geschäftliches Treffen in Saudi-Arabien arrangiert. Ich las das Memo und knallte es auf meinen Schreibtisch. »Gibt's Ärger?« fragte Henry, mein Kollege. Ich antwortete: »Wir fliegen nach Saudi-Arabien, in einer Woche schon. Wissen diese Typen überhaupt, was sie tun?«

An diesem Abend machte ich Überstunden. Ich verfaßte eine Nutzen-Risiken-Abwägung.

William wollte sich in Riad mit den Brüdern Fahali treffen, zwei berüchtigten, politisch einflußreichen Investoren. Die Brüder waren unglücklich darüber, daß eine ihrer Firmen vor einigen Monaten von Williams Organisation durch eine unfreundliche Übernahme erworben worden war. Sie hatten dieses Treffen beantragt, um direkt mit ihm über eine Rückgabe des Familienunternehmens zu verhandeln. Mein Chef konnte durch einen Deal mit ihnen noch mehr Gewinn machen; das Problem war nur, daß das ursprüngliche Unternehmen bereits für den Wiederverkauf zerschlagen worden war. Dies ließ sich nicht mehr rückgängig machen. Es gab Dinge, über die man verhandeln konnte, aber Williams Hände waren weitgehend gebunden.

Daß es hier um so große Familieninteressen ging, erhöhte das Risiko für meinen Klienten. Ich wußte sofort: Die Sache konnte gefährlich werden, vor allem dort unten in Arabien. Wir würden uns auf unbekanntes, feindliches Territorium begeben. Ich schrieb in meinem Bericht, daß dieses Treffen zu riskant für meinen Klienten war. Seine Sicherheit war meine Priorität Nr. 1. Ich empfahl, das

Treffen, wenn denn William persönlich daran teilnehmen sollte, auf neutralerem Territorium stattfinden zu lassen. Zum allermindesten aber brauchte mein Team mehr Zeit, um sich vorzubereiten.

Binnen eines Tages erhielt ich per Fax die Antwort. Man hatte meinen Bericht an Williams juristische Abteilung weitergeleitet, und die hatte ihn beiseite geschoben. »Mr. Blacks Berater sind der Meinung, daß das finanzielle Potential dieses Engagements mögliche Risiken klar überwiegt. Da wir den Vertrag der IKFF mit Mr. Black in keiner Weise gefährden möchten, bitten wir Sie, sich so schnell wie möglich darauf vorzubereiten, Ihren Klienten nach Saudi-Arabien zu begleiten.«

Ich schrieb ärgerlich ein Fax an Sandra Zapf in der Schweiz, die meine Kontaktperson in der Zentrale für alle Reise- und Überwachungsoperationen in Übersee war. Danach packte ich das Telefon und wies Henry an, so bald wie möglich zu mir zu kommen.

»Hallo, meine Lieben«, kam Sandras Stimme über den Telefonlautsprecher. Henry und ich grinsten uns an. Wir hatten Sandra noch nie persönlich getroffen, aber sie war am Telefon immer ungezwungen-quirlig, ein richtiger Flirt, aber harmlos. »Guten Tag, Sandra«, sagte ich. »Da haben wir uns diesmal ja richtig in die Nesseln gesetzt.«

»Stimmt, Süßer, aber wir sind halt lieb und gehorchen. Was sollen wir sagen, wenn unsere Kunden so verrückte Sachen machen?«

Ich kam zur Sache. »Wir haben viel Arbeit vor uns. Blacks Leute wollen nicht, daß wir das volle Team mitnehmen, also gehen nur Henry und ich mit, wenn er mit seinen beiden Kollegen nach Riad fliegt.«

»Die scheinen echt keinen Schimmer zu haben, auf was sie sich da einlassen«, kommentierte Henry bissig. »Aber wenn's brenzlig wird, sind wir mit nur zweien vielleicht flexibler.« Henry war ein guter Freund und Kollege. Er war britisch, aber in Nepal geboren und hatte seine Grundausbildung bei den Gurkhas erhalten. Er war größer und viel stämmiger als ich und sehr erfahren. Es gab nur wenige Menschen, denen ich echt vertraute, und einer von ihnen war Henry.

Wir besprachen unseren Job mit Sandra. »Unser Sicherheitsbeauftragter vor Ort ist ein gewisser Abdullah Alkaff«, berichtete Sandra. »Ich maile euch ein Foto von ihm, aber er ist ein Meister der Verkleidung. Meistens sieht er wie einer der Bauern dort unten aus, aber er kann euch alles besorgen, von Dim Sum bis zu 'ner Panzerabwehrrakete.«

»Dim Sum in Saudi-Arabien, das müßte ich mal probieren«, sagte ich.

»Abdullah sorgt für die Fahrer und die Kommunikation vor Ort, die über mich laufen wird«, fuhr Sandra fort. »Bis morgen um die gleiche Zeit kriegt ihr von mir einen detaillierten Reiseplan und Straßen- und sonstige Karten.«

Unser Besuch in Saudi-Arabien sollte nur drei Tage dauern. Der Flug war anstrengend: über zwölf Stunden, mit Tankstops in England und Bahrain. Die Tage vor der Reise hatten uns rund um die Uhr mit Vorbereitungen beschäftigt gehalten, so daß Henry und ich dankbar für die Schlafstunden in dem Flugzeug waren.

Als wir in Riad landeten, wurde mein Herz schneller. War ich überängstlich? Ohne Zweifel machte die Müdigkeit mich nervöser als sonst, aber ich hatte ein ungutes Gefühl bei diesem Auftrag.

Kapitel 6

Abdullah hatte dafür gesorgt, daß Williams Privatjet vor dem »Präsidentenausgang« des Flughafens Riad parken durfte. Man würde uns mit zwei weißen Mercedes-Fahrzeugen abholen. Aber wir mußten immer noch das Empfangsgebäude durchqueren. Es wimmelte von Menschen, und wir waren entschieden zu ungeschützt für meinen Geschmack. Ich ging vorne, argwöhnisch nach links und rechts schauend. Henry machte die Nachhut und ließ William und seine beiden Assistenten nicht aus den Augen. Sie unterhielten sich zwanglos-unbekümmert; im Falle eines Angriffs konnten sie leicht ein Klotz am Bein werden. Überall Menschen, Gepäckträger kämpften um Kundschaft. Jede Faser in mir war angespannt. In diesem überfüllten Gebäude konnte alles passieren; die Sache gefiel mir überhaupt nicht.

»Bakschich, Bakschisch«, rief ein Mann mit einem Wieselgesicht und versuchte, mir unsere Taschen abzunehmen. Ich schob ihn grob beiseite. »Nicht so heftig, Point Man«, lachte William. »So sind die hier halt.« Ich wußte das natürlich; in der vergangenen Woche hatte ich alles gelesen, was ich über die arabische Kultur in die Finger kriegen konnte. Ein Bakschisch war eine Art Trinkgeld, eine Variante des Almosengebens. Schön und gut, aber im Augenblick hatte ich an anderes zu denken. Wir mußten raus aus diesem Tohuwabohu!

Henry und ich stiegen zusammen mit William in den ersten Mercedes. Wir würden nicht von seiner Seite weichen. Seine beiden Assistenten folgten in dem zweiten Wagen. Meine Spannung ließ nicht nach. Die IKFF hatte Kontakte in so ziemlich jedem Land der Welt, aber es war nicht meine Art, anderen blind zu vertrauen; ich benutzte, wo immer möglich, lieber meine eigenen Kontakte. Sandra konnte mir viel erzählen, aber ich hatte diesen Abdullah noch nie getroffen und war instinktiv vorsichtig. Daß ich die Fahrer nicht kannte, machte die Sache nicht besser.

Das Hotel Le Meridian war eine prunkvolle Kreation aus Marmor und Gold. William bekam die luxuriöse Penthouse-Suite im obersten Geschoß. Ich ging als erster hinein und überprüfte die Räume auf versteckte Bomben und dergleichen. An diesem Abend hatte Henry Dienst; ich freute mich auf den Schlaf.

Am Morgen stand ich zeitig auf, um weitere Sicherheitschecks durchzuführen, bevor William aufstand. Es war der Tag des Termins mit den Brüdern Fahali. Ich überprüfte das ganze Stockwerk, die Aufzüge und Treppen, Lobby, Restaurant, Küchen und zum Schluß die beiden Wagen. Ich hatte nichts anderes als eine ganze Sammlung von Abhörwanzen und verdeckten Kameras erwartet, aber ich fand nichts. William war noch müde, als ich zu ihm kam. Der lange Flug hatte ihn mitgenommen. Er war ein kleiner Mann mit schütterem Haar und etwas zu viel Gewicht für seine Größe, aber er strahlte jene Selbstsicherheit aus, die aus Reichtum und Macht kommt.

Bevor wir zu der Besprechung gingen, ging ich mit Henry und William unsere Sicherheitsstrategie durch. »Egal, was passiert, bleiben Sie in meiner Nähe«, schärfte ich William ein. Wir einigten uns darauf, daß ich als sein persönlicher Berater auftreten würde und nur Henry als sein Leibwächter. Henry führte einen zweiten Sicherheitscheck der beiden Wagen durch, und wir fuhren los.

Das Haus der Gebrüder Fahali war noch prächtiger als das Le Meridian. Die Begrüßung war warm und freundlich. Während man sich einander vorstellte, prägte ich mir die Räumlichkeiten ein. Wo lagen die Ausgänge, wo die Treppen? Ich hatte das Gebäude bereits anhand der Pläne, die Sandra uns geschickt hatte, studiert und wußte, wo die Abluftschächte der Klimaanlage lagen, die im Notfall als Fluchtweg dienen konnten.

»Dies ist ein sicheres Gebäude«, sagte einer der Brüder zu William, Henry beäugend. »Warum lassen Sie Ihren Bodyguard nicht im Salon ausruhen?« Ich gab Henry das vereinbarte Nicksignal und entließ ihn. Daß die Araber Henry für den verantwortlichen Leibwächter hielten, lag nahe; er sah viel athletischer aus als ich. Ich wußte, daß er seine freie Zeit gut nutzen würde.

Das Gespräch begann mit der üblichen höflichen Konversation; es gab Getränke und Baklava (ein süßes Blätterteiggebäck). Dann wurde es ernster. Es begann ganz ruhig. Einer von Williams Kollegen fing an, das Problem mit der Zerschlagung des Unternehmens und dem Wiederverkauf der Teile zu erklären. Er hatte noch nicht lange gesprochen, als der eine der Fahali-Brüder sich lautstark zu Wort meldete. »Meine Familie hat nicht ihr Geld und ihre Zeit in dieses Unternehmen gesteckt, um zuzuschauen, wie ihr Yankees es kaputt macht!«

»Langsam, langsam«, ermahnte ihn sein Bruder, der viel ruhiger schien. Ich hatte den Eindruck, daß sie Räuber und Gendarm mit uns spielten.

»Nein«, unterbrach ihn der Hitzige und knallte seine Faust auf den Tisch. »Jemand muß zahlen für diesen Angriff auf unseren Namen!«

Das Gespräch begann aus dem Ruder zu laufen. Ich beobachte die Brüder mit Argusaugen. Das hier sah nicht gut aus. Hoffentlich war Henry auf seinem Posten. William versuchte zu vermitteln; die Brüder wollten nichts davon hören. Plötzlich stand der aggressive Bruder auf, daß meine Hand instinktiv an die Innentasche meiner Jacke ging. Er sagte seinem Bruder etwas auf arabisch, dann stürmte er aus dem Raum. Ein Augenblick Schweigen, dann erklärte sein Bruder: »Wir werden Maßnahmen zum Schutz unserer Interessen ergreifen.« Ich führte William rasch hinaus.

Ich war erleichtert, als ich Henry bei den Wagen stehen sah. Er war von sechs kräftigen Typen in dunklen Brillen und westlichen Anzügen umzingelt. Er las mein Gesicht. Als wir zu den Wagen traten, trat hinter uns ein Mann, den ich noch nicht gesehen hatte, hervor und rief den sechs etwas auf arabisch zu. Sie kamen auf uns zu. Ich hätte sie gerne alle k.o. geschlagen, aber Williams Sicherheit ging vor; ich mußte bei ihm bleiben. Die Männer taten uns weiter nichts; sie begleiteten uns lediglich zu unserem Wagen. Wahrscheinlich hatten sie schlicht den Auftrag, dafür zu sorgen, daß wir das Gebäude verließen.

Wir setzten uns in den Mercedes. William lief der Schweiß über das Gesicht. »Mensch, das war nicht schön«, murmelte er.

»Es ist noch nicht vorbei«, erwiderte ich. Die sechs Männer in den dunklen Brillen teilten sich in zwei Gruppen. Die eine stieg in einen schwarzen BMW und schoß davon. Die andere stieg in einen zweiten Wagen. »Fahren Sie los!« befahl ich. Auf dem Beifahrersitz saß Omar, den Abdullah uns als Übersetzer zur Verfügung gestellt hatte. Ich traute auch ihm nicht. Ich selber saß neben William auf der Rücksitzbank. Henry angelte gerade die Kiste mit den Feuerwaffen aus dem Kofferraum.

Als wir losfuhren, sah ich im Rückspiegel, wie der zweite BMW unserem kleinen Konvoi folgte. »Wir haben Probleme«, sagte ich. Henry und ich sahen uns an. Bei uns konnte ein Blick viele Worte ersetzen. Er begriff, daß ich den Männern vorne im Auto nicht traute. Ich ließ sie nicht aus den Augen, während Henry nach hinten schaute.

»Scheiße!« rief er aus. Ich schaute kurz nach hinten. Die Araber in dem zweiten BMW hatten unseren zweiten Mercedes überholt und waren jetzt direkt hinter uns. Ich war wütend. Das wäre nie passiert, wenn wir unsere eigenen Fahrer eingesetzt hätten, die darin ausgebildet waren, bei hohen Geschwindigkeiten fast Stoßstange an Stoßstange im Konvoi zu fahren. Sie hätten den zweiten BMW nie zwischen unsere beiden Wagen gelassen. Ich packte eine Pistole und hielt sie unserem Fahrer in den Nacken. Der begann, zu jammern und zu Allah zu rufen.

Wie ich befürchtet hatte, wurde der BMW hinter uns langsamer und zwang den zweiten Mercedes mit Williams Kollegen, anzuhalten. Zwei Männer stiegen aus dem BMW, traten zu dem Mercedes und feuerten mit Pistolen durch die hinteren Seitenfenster.

Ich sprang hoch, daß ich William zu Boden drückte. »Schnell!« schrie ich dem Fahrer zu. Er trat das Gaspedal durch, aber wir waren nicht weit gekommen, als er eine Notbremsung machte. Ich sprang auf, hielt meine Waffe wieder an seinen Kopf und schrie ihm zu, weiterzufahren. Er sprang aus dem Wagen und rannte schreiend davon. Ich wußte immer noch nicht, ob er in die Operation eingeweiht war oder nicht. Hatte er uns in einen Hinterhalt gefahren oder war er einfach verrückt vor Angst? Wir hatten keine Zeit, uns weiter Gedanken darüber zu machen.

Henry hechtete über die Lehne des Fahrersitzes und nahm das Lenkrad in die Hand. Jetzt standen unsere Aktien besser. Henry war einer der besten Fahrer der IKFF. Er fuhr wie der Teufel durch die staubigen Straßen. Sie wurden bald schmaler, Marktstände, Passanten und Tiere tauchten auf. Wir wußten noch nicht einmal, in welche Richtung wir gerade fuhren. Der BMW verfolgte uns. Henry lenkte den Mercedes wie ein Zauberer durch die engen Straßen, vorbei an abgestellten Fahrzeugen und verschreckten Fußgängern, die sich hastig in Sicherheit brachten. Dann und wann kratzten wir an einem Hindernis vorbei. »Mann!« schrie Henry, als wir mitten durch einen Marktstand krachten. Sein verdutzter Besitzer sprang gerade noch rechtzeitig zur Seite, es regnete Datteln und Feigen. Die Markise des Stands landete auf unserer Frontscheibe, und Henry fuhr mehrere Sekunden blind weiter, bis sie herunter auf die Straße fiel.

Ich hielt Williams Kopf nach unten gedrückt und meine Waffe auf Omar gerichtet, der offenbar verzweifelt versuchte herauszufinden, wo wir waren. »Zur Botschaft!« schrie ich. »Die britische oder amerikanische! Mach schon, Mann, denk nach!«

»Hier, hier, links«, stotterte er in Todesangst. Henry lenkte den Wagen in eine schmale Seitenstraße. »Nein, nicht die«, schrie der Übersetzer, »da drüben!«

Henry schoß nach rechts, auf eine breitere Straße. »Straßensperre!« schrie er plötzlich.

Ich schob den Lauf der Pistole noch dichter in Omars Nacken. Hatte er uns in die Falle geführt? Henry riß den Wagen im rechten Winkel zur Seite, hinein in eine Straße, die sich zu einer dunklen Gasse verengte. »Festhalten!« Unsere Außenspiegel kratzten an den Häuserwänden entlang, aber Henry wurde nicht langsamer. Es wurde wieder hell, die nächste belebte Straße. Omar schluchzte inzwischen vor Angst. Ich schaute rasch nach hinten. Der BMW war nicht mehr zu sehen.

»Halt an!« rief ich Henry zu. Er tat es, mit quietschenden Reifen. »Raus!« schrie ich den Übersetzer an. Omar kämpfte mit dem Türgriff. Fluchend und heulend fiel er buchstäblich auf das Pflaster, als Henry wieder das Gaspedal durchdrückte.

Endlich kamen wir aus dem Labyrinth der Gassen und Häuser heraus. Vor uns lag eine Ausfallstraße, die direkt in die Wüste führte. Wir fuhren ein oder zwei Stunden. »Irgendwann müssen wir aus dem Wagen raus«, sagte Henry. »Sie werden uns suchen.« Ich zermarterte mein Gehirn, suchte nach einem Plan. Jetzt mußten wir William auf heimlichen Wegen aus dem Land herausbringen. Es gab einen Unterschlupf in Jordanien, mit Leuten, die ich kannte und die vertrauenswürdig waren, aber bis dorthin waren es mindestens 800 Kilometer. Mein Vertrauen in Abdullah war zerstört, auf unsere Kontakte in Saudi-Arabien konnten wir nicht mehr zählen. Weitere Kontaktadressen waren in Kuwait und Bahrain. Bahrain mußte am nächsten sein. Wenn wir Sandra kontaktieren konnten, würde sie uns helfen, die nötigen Papiere für die Rückreise zu bekommen.

Henry riß mich aus meinem Brüten. »Seit ein paar Meilen ist die Benzinuhr-Warnleuchte an.«

»Soll das ein Witz sein?«

»Nein. Der Tank war wohl nicht voll, als wir gestartet sind.«

Ich schüttelte meinen Kopf. Das Erste Gebot des Leibwächter-Chauffeurs war ein voller Tank. Ich schaute zu William hin. Er saß jetzt wieder aufrecht, aber er zitterte, schwitzte und war hochrot im Gesicht. Wie weit würde er es zu Fuß schaffen? Wir hatten keinen Schimmer, wo wir hinfuhren oder wie weit es zur nächsten Stadt war. Es war September und die Wüste war noch knallheiß. Ich überprüfte unsere Notvorräte. Etwas zu essen und vier kleine Flaschen Mineralwasser. Damit würden wir in der Hitze nicht weit kommen.

Die Entscheidung wurde mir bald abgenommen. »Das war's, Leute!« Henry knallte seine Hände auf das Lenkrad, während der Wagen mit stotterndem Motor langsamer wurde. »Der Tank ist leer.« William setzte sich neben der Straße hin, lockerte seine Krawatte und legte sich zum Schutz gegen die Sonne das Taschentuch auf den Kopf. Henry und ich schoben den Wagen mit vereinten Kräften von der Straße in ein Gestrüpp; ihn ganz zu verstecken war unmöglich.

Wir gingen los. Wir hatten bis jetzt keine anderen Fahrzeuge gesehen, aber ich fand es sicherer, wenn wir die Straße verließen.

»Schätze, die führt nach Harad«, sagte Henry. Links der Straße war der Boden von trockenem Gestrüpp bedeckt, rechts war die nackte Sandwüste. »Wenn wir parallel zur Straße laufen, könnten wir bis zum Abend da sein.«

»Bist du ganz sicher?«

»Nein.«

Ich mußte wohl Henrys Instinkt vertrauen. Ich nahm William die Wasserflasche weg, die er sich gerade an den Hals gesetzt hatte, daß das Wasser ihm auf die Brust tropfte. »Wir müssen das Wasser rationieren«, erklärte ich ihm. »Wir wissen nicht, wie lange wir laufen müssen.«

Nach ein paar Stunden fanden wir neben ein paar Felsblöcken etwas Schatten und ruhten uns aus. »Ich schätze, es wird nur noch ein, zwei Stunden hell sein«, sagte Henry. Einerseits begrüßte ich die nahende Nacht, in der ich mich sicherer fühlen würde, doch andererseits konnte es in der Wüste nachts eiskalt werden. Mit jeder Minute stieg meine Nervosität.

Endlich tauchte eine Ortschaft vor uns auf. Ich klopfte Henry auf die Schulter. »Gut gemacht!« Es war tatsächlich Harad. Es war inzwischen dunkel, und William zitterte vor Kälte. Die Straßen waren still. Hier und da standen Männer rauchend und sich unterhaltend in kleinen Gruppen zusammen; als sie uns sahen, verschwanden sie. »Danke für eure Hilfe«, knurrte William sarkastisch. Wir kamen schließlich zu einem Gebäude, das vage an eine Tankstelle erinnerte. Wir gingen hinein. Ein Araber mit wettergegerbtem Gesicht sah uns aus schmalen Augen an. Henry und William begannen, sich Lebensmittel und Getränke von den Regalen zu nehmen. »Ich müßte mal Ihr Telefon benutzen«, sagte ich dem Araber in einer Mischung aus Englisch, schlechtem Arabisch und Gesten. Er sah mich an, ohne zu reagieren. William trat zu ihm und öffnete seine Brieftasche. Der Mann beäugte die Geldscheine mit gierigem Blick, lächelte, holte ein Telefon hinter der Theke hervor und reichte es mir.

Sandras Stimme war eine Erleichterung. So schnell es ging, erklärte ich ihr unsere Lage. »Ihr seid etwa 100 Kilometer von der Kontaktadresse in Bahrain«, erklärte sie mir. »Geht Richtung Osten weiter. Ich besorge euch die nötigen Pässe.« Sie gab mir in verschlüsselter Form die nötigen Informationen über die Adresse in

Bahrain. Im gleichen Augenblick sah ich, wie draußen ein Auto vorfuhr, das mir bekannt vorkam.

Henry packte William am Arm und schob ihn durch eine Tür, die offenbar in private Räumlichkeiten führte. »Nein, nein!« rief der Mann hinter der Theke. Ich schob ihm eine Hundert-Dollar-Note in die Hand, aber er gestikulierte weiter, daß er uns nicht helfen würde. Ich sprang hinter Henry und William durch die Tür. »Rennt!« Zum Glück gab es einen kleinen Nebeneingang, der nicht verschlossen war. Aus dem Laden kamen aufgeregte Rufe. Halb rennend, halb William mitschleifend, flohen wir in die dunkle Gasse. Harad war ein Labyrinth aus winzigen Durchgängen und Sackgassen. Hinter uns kamen hastige Schritte. Dann ein Schuß, die Kugel prallte knapp über unseren Köpfen von der Mauer eines Hauses ab. »Weiter, dreht euch nicht um!« rief Henry, während er das Feuer aus seinen beiden Pistolen erwiderte.

Ich riß William in die nächste Gasse hinein. »Wir sind erledigt«, murmelte er. »Noch nicht«, schnappte ich. »Weiter!«

Weitere Schüsse. Henry war dicht hinter uns. Dann der nächste Schuß und ein lauter Schrei. Ich schaute mich um, weiterrennend. Henry lag auf dem Pflaster. Ich konnte nichts für ihn tun, mein Job war, William am Leben zu erhalten. Wir rannten weiter, durch Türen und Hinterhöfe und über niedrige Mauern, tiefer und tiefer hinein in das Labyrinth der schlafenden Stadt.

»Langsam, ich kann nicht mehr, Mann«, keuchte William. Ich drosselte das Tempo. Henry schien unsere Verfolger abgelenkt zu haben. Wir stiegen über eine Mauer. Die nächste Gasse. Ich mußte an Henry denken. Die verdammten Typen. Ich zog William in ein Rankendickicht hinein, das eine Hauswand hochwuchs. »Wenn die mich nicht kriegen, kriegt mich mein Herz«, sagte William, während er versuchte, durchzuatmen. Ich überlegte. Sicher gingen unsere Verfolger davon aus, daß wir versuchen würden, uns in der Stadt zu verstecken. Konnten wir sie austricksen? Wie lange würden wir draußen in der Wüste überleben? Aber hatten wir überhaupt eine Wahl? Ich bezweifelte, daß irgend jemand in dieser Stadt uns beschützen würde.

Plötzlich ein Geräusch. Ein riesiger Araber kam aus seinem Haus. Er mußte uns gehört haben. Ich schob William hinter mich, als der Mann anfing, die Ranken zur Seite zu ziehen. Er sah mich und fing an zu schreien. Ich bedeutete ihm hastig, ruhig zu sein. Er schrie weiter. Ich hatte keine Wahl. Ich trat ihn in die Kehle, was ihm sehr wahrscheinlich die Luftröhre zerriß. Er sackte zusammen. Ein neues, leiseres Geräusch hinter mir. Einer unserer Verfolger. Ich wehrte seinen ersten Schlag nicht ab, wohl wissend, daß ich meine Arme frei halten und mich auf seine andere Hand konzentrieren mußte, mit der er gerade seine Pistole aus der Tasche ziehen wollte. Ich packte seinen Daumen und riß ihn zurück, daß er den Arm nicht mehr bewegen konnte. Er ging schreiend zu Boden. Ich riß ihm die Pistole weg und schoß ihn in den Kopf.

Inzwischen kamen aus allen Häusern Menschen gerannt. Weiter hinten kam der Rest unserer Verfolger. Ich packte William und schoß in die Luft, daß alles in Deckung hechtete.

Wieder stolperten wir durch Gassen, Hinterhöfe und Straßen, bis ich endlich den Rand der Wüste sah. »Hierher!« sagte ich William. Er hatte weder die Zeit noch die Kraft, um zu widersprechen. Wir rannten in die Schwärze der Wüste hinein.

Wir rannten und stolperten wohl eine Stunde lang durch den Sand. Er klebte uns in der Nase und an den Beinen. Wir keuchten und husteten in der trockenen Luft. »Weiter, weiter, schön gleichmäßig atmen!« wies ich William an. Mein Plan schien geklappt zu haben. »Die stellen jetzt das ganze Dorf auf den Kopf«, fuhr ich fort. »Aber wir müssen weiter.«

»Wie weit ist es nach Bahrain?«

»Fragen Sie lieber nicht.«

Wir gingen schweigend und so schnell es ging weiter. Ich wußte, daß wir schon eine ganze Strecke weit gekommen waren und daß sie uns in dem Sand nicht mit dem Auto folgen konnten. Aber so leicht aufgeben würden sie nicht. Sie würden sich bald ihren Reim darauf machen, was wir vorhatten.

Und dann hörte ich es. Stimmen, weit hinter uns. Wir blieben stehen, versuchten, die Dunkelheit hinter uns mit unseren Augen zu durchbohren. »Sie kommen«, sagte ich. Williams Gesicht war eine Maske der Angst. Das Gelände war jetzt noch schwieriger. Wir zwangen uns, weiterzugehen durch den tiefen Sand. Was, wenn jetzt ein Sandsturm kam?

»Was ist das?« fragte William, als wir die nächste Düne erklommen hatten. Ich schielte nach vorne. Mehrere kleine Feuer, dazu, wie schwarze Scherenschnitte, Zelte und Tiere. »Beduinen.«

Wir hatten nur noch eine Chance. Williams Kräfte ließen merklich nach, und unsere Verfolger würden uns bald eingeholt haben. Wir rannten die andere Seite der Düne hinab, direkt in das Beduinenlager.

Bei den Kamelen stand ein Mann. Er grinste, als wir zu ihm kamen. Es war der reinste Schock für mich. Ein freundliches Gesicht war das letzte, was ich erwartet hatte. Ich sprach ihn in gebrochenem Arabisch an. Der nächste Schock: er antwortete auf englisch. »Was ist euer Problem, Gentlemen?« fragte er, uns lächelnd musternd.

»Wir werden von Leuten verfolgt«, keuchte ich, noch atemlos von der Schinderei, »die uns töten wollen.«

»Warum? Was habt ihr verbrochen?«

»Wir haben nichts verbrochen ...«, begann ich. Wieviel durfte ich ihm sagen? Aber da hob er seine Hand, um mich zu unterbrechen. »Kommt her«, sagte er, »ihr seht harmlos aus.« Er zeigte lächelnd auf eines der großen Zelte. »Heute abend werdet ihr bei uns essen, trinken und schlafen.« Ich schaute erleichtert zu William hin und zuckte die Achseln. William sah aus, als ob er gleich umfallen würde. Wir ließen uns in das Zelt führen.

In dem Zelt saßen mehrere Männer, die gemeinsam eine Wasserpfeife rauchten. Sie starrten uns an, aber reagierten weiter nicht. Unser neuer Freund sagte etwas auf arabisch, und man reichte uns Brotfladen, Käse, Honig und ein pikantes Linsengericht.

Als wir gegessen hatten, fiel William inmitten der Schaffellteppiche und den Haschischschwaden in den Schlaf der Erschöpfung. Unser Freund setzte sich zu mir und stellte sich vor. Er hieß Hashanni. Während die übrigen Männer ihre ausdruckslose Miene beibehielten, unterhielt er sich angeregt mit mir, weiter breit lächelnd. Sein Englisch war erstaunlich gut, aber hatte einen starken Akzent, so daß ich mich sehr konzentrieren mußte. Nach einer Weile wurde er ruhiger und sagte: »Du hast mir gesagt, daß ihr in Gefahr seid. Ihr könnt drei Tage bei uns bleiben. Wir werden euch unter unseren Schutz nehmen, ohne etwas dafür zu verlangen.«

»Danke …« fing ich an.

»Nach den drei Tagen werdet ihr uns sagen, warum ihr hier seid, oder ihr werdet gehen.« Er hielt inne. »Oder wir töten euch. So ist das bei uns Beduinen.« Er lächelte, als er dies sagte, aber mir war klar, daß er es todernst meinte.

Ich verneigte mich vor ihm. »Ich danke euch für eure großzügige Gastfreundschaft.« Er lachte laut und schlug begeistert die Hände zusammen.

Dann forderte meine Erschöpfung ihren Tribut, und ich schlief lange und fest.

Am nächsten Tag hielten William und ich uns zu Hashanni und schauten zu, wie er für seine Kamele sorgte. Ich hatte während meiner Kung-Fu-Ausbildung viele Tiere beobachtet, aber das Kamel war mir ein Buch mit sieben Siegeln. Einmal machte ich den Fehler, einen Sack mit Futter anzufassen. Bevor ich mich es versah, kam eines der Kamele auf mich zugetrabt, schnaubend und spuckend. Ich stieß einen Schrei aus und versuchte, es fortzuscheuchen, aber es wollte mich beißen. Ich fing an wegzurennen, das Kamel hinter mir her. Ich flüchtete mich mit knapper Not in eines der Zelte. Hinter mir hörte ich das Gelächter von William, Hashanni und sogar einiger der anderen Männer.

Hashanni lachte immer noch, als er hereinkam, um mich zu retten. »Es hat gedacht, du wolltest ihm das Futter wegnehmen«, erklärte er. Er hatte das Kamel angebunden, und sein Kopf steckte in dem Futtersack. Wir beäugten einander argwöhnisch. »Später werde ich dir zeigen, wie man auf einem Kamel reitet«, sagte Hashanni. Ich hatte wenig Lust dazu – aber womöglich wäre dies die einzige Möglichkeit, aus dieser Wüste herauszukommen.

»Irgendwann werden wir das hier unseren Enkeln erzählen und lachen«, witzelte William, als unsere Kamele durch die späte Nachmittagssonne schwankten, hinter einem singenden Hashanni.

»Nennen Sie mich Lawrence von Arabien«, sagte ich.

Wir blieben zwei Tage lang unter dem Schutz der Beduinen. Es war ein Erlebnis, zu sehen, wie sie lebten. Sie waren ernsthafte, fromme Menschen, gläubige Muslime, die fünfmal am Tag beteten und vor jeder Mahlzeit Allah dankten. Hashanni zeigte uns die diversen Zelte, in denen Männer, Frauen und Kinder dabei waren, wunderbare Teppiche und andere Kunstgegenstände herzustellen, die sie auf den Märkten verkaufen würden. Wir staunten nur so, wie diese Menschen sich mitten in der Wüste aus eigenen Mitteln versorgen konnten.

Unser Gastgeber schien es zu genießen, uns herumzuführen. Er brachte uns bei, wie man ein Kamel reitet, und führte lange Gespräche mit William über alle möglichen geschäftlichen Dinge. Aber seine Warnung hatte ich nicht vergessen. Am Morgen des dritten Tages begannen wir unseren Treck durch die Wüste. Ein paar Hundert-Dollar-Scheine hatten uns zwei Kamele verschafft sowie genügend Vorräte, um bis Qatar zu kommen. Hashanni beschrieb uns einen Mann, den wir dort kontaktieren konnten und der uns helfen würde. »Ein schönes Gefühl, endlich auf dem Weg nach Hause zu sein«, sagte William, als wir uns der Stadt näherten. Wir wußten immer noch nicht, was noch vor uns lag. Meine Spannung würde sich erst legen, wenn wir wieder sicher auf amerikanischem Boden wären.

»Herein, herein«, sagte der kleine, runde Mann, der das gleiche Lächeln wie sein Beduinenfreund hatte. Wieder stellten wir überrascht fest, daß er fast perfekt englisch sprach.

»Sag ihm nicht, daß wir die Kamele im Parkverbot abgestellt haben«, flüsterte William, als wir die Köpfe einzogen, um durch die niedrige Ladentür zu gehen. Es roch nach Weihrauch und Haschisch. Der Laden schien eine Art Reisebüro zu sein. Wir konnten Sandra anrufen, und der Mann verkaufte uns zwei Schiffskarten von Qatar nach Bahrain. »Ihr übernachtet bei mir«, sagte er uns, »und reist gleich morgen früh weiter.«

»Nicht ganz so wie das Le Meridian, wie?« kommentierte William, als der Mann uns in ein schmuddeliges kleines Zimmer mit zwei schmalen Betten geführt hatte. Er meinte es nicht als Beschwerde. Die Beduinen hatten uns Wasser gegeben, um uns frischzumachen, aber was für ein Luxus, sich wieder rasieren und duschen zu können und unter eine einigermaßen saubere Bettdecke zu kriechen!

Das Fährschiff war vollgestopft mit Bauern und ihren Tieren. Nach gut einer Stunde erreichten wir Bahrain. Ein Deutscher namens Julian empfing uns und brachte uns zu der Kontaktadresse, wo man uns neue Pässe und sonstige Papiere sowie zwei Flugtickets aushändigte. »Der direkte Weg ist zu riskant«, informierte Julian uns. Ich betrachtete die Tickets. Bulgarian Airlines. Sandra schickte uns auf verschlungenen Pfaden zurück in die USA. Die Frau ging echt auf Nummer Sicher. Nach unseren Pässen war ich jetzt ein italienischer Geschäftsmann namens Antonio Carreras. William war Walter Schmidt aus den Niederlanden.

Zwei Tage später landeten wir sicher auf dem John F. Kennedy-Airport in New York. William entlohnte mich reichlich für meine Arbeit. »Ich glaube, von Saudi-Arabien hab ich für den Rest meines Lebens genug«, sagte ich ihm augenzwinkernd. Aber mein nächster Auftrag machte mich – Ironie des Schicksals – zur rechten Hand von Amin Fahed, dem saudi-arabischen Botschafter für England, Italien und Zypern.

Kapitel 7

Amin Fahed wurde mein Vorzugskunde. Manchmal gab die IKFF mir kurzfristig andere Aufgaben, aber Fahed war sehr wichtig für sie. Seine Regierung bezahlte gut für seinen Schutz. Je nach seinem Aufenthaltsort und den Launen des politischen Klimas war er ein Hochrisiko-Kunde. Ich leitete sein Fünf-Mann-Personenschutzteam und jettete um die halbe Welt, mit langen Aufenthalten in seinen luxuriösen Residenzen in London, Neapel und Limassol.

Amin war ein Glücksspieler, der hart am Wind segelte. Er hatte die nötige Macht und den Reichtum dazu. Gegenüber seinen Schuldnern konnte er gnädig sein, doch wenn er die Geduld verlor, trieb er sein Geld brutal ein. Es war eine Seite seines Lebens, von der sein Schutzteam die Finger ließ. Er hatte jedem von uns große Geldsummen angeboten, falls wir uns nebenbei als Schuldeneintreiber betätigten, aber niemand von uns war so töricht, das IKFF in trübe Gewässer zu führen, und wir waren ohnehin gut bezahlt.

Ich war mittlerweile einer der bestbezahlten Bodyguards der IKFF und hatte eine große Wohnung in London-Paddington gemietet, in der meine Eltern als meine Gäste lebten. Endlich hatte meine Mutter das Leben, das sie sich immer gewünscht hatte.

Im Sommer 1985 nahm ich ein paar Wochen Urlaub von Amin. Er war gerade zu Hause in Saudi-Aarabien, also optimal in Sicherheit, und ich kehrte nach London zurück. Ich wußte, daß mein Vater meinen Besuch schätzen würde. Er konnte die Wohnung kaum noch verlassen. Ich freute mich auch auf die Gespräche mit einigen alten Freunden.

Es war ein schöner Sommermorgen, als ich mich im Hyde Park mit meinem chinesischen Freund Gerry traf. Er war ein Kampfkunstschüler, den ich in der Schule von Mr. Chang kennengelernt hatte. Wir mieteten ein Ruderboot, und Gerry ruderte auf den See hinaus, während ich mich zurücklehnte und mein Gesicht von der Sonne streicheln ließ.

»He, Tony, guck dir das mal an!« Ich setzte mich auf, in das Sonnenlicht schielend. In einem anderen Boot, nicht weit von uns, waren drei blonde Mädchen, denen eines der Ruder ins Wasser gefallen war; zwei von ihnen hingen über den Rand des Bootes und versuchten, das Ruder zu erreichen. Sie kicherten und quietschten. Wir schauten amüsiert zu, wie sich ihr Kahn durch ihre Bemühungen immer weiter von dem Ruder entfernte. »Das hältst du im Kopf nicht aus«, lachte Gerry, als eines der Mädchen das forttreibende Ruder mit dem anderen, das noch im Boot war, zu erreichen versuchte. Das Boot schaukelte, und das Mädchen mußte so lachen, daß es bald auch das zweite Ruder verloren hatte, womit die drei hilflos in der Mitte des Sees trieben. »Komm, Gerry«, grinste ich, »hier sind Retter in der Not gefragt.«

»O, es gibt doch noch Ritter«, lachte eine der jungen Damen, als wir zu ihnen kamen. Ich war ziemlich sicher, daß sie sich untereinander in einer skandinavischen Sprache unterhalten hatten, aber mit uns redeten sie Englisch. Wir hatten keine Absicht, ihren Rudern hinterherzufahren, sondern schlugen ihnen vor, in unser Boot umzusteigen. Sie stimmten, immer noch kichernd, zu, und stellten sich vor. Es waren drei Schwestern: Lea, Lena und Aiya. Die beiden Boote schwankten bedenklich, als Lea in unser Boot kletterte. Als sie drinnen war, drehte sie sich um und hielt Aiya die Hand hin, die sich nervös an die Wand ihres Bootes klammerte. Lena half ihr, übervorsichtig, von hinten, und ich merkte, daß Aiya blind sein mußte. Als das Gewicht sich verlagerte, schwankten die beiden Boote noch mehr, daß ich Angst bekam, Aiya könnte ins Wasser fallen. Lea fiel quietschend rücklings auf Gerry. Allgemeines Gelächter. Ich nahm Aiyas erhobenen Arm, legte die andere Hand um ihre Taille und zog sie sicher in unser Boot. In diesem Augenblick geschah etwas in mir. Ich hielt sie nur den Bruchteil einer Sekunde so fest, aber dieser Bruchteil nahm mir fast den Atem. Hier war eine bezaubernde junge Frau, geheimnisvoll in ihrer Blindheit und Schönheit. Ich ließ sie neben mir Platz nehmen und hielt meine Hand Lena hin, aber um die kümmerte sich bereits Gerry.

Wir fuhren ohne Eile zurück ans Ufer. Die Mädchen bestanden darauf, uns einen Drink auszugeben, als Dankeschön. Sie brauchten uns nicht lange zu überreden. Gerry, Lena und Lea sprangen aus dem Boot. Ich blieb stehen, um Aiya zu helfen. Ich fühlte mich nervös und unsicher. Ich machte Anstalten, sie zu heben, so wie ich meinen Vater immer hob. Ihre Schwestern kicherten. »Langsam«, sagte sie. Dann schob sie mich so, daß ich genau vor ihr stand, legte ihre eine Hand auf meine Schulter und bedeutete mir, ans Ufer zu treten. Sie folgte meinem Schritt und gelangte sicher aus dem Boot. Dann trat sie, ohne ihre rechte Hand von meiner Schulter zu nehmen, vor mich und fing an, mit der linken Hand über mein Gesicht zu fahren. Ich lächelte nervös, als ich in die beiden schönen, tiefblauen Augen blickte, die nichts sehen konnten. Sie begann an meiner Stirn und fuhr dann mit sanftem, aber festem Fingerdruck über meine Augen und meine Nase hinab, betastete meine Lippen, ging mein Kinn entlang. »Hmm, du siehst echt gut aus«, sagte sie spitzbübisch. Ich staunte über ihre Offenheit.

»Willst du mit mir flirten?« lachte ich. Sie schob ihren Arm durch meinen, und wir folgten den anderen.

Ich weiß nicht mehr, wie lange wir bei Kaffee und Käsekuchen zusammensaßen. Lena und Lea waren gerade aus Schweden auf Besuch, und Aiya entpuppte sich als Studentin im ersten Studienjahr, die in London Rechtswissenschaften studierte. Mein Erstaunen kommentierte sie mit dem Satz: »Ich bin blind, aber nicht blöd.« Meine prompte Verlegenheit und hastig gemurmelten Entschuldigungen quittierte sie mit einem süffisanten Lächeln.

Am Abend dieses Tages führte ich Aiya in eines meiner Lieblings-Dim-Sum-Restaurants in Londons Chinatown (Soho) aus. In den folgenden Tagen wurden wir rasch unzertrennlich. Ich merkte, wie es zwischen uns funkte, auf eine Art, die ich noch nie erlebt hatte. Lockere Flirts und die eine oder andere heiße Affäre waren mir nicht unbekannt, aber das hier, es war irgendwie anders. Aiya schien die Gabe zu haben, in meine Seele hineinzuschauen. Sie kam aus einer wunderbaren, liebevollen Familie und schien das Wort

»Sorgen« nicht zu kennen. Trotz ihrer Blindheit strahlte ihr Gesicht Zuversicht und Selbstsicherheit aus. Aber irgendwo tief in ihr streckte sich etwas aus nach meiner verzweifelten Einsamkeit – einer Einsamkeit, die ich mir bisher nie hatte eingestehen wollen. Es war entnervend. Aiyas Liebe war wie ein Schlüssel zu hundert anderen Gefühlen. Ich merkte, wie ich mit mir selber kämpfte. Ich hätte sie abweisen können, aber irgend etwas an ihr zog mich in seinen Bann. Doch an gewisse dunkle Stellen in meiner Seele ließ ich auch sie, ja mich selber nicht heran.

Ich mußte mich losreißen, um wieder an meine Arbeit zu gehen. Ich war dankbar, daß Amin immer wieder einmal für längere Zeit in London war. Zum ersten Mal in meinem Leben war ich glücklich.

Die nächsten drei Jahre trafen Aiya und ich uns so oft wir konnten. Ich verbrachte mehrere Urlaube bei ihr und ihrer Familie in Stockholm. Dort geriet ich zum ersten Mal mit dem Gesetz in Konflikt. In gewissen Ländern ist die Benutzung der Kampfkunst illegal, was ich von meiner Bodyguard-Ausbildung her hätte wissen müssen. Ich war hinausgegangen, um mir Zigaretten zu kaufen, als ich aus dem Wald bei dem Haus von Aiyas Eltern Schreie hörte. Ich rannte in den Laden und schrie dem Mann hinter der Theke zu, die Polizei zu rufen. Die Schreie klangen inzwischen erstickt. Ich rannte unter die Bäume und sah eine Frau, die unter einem Mann lag, mit dem sie verzweifelt kämpfte. Er hatte seine Hose geöffnet und war dabei, sie zu schlagen und an ihren Kleidern zu reißen. Ich riß ihn von ihr fort und begann ihn zu schlagen, während die Frau sich aufrappelte. Da warf mich plötzlich jemand zu Boden. »Halt! Polizei!«

Der Beamte hielt mich in einem Judogriff. Ich wehrte mich nicht. Zwei andere Polizisten verhafteten den Vergewaltiger. Die Frau saß haltlos schluchzend an einem Baumstamm. Sie blutete stark. Ich wollte sie trösten, aber der Polizist lockerte seinen Griff nicht. Er mußte doch wohl begreifen, was hier geschehen war. Endlich ließ er mich aufstehen – und verhaftete mich. Sie brachten mich zusammen mit dem Täter auf das Polizeirevier.

Ich versuchte, den Beamten mit meinem bißchen Schwedisch die Sache zu erklären. Dann kamen zu meiner großen Erleichterung Aiya und ihr Vater, und es entspann sich eine hitzige Diskussion zwischen dem Vater und dem Beamten, der mich verhaftet hatte.

»Er sagt, daß er dich gut verstehen kann«, flüsterte Aiya mir zu, »aber daß du das Gesetz gebrochen hast. In diesem Land ist Kung Fu illegal.«

Ich war außer mir. »Und wer denkt an die Frau?«

»Genau das sagt mein Vater ihm gerade. Du hast ihr womöglich das Leben gerettet.«

»Und sieht er das ein?«

»Eigentlich schon, aber er sagt, Gesetz ist Gesetz.«

Schließlich trat der Polizist zu mir. Er erteilte mir, betont langsam sprechend, eine Verwarnung und sagte mir dann, daß ich gehen konnte. Aiyas Vater schüttelte ihm dankend die Hand.

»Das war knapp«, sagte er mir, als wir gingen. »Um ein Haar hättest du die Nacht im Gefängnis verbracht.«

Aiya kümmerte sich rührend um mich, aber mein Beruf machte ihr Angst. Auch ich wußte natürlich, daß die Risiken hoch waren. Ich konnte jederzeit ums Leben kommen. War das fair gegenüber Aiya? Sie fing an, von Heiraten zu reden. Ich liebte sie sehr, und die Besuche bei ihr und ihren Eltern und Schwestern zeigten mir, wieviel ich verpaßt hatte in meinem Leben. Ich sehnte mich nach einem normalen Familienleben. Vielleicht würden wir eines Tages sogar eigene Kinder haben. Vielleicht war es wirklich Zeit, daß ich meinen Lebensstil änderte.

Ich mußte nach Neapel zurück, um meinen nächsten Auftrag mit Amin vorzubereiten. Ich hatte dort eine Wohnung, die ich mir mit William und Kevin, zwei professionellen Basketballspielern, teilte. Auch sie wurden vom IKFF bezahlt.

Es war William, der ans Telefon ging. Er war ein schwarzer Hüne aus Chicago, der immer für einen Streich gut war. Ich war so in den Film vertieft, den ich gerade sah, daß ich nicht weiter auf den Klang seiner Stimme achtete. Plötzlich schaltete er den Fernseher aus und baute sich vor mir auf. »Tony, ich hab schlechte Nachrichten für dich. Aiya hat 'nen Unfall gehabt …«

Und er erzählte mir, daß Aiya bei einem Autounfall in London ums Leben gekommen war. Autodiebe, die einen Wagen für eine Spritztour gestohlen hatten, waren beim Überholen eines Lkws frontal mit ihr zusammengestoßen; alle waren auf der Stelle tot gewesen.

Ich merkte, wie die Wut in mir hochkam. »Was?? Wer war das eben, warum haben sie nicht mit *mir* gesprochen? Von was redest du?« Ich war so durcheinander, daß ich William einen Stoß an die Brust gab, daß er krachend zu Boden ging. »Das ist einer deiner billigen Witze«, schrie ich, tobend und fluchend. Aber tief drinnen wußte ich, daß er die Wahrheit sagte; selbst Williams Späße hatten ihre Grenzen.

In den folgenden Tagen war es, als ob etwas in mir gerissen war. Meine Wut kannte keine Grenzen. An einem Abend setzte ich mich auf mein Motorrad und fuhr wie der Teufel. Zwei Polizisten begannen, mich zu verfolgen. Ich hatte Lust, sie einfach umzufahren oder mich vom nächsten Felsen zu stürzen. Es war mir egal, ob ich am Leben blieb oder nicht. Ich raste weiter, bis ich mich endlich beruhigte und anhielt. Die Beamten waren außer sich. Ich biß die Zähne zusammen und zeigte ihnen stumm meinen Diplomatenausweis. Sie waren atemlos nach der langen Verfolgungsjagd. *Los, macht was, daß ich euch zusammenschlagen kann!* dachte ich. Sie musterten meinen Ausweis und stiegen resigniert wieder auf ihre Maschinen. Mein Diplomatenstatus bedeutete, daß sie mir nichts anhaben konnten.

Meine Freunde wußten nicht, was sie mit mir und meiner Wut machen sollten, und gingen mir aus dem Weg. Als William eines Abends versuchte, mit mir zu reden, drohte ich ihm, ihm das Gesicht zu zertrümmern.

Ich rannte hinaus auf die Straße. Nur weg von hier. In einer Seitenstraße mitten in der Stadtmitte von Neapel fand ich einen kleinen Nachtclub. Ich wollte allein sein, nachdenken, mich verstecken. Ich trat an die Bar und verlangte ein Glas Milch. Der Barkeeper lachte, aber als er meinen Blick sah, wurde er ernst. Ich wiederholte: »Geben Sie mir die Milch und nehmen Sie mein Geld.« Ich schob ihm einen Geldschein hin.

»Wir haben keine Milch hier.«

»Dann geben Sie mir einen Saft.«

»Jetzt verstehen Sie doch!« Er zeigte auf ein Schild über der Theke. »Sie können hier ein Bier für 5000 Lire kaufen oder einen Flasche Champagner für 12 000, und dann kriegen Sie das Mädchen.«

»Mädchen? Was für'n Mädchen? Ich will kein Mädchen, ich will 'nen Drink!« Die Worte des Barkeepers waren mir böhmische Dörfer, ich wollte einfach eine Ecke, wo ich allein sein konnte.

»Also, wollen Sie jetzt Bier oder Champagner?«

»Geben Sie mir das Bier!« Ich war drauf und dran, ihn zu schlagen. Ich trug das Bier (ich hatte nicht vor, es zu trinken) zu einem Tisch in der hintersten Ecke. Ich saß keine fünf Minuten dort, als ein Mädchen kam und sich mir gegenübersetzte. Sie war sehr jung, aber ihr Make-up war dick und der Geruch ihres Parfüms überwältigend. Ich sah sie fragend an. »Was willst du?«

»Spendierst du mir einen Drink?« antwortete sie mit einem Lächeln, das wohl verführerisch aussehen sollte. Wie dick ihre Wimpern waren. Ich war irritiert. »Na gut, was willst du?«

»Champagner.«

Die hatte Nerven. Aber ich hatte keine Lust zu diskutieren und winkte dem Barkeeper zu. Der kam an meinen Tisch, mit einer Flasche Champagner und einer Rechnung über 17 000 Lire.

»Über was willst du reden?« fragte das Mädchen mich verführerisch.

Ich wurde langsam wütend auf sie. »Ich will nichts mit dir reden.«

Sie schien erstaunt zu sein. »Warum hast du mir dann den Champagner gekauft?«

»Weil du 'nen Drink wolltest.« Endlich dämmerte mir, was für ein Lokal das hier war.

»Du hast den Drink bezahlt, damit du dich mit mir unterhalten kannst«, sagte sie.

»Ich hab einen Fehler gemacht. Ich will allein sein, das ist alles.« Ich stand auf, um zu gehen.

»Nein, bleib hier, bitte!« Ihre Stimme wurde ängstlich. »Dann willst du nicht mit mir schlafen?«

»Nein!« Ich wollte wieder aufstehen. Sie packte meine Hand. »Bleib hier, bitte, es reicht, wenn du mit mir redest.« Sie schaute nervös zur Bar hin. Ich wußte nicht, was ich machen sollte. Ich wollte allein sein, aber ich verspürte auch Mitleid mit diesem Mädchen. Und wo sollte ich denn hin, wenn ich jetzt ging? Und ich blieb ein oder zwei Stunden in der Bar und unterhielt mich mit dem Mädchen, unter den finsteren Blicken des Mannes an der Bar.

Ich sah das Mädchen wieder, als ich am nächsten Tag in ein Café ging. Es saß an einem Tisch, kaute an seinen Fingernägeln und tat so, als ob es eine Illustrierte las. Ich mußte zweimal hinschauen. In der Bar war es schummrig gewesen, aber nein, dies waren die gleichen Kleider, der gleiche aufdringliche Parfümgeruch, dasselbe übertriebene Make-up. Sie lächelte mich an, als sie mich sah, dann schien sie verlegen zu werden. Ich bestellte zwei Kaffees und setzte mich zu ihr. Am Abend zuvor hatte ich ihr einiges über mein Leben und über Aiya und den Unfall erzählt. Jetzt war sie an der Reihe. Sie berichtete mir, daß sie Rosanna hieß und aus Rumänien kam. Sie hatte eigentlich studieren wollen, aber jetzt arbeitete sie also als Prostituierte. Sie haßte ihre Arbeit und schämte sich in Grund und Boden. Bald mußte sie an sich halten, um nicht loszuheulen.

»Warum machst du das überhaupt?« fragte ich.

»Weil die mich besitzen«, sagte sie. »Meine Eltern haben mich an sie verkauft, als ich noch keine sechzehn war. Ich war ihnen zu teuer geworden.«

»Aber warum gehst du nicht einfach weg?«

»Das kann ich nicht. Ich hab dir's doch gesagt, die besitzen mich. Sie haben meinen Paß, und ich hab kein Geld.«

»Niemand ›besitzt‹ dich! Ich helfe dir, hier wegzukommen.«

Zum ersten Mal seit Aiyas Tod kreisten meine Gedanken nicht um meine eigenen Probleme. Ich mußte an meine Kusine Siu Ming denken, die auch Zwangsprostituierte geworden war, in dem Bordell in Schanghai. Ich hatte kein Verständnis für Menschen, die Frauen derart mißbrauchten. Rosanna drehte pausenlos an dem Goldring um ihren Mittelfinger, während sie sprach. Ich versprach, ihr zu helfen. Sie nahm den Ring ab und bestand darauf, ihn mir zu schenken. Er paßte gerade auf meinen kleinen Finger. Sie kritzelte eine Adresse auf ein Stück Zigarettenpapier und ging.

Etwas später an diesem Nachmittag fuhr ich mit meinem Motorrad zu einem Wohnblock, der um die Ecke von der Bar lag, wo ich Rosanna kennengelernt hatte. Sie wartete draußen auf mich. Sie brachte kaum ein Wort heraus vor Aufregung, aber ich war bereit. Wir gingen die Treppe hinauf und in einen langen Flur mit lauter

Türen. Einige der Türen waren offen, und ich sah Mädchen, die schlafend oder Illustrierte lesend auf dem Bett lagen. Einige von ihnen pfiffen mir hinterher. Zwei große, finster aussehende Typen patroullierten auf dem Gang hin und her. Einer von ihnen kam zu mir und fragte mich, was ich wollte; offenbar war es nicht die Tageszeit für Kundschaft. Der Kerl ärgerte mich. Ich streckte ihn mit einem gezielten Tritt zu Boden und drückte ihm mein Knie ins Gesicht, bis ich die Knochen krachen hörte.

Der zweite Rausschmeißer sprang auf mich zu, nur um ein ähnliches Schicksal zu erleiden. Rosanna holte eine kleine Tasche mit ihren Habseligkeiten aus ihrem Zimmer und führte mich nach unten, ins Büro des Managers. Er war ein schmächtiges Männchen. Ich befahl ihm, Rosannas Paß herauszugeben, und als er sah, daß ich es ernst meinte, zog er eine Schublade heraus und wühlte in ihr, bis er ihre Papiere fand. Er leistete keinen Widerstand, aber ich knallte sein Gesicht auf die Schreibtischplatte, bis das Blut mir auf die Kleider spritzte. Es war ein schönes Gefühl. Ich sah den Brieföffner, den er gerade benutzt hatte, und hob ihn hoch, um ihn damit zu erstechen. Dann merkte ich, daß Rosanna mich beobachtete, und warf den Brieföffner auf den Fußboden. Ich packte ihre Hand und zog sie nach draußen und auf mein Motorrad. Wir brausten zu meiner Wohnung.

Rosanna zitterte immer noch, als ich die Wohnungstür öffnete. Ihr Gesicht war kreideweiß gewesen im Büro des Managers. Ich wußte, was sie dachte, und versuchte, ihr zu erklären, daß ich normalerweise nicht so gewalttätig war. Ich erzählte ihr mehr darüber, was mir in den letzten Wochen passiert war. Sie beruhigte sich, und ich führte sie in mein Zimmer.

»Du bist so gut zu mir gewesen«, sagte sie. »Du hast dir eine Belohnung verdient.« Und sie nahm mein Gesicht in ihre Hände, um mich zu küssen.

»Nein!«

»Aber was anderes kann ich dir nicht geben. Ich habe kein Geld.«

»Ich will kein Geld. Ich will überhaupt nichts von dir.« Ich führte sie zu dem Bett und holte eine Extradecke aus dem Kleiderschrank.

»Ruf mich, wenn du was brauchst. Ich schlaf' auf dem Sofa im Wohnzimmer.« Ich ging nervös aus dem Zimmer.

Am folgenden Tag brachte ich Rosanna zum Flughafen und kaufte ihr ein Ticket nach Hause. Sie trug Jeans, einen großen Pullover und kein Make-up. Sie sah schön aus. »Wie soll ich dir das je danken?« sagte sie. Ich reichte ihr einen Umschlag mit einem Bündel Geldscheine.

»Sieh zu, daß du dich an einer guten Universität einschreibst«, sagte ich. Ich kam mir plötzlich väterlich vor. Ihre Augen füllten sich mit Tränen. Sie küßte mich zaghaft auf die Wange. Ich schaute ihr hinterher, wie sie ging.

Auf der Rückfahrt in die Stadt ließ ich die Ereignisse des letzten Tages Revue passieren. Wie ich diese Männer zusammengeschlagen hatte – es war so ein schönes Gefühl. Ich hatte Lust gehabt, sie zu schlagen, bis ihr Leib aufriß, bis ich ihr Blut in meinem Mund schmecken konnte. Mit jedem Schlag und Tritt hatte ich das Gefühl gehabt, daß ein Stückchen meiner Wut mich verließ, aber ich wollte noch mehr. Ich drückte den Gashebel durch und schloß kurz die Augen, um die Bilder loszuwerden. Ich schämte mich und verspürte gleichzeitig einen neuen, bisher nicht gekannten Hunger, der böse und unkontrollierbar war wie eine Sucht. Ich wendete meine Maschine und fuhr hinaus in die Berge.

Kapitel 8

Ich ertrug es nicht, allein zu sein, aber auch nicht, andere Menschen um mich zu haben. Ich trieb mich in Bars und Clubs herum und beobachtete die glücklichen, sorglos lächelnden Menschen. Ich hatte keine Lust, mit jemandem zu reden. Der Lärmpegel der Bars half mir, meinen Schmerz zu betäuben, aber tief drinnen gab es noch einen anderen, finstereren Grund, warum ich diese Orte frequentierte. Ich hatte einen merkwürdig metallischen Geschmack im Mund, denselben, den ich gehabt hatte, als ich den Mann in Rosannas Bordell zusammenschlug. Ich versuchte, ihn zu vergessen, aber er kam immer wieder. Es war der Geschmack meiner Wut, ein rasender Durst nach Blut. Es war gerade so, als ob ich über Nacht ein anderer Mensch geworden war. Die Disziplin meiner Ausbildung verflog, ich hungerte förmlich nach Konfrontationen.

Die IKFF bot mir einen Urlaub an, aber Amin Fahed wollte mich unbedingt wieder haben. Er rief mich persönlich an und bat mich, zu ihm in seiner neuen Basis in Lefkosia auf Zypern zu kommen. Ich sagte nur zu gerne zu.

An meinem ersten freien Abend stürzte ich mich in das Nachtleben in Nikosia. Das *Afrikanas* war gerammelt voll, aber ich fand einen Hocker in einer ruhigen Ecke und beobachtete die Menschen in der Bar. Unter ihnen war eine größere Gruppe dänischer Soldaten. Ich schaute angewidert zu, wie sie zu dem Beifall ihrer Kameraden um die Wette tranken. Die meisten wählten Spirituosen, aber die meisten Anfeuerungsschreie erhielt ein Kleiderschrank von einem Mann, der nacheinander sechs Halbe Bier kippte.

Ich bekam große Lust, den Idioten eine Lektion zu erteilen, um zu sehen, wie hart sie wirklich waren. Ich beobachtete sie weiter. Sie wurden immer betrunkener und lauter. An einem Tisch in der Ecke saßen drei Mädchen, die sich angeregt unterhielten. Ich mußte unwillkürlich an Aiya und ihre Schwestern denken. Die eine war ganz hell und blond, gerade so wie sie. Die Soldaten begannen, sich für die Mädchen zu interessieren. Als die Blonde aufstand, um zur Bartheke zu gehen, folgte ihr einer von ihnen. Mein Blut begann zu kochen, als ich zuschaute, wie das Mädchen seine Annäherungsversuche höflich abzuwehren versuchte, während sie darauf wartete, bedient zu werden. Der Kerl wurde immer zudringlicher. Sie drehte ihm demonstrativ den Rücken zu, aber er ließ sie nicht in Ruhe, sondern tänzelte vor ihr herum. Als sie sich wieder umdrehte, packte er sie an den Schultern und zog sie grob zu sich, so, daß sie ihn anschauen mußte. Die Angst stand ihr im Gesicht geschrieben, als sie versuchte, sich aus dem Griff freizumachen.

Die Wut und der Haß überwältigten mich. Ich stand auf, ging zur Theke, zerbrach mein Glas und stieß dem Soldaten die Scherben ins Gesicht.

Die Bar wurde lebendig. Zehn oder zwölf Soldaten kamen herbeigesprungen. Mit einer raschen Schlangenbewegung schlüpfte ich zwischen ihnen durch und sauste die Treffe hinauf, hinaus auf die hell erleuchtete Straße. Hier hatte ich genügend Manövrierspielraum. Die Soldaten waren stark betrunken, und ich wußte, daß ich mit ihnen leicht fertig werden konnte, aber nicht in der drangvollen Enge des kleinen Clubs.

»Kommt her, wenn ihr euch traut!« schrie ich. Das Adrenalin schoß durch meinen Körper. Einer nach dem anderen kamen sie durch die Tür, und einen nach dem anderen empfing ich mit einem Blockadeschlag ins Gesicht oder die Leistengegend. Einem gelang ein Fausthieb gegen meinen Kopf, aber der Schmerz machte meine Wut nur noch größer. Es reichte mir nicht, sie zu Boden gestreckt zu haben, ich mußte Blut sehen. Und ich schlug und trat, zertrümmerte Nasen, brach Knochen, und mit jedem neuen Schlag raste mein eigenes Blut schneller durch meine Adern und mein Hunger wuchs. Ich wollte mehr, noch mehr …

Dann plötzlich Polizeisirenen. Ich floh in die Nacht hinaus.

»Na, wie war die kleine Schlägerei gestern abend?« Amin zwinkerte mir zu, über beide Ohren grinsend.

»Danke, nicht weiter schlimm«, erwiderte ich, während ich mir über die Prellung um mein rechtes Auge fuhr. Es ärgerte mich, daß Amin schon von der Sache wußte. Aber er war natürlich ein mächtiger Mann mit vielen Beziehungen.

Er schien die Veränderung in mir bemerkt zu haben und ging daran, sie auszunutzen. »Heute abend wird gespielt«, verkündete er. Er klatschte in die Hände, öffnete seinen Safe und zog mehrere mit Gummibändern zusammengehaltene Banknotenbündel heraus.

Das Kasino war belebt, und so ziemlich jeder begrüßte Amin mit einem respektvollen Nicken oder Handschlag, als wir durch den privaten Salon gingen. »Ah, Mr. Fahed, heute abend sind Sie mit dem Glück im Bund, nicht wahr?« sagte der Manager, als er uns persönlich zu Amins Lieblingstisch führte. Amin lächelte. Selbstsicheres Vergnügen und Gier standen in seinem Gesicht geschrieben, als der Croupier die Karten austeilte. Als das Spiel gerade beginnen wollte, kam ein Mann zu uns und sprach Amin an. Er war aufgeregt, und ich sah, daß mein Chef mit jedem Satz, den der Fremde sprach, irritierter wurde. Ich wartete, bis Amin mir zunickte, dann ging ich zu dem Mann und stellte mich dicht neben ihn. Der Fremde wurde blaß, aber er redete weiter auf Amin ein, immer schneller. Ich brauchte kein zweites Signal. Als der Mann Anstalten machte, Amin am Arm zu packen, riß ich ihn fort und schlug ihn zu Boden. Mehr war nicht nötig; er rappelte sich hoch und rannte davon. Amin nickte mir anerkennend zu und setzte sein Spiel fort.

Am folgenden Tag ließ mein Chef mich zu sich in seine Penthousewohnung kommen. Er war noch freundlicher als sonst, und ich wußte, was jetzt kommen würde. Diesmal war ich entschlossen, ja zu sagen.

Am Abend ging ich zu einem Mann, der Amin eine große Geldsumme schuldete. Er war ein notorischer Waffenhändler, und ich erwischte ihn in einem denkbar günstigen Augenblick: Seine Bediensteten hatten Feierabend und er war allein zu Hause. Ich eröffnete ihm, daß ich das Geld holen wollte, das er Mr. Fahed schuldete. Er lächelte; es war das gleiche selbstsichere, arrogante Lächeln, das ich von den Gesichtern so vieler meiner reichen und mächtigen Kunden kannte. Für wen hielt der mich?

»Sagen Sie Ihrem Chef, daß ich das Geld jetzt nicht habe«, sagte er. »Aber er wird es in voller Höhe bis Ende nächster Woche bekommen.« Und er nickte zur Tür hin. Ich war wütend – aber schön, das hier war nicht mein Geld.

Amin kochte vor Wut. »Geh gleich wieder hin und sieh zu, daß er zahlt!« befahl er mir. »Du kannst ihn dann trotzdem zusammenschlagen!« Ich mochte es nicht, wie er da zu mir sprach, aber meine Loyalität zu Amin war groß. Nicht nur, weil die IKFF mich gut bezahlte, um ihn zu beschützen, nein, die Sache ging tiefer. Vielleicht hatte sie etwas mit meiner Erziehung zu tun. Mein Ein und Alles war es, meinen Kunden zufriedenzustellen. Was Amin da verlangte, ging eindeutig über meinen Auftrag von der IKFF hinaus, aber ich war bereit. Wie konnte jemand es wagen, so unverschämt mit der Ehre meines Kunden zu spielen? Ich kehrte zu dem Waffenhändler zurück und führte meinen Auftrag aus.

Amin war hochzufrieden und gab mir eine großzügige Belohnung, aber mehr als das Geld erfreute mich das Blut, das ich gesehen hatte. Der rasende Hunger nach Gewalt, der in mir brannte, er war noch stärker geworden.

Beim nächsten Kasinobesuch sah ich, wie Chad, ein großer Afrikaner, mit seinem Geld angab. Er tänzelte durch den Saal, bestellte für jeden, den er ansprach, Champagner und schob den spärlich bekleideten Saalmädchen, die ihn anhimmelten, zusammengefaltete Geldscheine in den Ausschnitt. Ich kannte Chad gut; er schuldete Amin eine große Summe an Spielschulden. An diesem Abend ging ich zu seinem Haus.

Es war eine große Villa, und ein Butler öffnete mir. Als er mich nicht einlassen wollte, trat ich die Tür ein und schlug ihn nieder. Ich marschierte in Chads Wohnzimmer. Er begann zu protestieren: »Was bilden Sie sich ein ...« Bevor er den Satz beenden konnte, packte ich ihn am Haar und schlug ihn so lange, bis er mit mir zu einem großen Safe ging, der hinter einer Bücherwand lag. Ich nahm das Geld, und dann drückte ich Chad gegen die Wand und schlug ihn weiter, ich genoß den Anblick des Blutes und das Geräusch der krachenden Knochen. Dann kamen zwei Kinder in den Raum gerannt, die hysterisch »Papa! Papa!« schrieen. Das ließ mich aus meinem Blutrausch aufwachen. Ich ließ Chad fallen, stieß die Kinder beiseite und floh.

Draußen ließ ich mit einem Triumphschrei mein Motorrad aufheulen. Das Bild der schreienden Kinder schoß in meinen Kopf. Ich wehrte es ab und sog tief die Luft ein. Blut, frisches Blut. Es tat gut.

Ich machte noch mehr solcher Geldeintreibe-Besuche, und jedesmal wurde ich brutaler. Ich wußte, daß Amin mit Racheaktionen rechnen mußte; früher oder später würde jemand einen Killer auf ihn ansetzen. Ich wußte auch, daß die IKFF mich hart bestrafen würde, wenn sie mir auf die Schliche käme, und die einzige Möglichkeit, dies zu verhindern, bestand darin, daß meine Opfer entweder zu viel Angst oder zu schwere Verletzungen hatten, um mich anzuschwärzen.

Meinen Eltern war mein Leben so egal wie eh und je. Es machte mich wütend, daß sie kein einziges Mal Aiyas Namen erwähnten, gerade so, als habe es sie nie gegeben. Trotzdem besuchte ich sie weiter, wenn ich in London war, und versuchte, ihnen ihr Leben so angenehm wie möglich zu machen. Eines Abends erwähnte meine Mutter, daß es möglicherweise eine neue Therapie für die Krankheit meines Vaters gab. »Aber so viel Geld haben wir natürlich nicht«, sagte sie. »Wir bräuchten 30 000 Pfund, um deinen Vater in der Schweiz untersuchen zu lassen. Aber vielleicht kannst du …« Ich schaute meinen Vater an. Zum ersten Mal seit Jahren stand Hoffnung in seinem Gesicht, er lächelte schwach. Ich wurde zwar gut bezahlt, aber 30 000 Pfund gespart hatte ich nicht.

»Ich werde sehen, was sich machen läßt«, sagte ich.

Auf dem Rückflug nach Zypern grübelte ich darüber nach, wie ich so viel Geld zusammenbekommen konnte. Ich hätte natürlich zu Amin gehen können, aber ich wollte keine Schulden machen, bei niemandem. Ich hatte mittlerweile jede Achtung vor den Menschen und ihrem Besitz verloren. In Amins Diensten war ich ein gnadenloser Geldeintreiber und Dieb geworden. Ich überlegte. Mein Ziel war also, das Geld für die Behandlung meines Vaters zusammenzubekommen. Nichts wäre einfacher als das. Ich wußte genau, wo auf Zypern die reichsten Leute wohnten.

Ich suchte mir mein Opfer aus. Die Wahl fiel mir nicht schwer; der Mann war böse und hatte es verdient, wenn ich ihn bestahl. Noch am gleichen Abend brach ich in sein Haus ein und raffte alles Geld zusammen, das ich finden konnte. Als jemand mich überraschte, schlug ich ihn halbtot. Das hatte ich eigentlich nicht vorgehabt, aber es war sozusagen ein unerwartetes Extra. Das Hochgefühl pulsierte durch meine Adern. Ich war unschlagbar, ich wollte noch mehr. Zurück in der Stadt ging ich schnurstracks in eines der Fünf-Sterne-Hotels.

Ich ließ meinen Blick über das Schlüsselbrett gleiten. »Zimmer 507«, sagte ich. Der Mann an der Rezeption reichte mir den Schlüssel. »Einen guten Abend, Sir.«

Ich ging zum Lift und fuhr in den fünften Stock. *Das ist ja ein Kinderspiel*, dachte ich, als ich die Zimmertür aufschloß und anfing, die Schränke und Schubladen durchzugehen. Ich hatte bald gefunden, was ich suchte. Wer immer dieses Zimmer hatte, er hatte Geld. Ich nahm alles mit. Dann fuhr ich weiter zum nächsten Hotel. Und zum übernächsten.

Diesmal achtete ich genauer darauf, welche Schlüssel in der Rezeption hingen. Ich bat um einen der Schlüssel, und als ich mit dem Zimmer fertig war, stieg ich über den Balkon gleich ins Nachbarzimmer ein, dessen Bewohner, wie ich gesehen hatte, ebenfalls nicht da waren. Ich schob vorsichtig die Glastür auf, schlüpfte hinein und fing an, nach Geld zu suchen. Plötzlich Stimmen vom Flur, dann das Geräusch des Schlüssels im Schloß. Ich glitt hinter den Vorhang und zwang mich, lautlos zu atmen. Ein junger Mann und eine Frau kamen herein. Sie bemerkten mich nicht. Was sollte ich machen, wenn sie zu der Balkontür kamen? Der vertraute metallische Geschmack kam wieder in meinen Mund. Das Paar kicherte und begann Zärtlichkeiten auszutauschen. Das Geld der beiden hatte ich schon, wozu sie zusammenschlagen? Ich schlüpfte lautlos zurück durch die Balkontür, schob sie hinter mir zu und stieg zu dem Balkon unter mir hinunter. An diesem einen Abend bekam ich das Geld für die Behandlung meines Vaters zusammen.

Ein paar Tage später holte ich meine Eltern nach Zypern und händigte ihnen das Geld aus. Sie waren hocherfreut. Sie blieben zwei Tage in meiner Wohnung, bevor sie nach London zurückflogen.

Als ich meine Eltern am Flughafen abgeliefert hatte, fuhr ich nach Limassol, um mich mit ein paar Freunden zu treffen. Der Abend war warm, und die Stadt war voll von Urlaubern und zwielichtigen Maklern, die Timesharing-Anteile an Ferienwohnungen verkauften. Wir tranken unseren Kaffee, unterhielten uns und beobachteten das Treiben auf der Straße. Plötzlich kam eine Gruppe von Engländern mit einem großen Holzkreuz. Sie stellten das Kreuz ein paar Meter von unserem Tisch auf. »Vorsicht, da kommt die Heilsarmee«, spottete Kevin, mein kanadischer Freund. Die Gruppe begann, zu Gitarrenbegleitung zu singen. Kevin lästerte weiter. »Diese Bibelverrückten sind doch überall gleich.« Ich lachte, aber eigentlich störte die Gruppe mich nicht. Als sie fertiggesungen hatten, begann einer der Männer eine Ansprache. Er hatte eine kräftige Stimme, die den Sticheleien der Passanten trotzte; immer mehr blieben stehen, um ihm zuzuhören. Er nahm eine Flasche in die Hand und rief: »Wer möchte diese Flasche Wein?« Keine Reaktion. »Kommt, Leute, das Angebot ist echt, nichts Kleingedrucktes! Wer will, kriegt diese Flasche, völlig umsonst!«

»So was Beklopptes«, sagte Kevin. »Komm, wir gehen.« Auch ich spottete über den Prediger, aber ich blieb gerne hier und trank meinen Kaffee fertig. Kevin wollte in einen Club, um sich mit ein paar der Timesharing-Agenten zu treffen. Ich haßte diese Leute. Sie waren voll von sich eingenommen und redeten ständig nur über ihre Arbeit. »Geh ruhig schon, ich komm' später nach«, sagte ich Kevin.

Der Redner fuhr fort, den Leuten seine Weinflasche anzubieten. Er mochte in meinem Alter sein, hatte lange Haare und trug ein T-Shirt und Bermudas. *Wahrscheinlich ein Student*, dachte ich. Jetzt trat, langsam und zögerlich, eine mittelalte Frau zu ihm. »Ich nehm' die Flasche«, sagte sie.

Die kleine Menge schaute zu, wie der Mann ihr die Flasche aushändigte. »Sehen Sie, nichts Kleingedrucktes«, wiederholte er. »Ein kostenloses Geschenk. Sie müssen nur kommen und es sich abholen.«

Die Frau trat zurück unter die Zuhörer, und der Prediger kam zum Kern seiner Botschaft. »So ist das bei dem Geschenk der Erlösung, das Jesus uns anbietet, auch. Er liebt uns alle, und sein Geschenk ist absolut gratis. Wir brauchen es nur anzunehmen. Gott zwingt uns nicht. Wir müssen selber zu ihm kommen und sein Geschenk entgegennehmen.«

Ich mußte an Mr. Sizer denken, meinen Religionslehrer auf der Schule, und wie er uns einmal das Wort »Erlösung« erklärt hatte: daß Erlösung bedeutete, daß Gott all das Böse in unserem Leben wegwischte und uns vergab, so daß wir mit reiner Weste einen Neuanfang machen konnten. *Na, bei mir hätte er viel wegzuwischen*, dachte ich traurig.

Dann war der Redner fertig, und die Zuhörer zerstreuten sich und die Christen packten ihre Sachen zusammen. Der Prediger schien gemerkt zu haben, wie ich ihn beobachtete, denn plötzlich kam er zu mir und fragte: »Darf ich mich zu Ihnen setzen?«

»Gerne.« Was wollte der von mir? Aber er schien ganz nett zu sein. Er stellte sich vor; er hieß Martin. Wir unterhielten uns einige Zeit. Er berichtete mir, daß seine Gruppe erst vor ein paar Tagen aus England eingetroffen war, um einige Monate in einer Gemeinde hier in Limassol auszuhelfen. Ich gab ihm ein paar Tips, und ehe ich mich versah, erzählte ich ihm das eine und andere darüber, was ich hier in Zypern machte.

»Sie müssen mal bei uns vorbeikommen und mit Michael Wright sprechen«, sagte er mir. »Er ist ein toller Typ. Kommt aus Nordirland, aber wohnt zur Zeit hier. Den mögen Sie bestimmt.«

Dieser Martin, er strahlte etwas aus. Ich wußte nicht recht, was er von mir wollte. Er schien ehrlich zu sein. Er redete ganz offen über sich selber, über die Gruppe und über Gott. Er sagte mir frank und frei, daß er Christ war und daß es ihm ein Anliegen war, allen Menschen zu sagen, daß Jesus sie liebte und erlösen wollte. Ich interessierte mich eigentlich nicht für Religion, aber Martin schien in Ordnung zu sein; er wollte den Menschen offenbar nur helfen. Als die Gruppe aufbrach, stand auch Martin auf. Ich hielt ihm meine Hand hin, um ihm auf Wiedersehen zu sagen. Er zögerte, dann sagte er: »Wir fahren jetzt zurück in unsere Wohnung, um was zu essen. Warum kommen Sie nicht einfach mit?« Ich war platt. Es geschah selten, daß mich jemand zu sich einlud. Ich nahm Martins Angebot an; wenn die Sache einen Haken hatte, konnte ich diese Christen immer noch vermöbeln.

Die Wohnung war so wie viele andere Ferienwohnungen in Limassol auch. Martin stellte mich dem Rest der Gruppe vor. Es waren alles junge, sehr gastfreie Leute. Ich war erleichtert, daß sie nicht viel Aufhebens um mich machten und mir nicht zu viele Fragen stellten. Wir aßen gemeinsam und unterhielten uns zwanglos. Es war etwas Frisches, Anziehendes an diesen jungen Menschen. Mehrere von ihnen erwähnten Michael Wright. »Kommen Sie in unsere Kirche«, sagten sie, »da können Sie ihn treffen.« Ich versprach ihnen, darüber nachzudenken. Als ich ging, lächelte ich und dachte: *Vielleicht solltest du die noch mal besuchen.* Aber jetzt war es erst einmal Zeit, in den Club zu Kevin zu gehen.

Ich schaffte es nicht in die Kirche. Ein paar Tage später ging ich nichtsahnend die Straße entlang, als ein Polizeiwagen neben mir anhielt. Zwei Polizisten stiegen aus und hielten mir ihre Dienstausweise unter die Nase. »Steigen Sie ein«, sagte der eine.

Ich antwortete mit einem Fluch. »Mir können Sie nichts anhaben.« Ich zeigte ihm meinen Diplomatenausweis.

Er zog eine Pistole hervor. Ich sah sie an und begann zu lachen. Es war ein uraltes Ding, mit dem man wahrscheinlich gar nicht mehr schießen konnte. »Schön, wenn Sie das glücklich macht, fahr' ich mit«, kicherte ich. Ich beschloß, das Spiel mitzumachen; ich hatte an dem Nachmittag sowieso nichts vor.

Kaum waren wir in dem Polizeirevier, zählte mein Diplomatenstatus nichts mehr. Man schloß mich in eine kerkerähnliche Zelle ein. Ich verlangte, mit der Britischen Botschaft sprechen zu können; die Beamten überhörten es. Ich hörte nichts bis zehn Uhr abends, als mehrere uniformierte Polizisten in meine Zelle kamen. Sie legten mir Handschellen an und führten mich nach oben in ein Verhörzimmer. Na, bitte. Jetzt würden sie mir irgendeine Litanei vorlesen und mich gegen Kaution freilassen, worauf ich machen würde, daß ich aus dem Land käme. Ich machte mir mittlerweile Sorgen, daß sie, wenn sie genug Zeit hatten, etwas finden würden, das sie mir zur Last legen konnten.

Auf dem Schreibtisch war ein großer Aktenstapel. Der Beamte hinter dem Tisch öffnete mehrere Akten und begann, mir Fragen zu stellen. Jede Akte stand für ein Hotelzimmer, das ausgeraubt worden war. Ich gab zu, die ersten Fälle zu kennen, doch es gab viele andere Akten und Details, von denen ich nichts wußte. Als ich angab, mit diesen nichts zu tun zu haben, wurde der Verhörleiter ärgerlich. Er wollte ein umfassendes Geständnis, das den ganzen Aktenstapel abdecken würde. Aber ich war nicht bereit, Verbrechen zuzugeben, die ich gar nicht begangen hatte. Der Verhörleiter ließ nicht nach. An seinen Augenbrauen und um seinen schmutzigen Schnurrbart bildeten sich Schweißtropfen. Das Verhör wurde hitzig, und ich wußte: Der Mann versuchte, mir ein Bein zu stellen. Es wäre sicherer, wenn ich nicht zu viel sagte. »Ich sage erst dann wieder etwas, wenn ich die Botschaft angerufen habe«, erklärte ich ihm.

Er rieb sich grinsend über seinen Schweißnacken.

»Ich verlange, mit jemandem aus der Botschaft sprechen zu können.«

Der Beamte hob seinen rechten Arm und schlug mir mit der offenen Hand ins Gesicht. »Du hast nichts von mir zu verlangen! Mit so welchen wie dir gibt die Botschaft sich nicht ab. Du bist jetzt in meinem Land und hast ein großes Problem!«

Die nackte Wut packte mich. Ich schmeckte das Blut meiner aufgeplatzten Lippe. »Du Hurensohn!« zischte ich. So etwas würde ich mir nicht bieten lassen! Meine Fäuste schnellten gegen sein Gesicht, daß die Handschellen mir ins Fleisch bissen und er in hohem Bogen durch den Raum flog. Die übrigen Männer stürzten sich sofort auf mich, schlugen, stießen und traten mich. Ich stählte mich gegen die Schläge.

Zurück in meiner Zelle dachte ich über meine Lage nach. Vielleicht hatte ich wirklich ein Problem. Aber Amin würde doch sicher von meiner Verhaftung hören und mich hier herausholen? Aber es kam niemand zu mir, bis um zehn Uhr des folgenden Abends. Die gleichen Polizisten holten mich ab. Diesmal legten sie mir Hand- und Fußschellen an. Ich weigerte mich, auszusagen, und wurde wieder zusammengeschlagen.

Das wiederholte sich mehrere Tage lang, und jedes Mal wurden die Schläge brutaler. Es schien eine Art Sport für die Polizisten geworden zu sein, deren Zahl größer wurde. Sie schlugen nicht nur mich. Ich hörte Unterhaltungen zwischen anderen Untersuchungsgefangenen mit. Es schien, daß einige von ihnen systematisch gefoltert wurden. Der Verhörleiter bei mir war immer derselbe verschwitzte Beamte, der versuchte, mir Dinge unterzuschieben, die ich nicht begangen hatte. An einem Abend bellte er seinen Untergebenen einen Befehl zu, worauf sie mir die Schuhe auszogen und meine Füße unter der Rückenlehne eines Stuhles durchschoben. Einer der Polizisten setzte sich auf meine Beine, und der Verhörleiter grinste mich sadistisch an. Ganz langsam hob er seinen Gummiknüppel, dann ließ er ihn mit voller Kraft gegen meine Fußsohlen knallen. Der Schmerz schoß in feurigen Wellen durch meine Beine und in den Rücken hinein. Die sogenannte Bastonnade war längst international geächtet und verboten, aber das bedeutete für diese Männer nichts. Der Verhörleiter hob den Knüppel erneut. Ich versuchte, meine Füße zurückzuziehen, aber da kam schon der nächste Schlag. *Gebt mir eine Chance, und ich töte euch alle!* dachte ich. Die Bastonnade ging weiter, bis ich vor Schmerzen schwach wurde. Schließlich zogen sie den Stuhl unter mir weg, daß meine brennenden Füße auf den Steinfußboden schlugen. Dann kam eine letzte Schmerzexplosion, als sie meine Füße in Eiswasser tauchten, um allzu sichtbare Prellungen zu verhindern. Nach sieben Folterabenden dieser Art konnte ich kaum noch laufen.

Was brachte mein Kämpfen mir? Ich war an Händen und Füßen gefesselt, und acht und mehr Männer gleichzeitig vergnügten sich mit meiner Foltershow. Was würde ihnen als nächstes einfallen? Ich erfuhr es bald. Sie setzten mir einen Sturzhelm auf und stießen mich wie einen Rammbock gegen die metallenen Aktenschränke. In meinen Augen explodierten grelle Blitze, dann wurde ich ohnmächtig. Ich verfluchte sie, als sie mich zu Boden fallen ließen, ihre Gesichter diabolisch grinsend. Als ich aufstehen wollte, gaben sie mir einen Knüppelschlag zwischen die Beine. Mein ganzer Körper schrie.

Inzwischen war es mir egal, ob ich lebte oder starb, und ich fing an, meine Folterer absichtlich zu reizen. Einer trat mit einem laufenden elektrischen Mixgerät zu mir und bellte: »Her mit deiner Hand!« Ich zischte: »Warum nimmst du nicht gleich mein Gesicht, du Bastard?« Die Männer waren begeistert, aber der Verhörleiter hatte genug. »Es reicht, Anthony!« schrie er und schüttelte eine Kugel aus dem Lauf seiner uralten Pistole. »Guck dir das hier an, das ist deine!« Er knallte mir die Kugel ins Gesicht, dann lud er sie wieder in die Waffe. Die Männer schwiegen augenblicklich. Mir war alles egal. »Mach's doch, wenn du dich traust!«

Sollten sie mich ruhig erschießen. Seit ich Aiya verloren hatte, war mein Leben ein sinnloser Sumpf des Elends, und die Kugel wäre nur eine Erlösung. Ich würde diesem Kerl nicht die Genugtuung gönnen, zu zittern. Ich bohrte meine Augen in die seinen. Ich würde es mitspielen, sein kleines Russisches-Roulette-Spiel. Der Beamte zögerte, wartete darauf, daß ich um mein Leben weinen würde. Der Raum wurde totenstill. Der Schweiß strömte über das Gesicht des Verhörleiters. Er mußte die Pistole mit beiden Händen halten, weil er vor Wut zitterte. Ich wußte genau, wo die Kugel war.

»Komm, du griechischer Bastard! Ich spiel' mit!« zischte ich. Mit einem Wasserfall von Flüchen rammte er mir den Lauf der Pistole in den Mund, daß mein Rachen blutete. Ein scharfes »Klick«. Ich zuckte nicht mit den Wimpern. Er schmiß die Pistole auf den Boden und stürmte aus dem Raum.

Ich mußte hier raus! Als am nächsten Morgen der Beamte mit dem Frühstück kam, hatte ich meine Hände an den uralten Handschellen so blutig gekratzt, daß das Blut tropfte. Der Mann sah es und sein Gesicht wurde weiß. »Ich hab's Ihnen doch gesagt, die schlagen mich«, sagte ich. »Sie müssen mir helfen, ich brauch' einen Arzt.« Er war ein anständiger Mann, nicht einer der Folterer. Meine Blessuren überzeugten ihn. Eine Stunde später fuhren zwei uniformierte Beamte mich in ein Krankenhaus.

Im Krankenhaus nahm man mir die Handschellen ab und behandelte meine Verletzungen. Die Verbände, die man mir um die Hände legte, waren so dick, daß keine Handschellen mehr darum paßten. Mein Plan funktionierte. Fast taten die beiden Beamten mir leid, als sie mich, jeder einen meiner Arme gepackt, zurück auf die Straße führten. Ein Augenblick, und ich hatte mich ihrem Griff entwunden. »Halt, oder ich schieße!« Während die Polizisten noch nach ihren Waffen langten, sauste ich im Kobra-Stil im Zickzack über die Straße. Sie schossen nicht.

Bald hörte ich Polizeisirenen. Es war ruhig in dieser Ecke von Limassol, und auf den Straßen waren wenig Leute unterwegs. Ich ging auf Nummer Sicher und richtete mich auf einem Häuserdach ein, wo ich die Nacht abwartete. Unter mir gingen bewaffnete Polizisten von Haus zu Haus, um mich zu suchen. Ich begann in meinem Versteck über die letzten Monate nachzudenken, und eine große Traurigkeit überwältigte mich. Was war aus mir geworden? Was hatte ich getan? Ein merkwürdiger Hunger erfüllte meine Seele, doch der Haß, die Lust am Schlagen, am Zerstören, am Blut, sie war noch da. Ich drückte meine Fäuste in meine Augenhöhlen, um die Folter meiner Gedanken zu betäuben, und fiel in einen leichten und unruhigen Schlaf.

Kurz vor der Morgendämmerung schlich ich mich zurück in meine Wohnung.

Ich hielt den Telefonhörer dicht an mein Ohr und lauschte auf das vertraute Londoner Rufsignal. *Los, Leute, wo seid ihr?* Es war acht Uhr morgens, und meine Eltern gingen nie vor Mittag aus dem Haus. Mehrere Minuten vergingen. Ich legte schließlich auf und saß da, den Kopf in den Händen, und versuchte zu denken. Die Polizei würde mich bald wieder aufgespürt haben. Ich mußte mit meinen Eltern reden! Warum gingen sie nicht ans Telefon?

Zwei Stunden lang versuchte ich es immer wieder. Dann rief ich die Nachbarn an. »Mrs. Downing, hier Tony Anthony. Entschuldigen Sie die Störung.«

Eine kurze Pause, dann erkannte die Nachbarin meiner Eltern meine Stimme. »Ach, Tony aus Zypern! Wie geht's?«

»Ich versuche gerade, meine Eltern zu erreichen, aber sie nehmen nicht ab. Wissen Sie, wo sie sind?« Eine weitere Pause. »Mrs. Downing?«

»Tony, die sind ausgezogen.«

»Ausgezogen?«

»Ja, vor ein paar Tagen. Ich dachte, du weißt das. Ich habe noch den Zweitschlüssel. Sie haben ein paar Sachen von dir in der Wohnung gelassen, aber ansonsten ist sie leer.«

Ich hatte ein Gefühl, als ob jemand mich in den Bauch getreten hatte. »Wo sind sie hin?«

»Das tut mir leid, Tony …«

»Haben Sie keine Adresse? Sie müssen Ihnen doch was gesagt haben.«

»Nein. Sie haben sich noch nicht mal verabschiedet. Auf einmal kam ein Möbelwagen, und weg waren sie.«

Ich legte auf und schluckte heftig. Die Wut packte mich wie eine Eisenfaust. Ich knallte meine eigenen Fäuste dreimal in die Wand, um nicht wahnsinnig zu werden. Was hatte ich nicht alles für sie getan – und jetzt das …

In den nächsten Stunden war mir, als ob ich in einem Meer der Einsamkeit am Ertrinken war. Daß meine Eltern mich zum zweiten Mal verlassen hatten, zeigte mir das ganze Elend meines Lebens. Die Jahre der wortlosen Ablehnung, der Schmerz über den Verlust Aiyas, alles kochte in meinem Blut. Mir war, als ob ich gleich erstikken müßte. Ich zündete mir eine Zigarette nach der anderen an. Zwischendrin schlug ich mit den Fäusten auf die Möbel ein und verfluchte meine verdammten Eltern und mein verdammtes Leben.

Die Türklingel riß mich aus meinem Toben.

Kapitel 9

Ohne nachzudenken öffnete ich – und blickte in den Lauf einer Pistole. »Keine Bewegung!«

Ich erkannte ihn sofort, den freundlichen Polizisten, der mir am vergangen Tag geholfen hatte, ärztliche Hilfe zu bekommen. »Warum bist du geflüchtet, Tony?« fragte er. Er schien allein zu sein. Offenbar hatte die Polizei nicht damit gerechnet, daß ich in meiner Wohnung sein könnte.

Ich hätte ihn leicht überwältigen können, aber ich sah ihn nur müde an. »Das hab ich doch schon gesagt. Sie schlagen mich.«

»Du weißt, daß ich dich jetzt zurückbringen muß.« Seine Stimme war fast weich, und er hielt mir die Handschellen wie eine höfliche Geste hin. »Wenn du losrennst, schieße ich.«

Ich hielt ihm resigniert meine Hände hin. Ich war hundemüde. »Bitte sorgen Sie dafür, daß ich nicht mehr geschlagen werde und daß ich mit jemand aus der Botschaft reden kann.«

»Ich werde sehen, was sich machen läßt«, sagte er, als er mich hinunter zu seinem Auto führte.

Ich erfuhr später, daß er sein Versprechen gehalten hatte. Es dauerte nicht lange, und mehrere der Oberschläger verloren ihren Job. Doch an diesem ersten Abend bekam ich noch die übliche 22-Uhr-Behandlung. Der Verhörleiter kam wie ein Hahn hereinstolziert und sagte: »So, Mr. Anthony, Sie sind wieder da. Keine Sorge, wir werden uns gut um Sie kümmern.« Sein Handrücken peitschte über mein Gesicht. »Sie haben uns sicher was zu erzählen, oder?« Ich starrte zu Boden und schwieg. Die Schläge begannen. Diesmal gab es keine Bastonnade, aber sie schlugen und traten mich und zogen mich an den Haaren durch den Raum. Als sie fertig waren, setzten sie mich grob auf einen Stuhl und boten mir eine Zigarette an. Ich wandte mich ab. »Komm, komm, ich bin ein netter Mensch«, tönte der Verhörleiter, die Silben schleimig in die Länge ziehend. Er zündete eine Zigarette an und stieß sie mir zwischen die Lippen. Ich spuckte sie aus. Sie schlugen mich wieder.

Schließlich beschloß ich, es aufzugeben. Es hatte weniger etwas mit der Folter zu tun, ich war einfach müde und mochte nicht mehr. Ich mußte immer wieder an meine Eltern denken und wie sie mich verlassen hatten. Ich haßte sie mehr als je zuvor.

Ich bekannte meine sämtlichen Diebstähle und noch einiges andere, das ich nicht getan hatte, dazu.

Ein paar Tage später kam ein Mann aus der Britischen Botschaft. Er war ein perfekter Engländer in Anzug und mit Designer-Sonnenbrille. »Warum kommen Sie erst jetzt?« fragte ich ihn ärgerlich.

Er bot mir eine Marlborough an. »Man hatte uns gesagt, Sie wünschen keinen Besuch.«

Ich zündete mir mit zitternden Händen die Zigarette an. »Was soll das heißen? Seit dem Tag, als sie mich hier eingesperrt haben, habe ich verlangt, Sie zu sprechen.«

»Wir haben von Ihrer Verhaftung erfahren, aber die Polizei sagte uns, daß Sie jede Hilfe ablehnten. Uns waren die Hände gebunden.«

Ich traute meinen Ohren nicht. »Es tut mir leid«, fuhr er fort. »Wir haben erst gestern einen Anruf von jemandem bekommen, der sagte, daß Sie jetzt vielleicht bereit zu einem Gespräch sind.«

Ich berichtete ihm, wie ich behandelt worden war. Er zog den Knoten seiner Seidenkrawatte zurecht und rutschte unruhig auf seinem Stuhl hin und her. »Ich verspreche Ihnen, daß wir unser Bestes für Sie tun werden. Aber Sie haben ernste Straftaten begangen, die Griechen sind nicht gut auf Sie zu sprechen.« Wir saßen ein paar Augenblicke schweigend da, dann fuhr er fort: »Vielleicht können wir Ihnen einen Anwalt besorgen, aber garantieren kann ich das nicht. Wenn es gut geht, findet Ihre Gerichtsverhandlung in den nächsten drei Tagen statt.«

Man führte mich zurück in eine der Zellen. Als der Beamte die Tür zu ihr öffnete, kam eine Stimme von innen: »Guten Tag, mein

Freund.« Nanu, da sprach wieder jemand englisch. Ein Nigerianer mittleren Alters legte das Buch beseite, das er gerade las, stand auf und schüttelte mir die Hand. Mir war nicht nach Höflichkeiten zumute, aber ich war erleichtert, jedenfalls nicht mit einem Verrückten in einer Zelle zu sein, und ließ die Konversation meines Mithäftlings über mich ergehen. Mit der Zeit wurde er mir richtig sympathisch. Er hatte offenbar keine Verbrechen begangen, sondern es gab lediglich Probleme mit seinem Visum und man hatte ihm so lange eine Zelle angewiesen. Es schien ihm keine Angst zu machen, mit jemandem wie mir zusammenzusein. Erstaunlich.

Er hielt mir sein Buch hin. »Bruder, das solltest du auch mal lesen.« Ich las den Titel: *Through Gates of Splendour* (»Das Tor der Herrlichkeit«).

»Was für ein Buch ist das?« fragte ich gelangweilt.

»Es ist ein Zeugnis der wunderbaren Liebe des Herrn Jesus«, antwortete er. Ich blätterte höflich in dem Buch, während er weiterredete. Seine Worte erinnerten mich an die Christen, die ich in Limassol kennengelernt hatte – Martin und seine Gruppe.

Nach einigen Stunden kamen die Wärter wieder, um meinen Zellengenossen freizulassen. »Wir müssen in Kontakt bleiben«, grinste er. »Besuch mich mal in Lagos.« Er schrieb seinen Namen und seine Adresse in das Buch, gab es mir und hielt mir seine Hand hin. »Gott segne dich, Tony Anthony.« Und er ging.

Bis dahin war mir die Zelle merkwürdig friedlich vorgekommen; das Gerede des Nigerianers hatte beruhigend auf mich gewirkt. Aber als die Nacht voranschritt, kam die Wut und die Panik mit voller Wucht zurück. So sehr ich meine Eltern auch haßte, ich wollte, ich mußte sie finden! Die Wände der Zelle schienen immer näher zu kommen, ich hatte das Gefühl, in meiner eigenen Haut zu ersticken. Ich schlug gegen das Gitter und schrie: »Laßt mich raus!« Ich warf mich gegen die Wände, bis ich erschöpft niedersank.

Der Fußboden war feucht und schmutzig, und mein Schweiß bildete kleine Pfützen in dem Staub. Dann sah ich unter der hölzernen Bank etwas liegen. Eine alte, zerknüllte Coladose. Heftig zitternd und schwitzend, riß ich den Öffnungsring ab und begann, mir meine Handgelenke aufzuschneiden. Fluchend und schreiend kratzte ich an meiner Haut. Jetzt sterben, nichts als sterben. Der

Ring bog sich und zerbrach. Mit dem kleineren Stück versuchte ich, die Hauptarterien zu öffnen. Umsonst. Ich war ein totaler Versager. Meine Handgelenke bluteten, aber zu einer tödlichen Wunde reichte es nicht. Schließlich zog ich die Knie an meine Brust und schlief so ein.

Ein großer alter Deckenventilator schob lauwarme Luft durch den muffigen Gerichtssaal. Die Botschaft hatte mir so etwas wie einen Anwalt besorgt, aber leider keinen Übersetzer. Ich versuchte vergeblich, dem raschen griechischen Redeschwall der Akteure zu folgen. Ich fühlte mich hilflos, und die Wut und der Haß, die seit Aiyas Tod meine Seele vergifteten, hatten mich erschöpft. Ich bekam drei Jahre Gefängnis. Es war mir egal, ich war zu elend und zu müde. Eine Stunde später war ich auf dem Weg zum Zentralgefängnis von Nikosia, dem *Fylaki*, wie es im Volksmund hieß. Es war Heiligabend 1989.

Eine einsame Glühbirne warf ein grünliches Licht auf schmutzigweiß getünchte Wände. Zwei Gefängniswärter, beide mit Zigaretten im Mund, zogen mich durch den Registrierungsprozeß. Leibesvisitation, Foto, Fingerabdrücke. Meine paar persönlichen Habseligkeiten mußte ich abliefern. Dann reichten die Beamten mir eine grobe Decke, ein Stück Seife, Toilettenpapier, einen Rasierer und ein kleines Päckchen Rasierklingen und führten mich in die Tiefen des Gebäudes. Das Gefängnis war alt. Von den Wänden bröckelte der Putz, hier und da kam etwas Licht von der niedrigen Decke. Wir gingen eine schmale Treppe hinunter, und der Gestank, der mich empfing, war überwältigend. Ich spürte, wie die Panik mich wieder packen wollte. Ich grub die Reste meiner zerrissenen Fingernägel in meine Handballen und zwang mich, ruhig zu bleiben. Die Wärter raunten sich etwas zu und kicherten. Am Ende der Treppe öffnete sich ein langer Gang mit lauter Zellen, der am anderen Ende in einer schweren Eisentür endete. Schreie, Flüche und hysterisches Lachen echoten zwischen den Wänden und Gitterstäben. Die Wärter hielten vor einer der Zellentüren an und schlossen sie auf. Sie zeigten auf eine der Pritschen, während sie mir auf griechisch einen Schwall von Anweisungen gaben.

Der Raum stank nach abgestandenem Schweiß und Urin. Es gab sieben eiserne Stockbetten, die mit schweren Ketten am Fußboden befestigt waren. Auf einem der oberen Betten lagen zwei Männer ineinander verschlungen und grunzten und stöhnten. Unter ihnen war ein fiebrig aussehender Mann dabei, eine schmutzige Nadel in seinen über und über von Schorf bedeckten Arm zu stecken. Ein anderer schabte leise vor sich hinsummend und sich hin- und herwiegend mit einer Rasierklinge an seiner Haut herum, wieder ein anderer saß splitternackt in einer Urinpfütze und gackerte wie ein Huhn.

Es war wie in einem perversen Pornofilm, nein schlimmer: wie in einem Irrenhaus.

Die nackte Panik packte mich. Ich riß die von Flöhen wimmelnde Matratze von meiner Pritsche und warf sie den Wärtern ins Gesicht. Die Zelle explodierte. Die Insassen versuchten hektisch, sich in Sicherheit zu bringen, während ich wahllos um mich trat und schlug. Raus hier, nichts wie raus! Der eine Wärter zog hastig seinen Gummiknüppel aus dem Gürtel. Ich entwand ihn seinen Händen und schleuderte ihn zu dem vergitterten Fenster hin. Er traf einen der Männer, daß sein Blut an die Wand spritzte. Wie ein wildes Tier brüllend, sprang ich von Bett zu Bett, während die Männer schreiend und kreischend zur Seite sprangen.

Ein ganzer Trupp Wärter stürmte durch die Tür, mit Pistolen und Knüppeln. Sie rangen mich zu Boden und hielten mir ihre Waffen an die Schläfe. »*Fylakismenos* (Gefangener), *stamada! Stamada!* Stop!« Ich wehrte mich verbissen. Die Knüppelschläge trommelten wie ein Hagelschauer auf mich herab. Es gelang den Wärtern schließlich, mir die Arme hinter den Rücken zu zwingen und mit einem dicken Lederriemen festzubinden. Ich trat und wand mich immer noch, bis ein heftiger Schlag auf meinen Hinterkopf mich ins Land der Träume beförderte.

Wie durch einen Nebel nahm ich wahr, wie sie mich wegbrachten. Halb trugen, halb schleiften sie mich. Der Boden fühlte sich wie Kopfsteinpflaster an, und die Luft schien frischer zu sein. Wir waren draußen. Jeder Quadratzentimeter meines Körpers pochte vor Schmerz, und ich schloß die Augen gegen das grelle Sonnenlicht. Dann drehte sich alles, und ich wurde wieder bewußtlos.

Als ich aufwachte, lag ich in einem winzigen Betonraum ohne Fenster. Es war ein kaltes, finsteres Loch. In dem trüben Kerzenlicht sah ich Ratten und Kakerlaken, die durch stinkende Exkremente huschten. Ich lag auf einer schmalen Holzpritsche, auf der sich viele Vorgänger verewigt hatten. Der kalte Schweiß brach mir aus, als ich vorsichtig meine Wunden betastete. Ich schien nicht ernsthaft verletzt zu sein, aber mein Kopf pochte und jeder Muskel schmerzte. Es war totenstill. Die Angst würgte mich, ich kam mir wie ein Tier in einem Käfig vor. »Reiß dich zusammen, ganz ruhig«, sagte ich mir vor. Ich versuchte, zu meditieren, die Energie des Chi anzuzapfen, aber der Weg zur inneren Erleuchtung schien eine Million Lichtjahre entfernt zu sein. Innerer Friede – er schien so greifbar nahe gewesen zu sein, und jetzt war nichts mehr da, nur noch ein schwarzes Loch der Angst.

Ich versuchte, den anklopfenden Wahnsinn auf Abstand zu halten und an andere Szenen aus meinem Leben zu denken: die dicht bewaldeten Hänge des Hanshan Si, wo ich dem weißen Tiger nachgespürt hatte, die herrlichen Farben des Cassia- und Osmanthus-Waldes und der Duft, der im Sommer durch das Dorf schwebte, meine Skitouren in den Schweizer Alpen, die Straßen von Monaco, über die ich mit meinem Motorrad gebraust war, daß der Wind in mein sonnengebräuntes Gesicht peitschte, der See im Hyde Park in London …

Die Bilder strömten in meinen Kopf, aber jede schöne Szene wurde sofort vergiftet durch andere, häßliche: die ständigen Prügel meines Großvaters, meine Eltern, die mich verlassen hatten, Aiyas Autounfall …

Die Stunden krochen dahin. Die bröckelnden Wände schienen mich aufsaugen zu wollen wie ein böses Raubtier. Ich wußte nicht, wieviel Uhr es war oder wie lange ich schon hier lag. Ich zitterte vor Kälte und Angst.

Ein polterndes Geräusch ließ mich hochfahren. Es war ein Wärter mit einem Servierwagen. Er lächelte mich an, und ich merkte, wie sich tief in mir eine würgende Klammer löste. Ich verstand nicht viel von seinem Griechisch, aber ich war froh, daß er da war. »*Lamarina*«, rief er und reichte mir ein Metalltablett mit gekochten Eiern, Tomaten, trockenem Brot und heißem schwarzem Tee. Ich schaute das Essen mißtrauisch an. »Iß«, sagte er. »Ist gut für dich.

Bleib stark.« Ich nahm einen Bissen von dem Essen und versuchte, dem Mann mit einer Geste zu danken.

Die Tage vergingen, und ich lernte einige der Wärter kennen (man nannte sie *Varianos*, das türkische Wort für »Aufseher«), die in dem Block patroullierten. Sie schienen anständige Männer zu sein. Ich erfuhr, daß noch ein anderer Gefangener in Einzelhaft war. Er war Jude und zu seiner eigenen Sicherheit in einer Einzelzelle. Das Zentralgefängnis von Nikosia war ein Bienenkorb des Hasses und des politischen Wahnsinns. Die palästinensischen und arabischen Insassen hatten mehrfach versucht, den Juden zu ermorden. Manchmal, in der Stille der Nacht, bildete ich mir ein, ihn singen zu hören.

Ich verbrachte meine Zeit damit, die Wände anzustarren und meinen Körper mit etwas Tai Chi fit zu halten. Nach sieben Tagen holte man mich aus der Einzelzelle und führte mich über den mit Steinen gepflasterten Hof in ein schmuddeliges Büro im Hauptgebäude. Hinter einem Museumsstück von Schreibmaschine und einem Stapel Akten saß ein Beamter. Er schaute kaum hoch, als die *Varianos* mich hereinführten. »Antonio Anthony«, sagte einer meiner Begleiter. Der Mann an der Schreibmaschine seufzte auf und begann, in den Akten zu suchen. Ich schaute ihm schweigend zu. Die beiden *Varianos* machten es sich auf einem anderen Tisch bequem und zündeten sich ihre Zigaretten an. Sie unterhielten sich unbekümmert, als ob ich Luft war.

Einige Zeit verging. Dann öffnete sich plötzlich die Tür, und die *Varianos* sprangen auf und standen still. Ein großer, uniformierter Mann kam herein und bellte ihnen einen Befehl zu. Sie drückten hastig ihre Zigaretten aus. Gleich hinter dem Großen kam ein kleinerer, türkisch aussehender Mann, der zu dem Schreibtisch huschte und den Stuhl herauszog, damit sein Vorgesetzter sich setzen konnte. Als nächstes langte er in einen Beutel und holte eine große Zigarre und eine Schachtel Streichhölzer hervor. Er legte sie mit großem Zeremoniell auf den Schreibtisch und huschte zurück, in die eine Ecke des Raumes, wo er wie ein verschrecktes Kaninchen stehenblieb.

Die drei Streifen auf dem Ärmel seiner Jacke und seine ganze Ausstrahlung zeigten mir, daß dieser Beamte eine hohe Position innehatte. Später erfuhr ich, daß er einer der Handvoll *Chowishis* war, die je mehrere Blöcke des riesigen Gefängnisses unter sich hatten.

Der *Chowishi* ignorierte den auf ihn wartenden Stuhl. Stattdessen umkreiste er mich wie ein gefangener Tiger, bis er vor mir stehenblieb, so nah, daß ich den Knoblauch und den Alkohol in seinem Atem roch. Er musterte mich kalt, aus tiefbraunen Habichtaugen. Dann sagte er etwas zu dem Kaninchenmann, der prompt die Absätze zusammenknallte und sich von dem Schreiber eine Akte geben ließ, die er seinem Vorgesetzten reichte.

Der überflog die Akte und sagte, in gebrochenem Englisch: »So, so, Mr. Anthony. Ich habe viel von Ihnen gehört.« Ich wußte nicht, ob ich ihm antworten sollte, und schwieg.

»Sie sind jetzt ruhiger, ja?«

Ich nickte.

»Sie kommen in den B-Flügel. Wenn Sie wieder Ärger machen, kommen Sie wieder in Einzelhaft. Verstanden?«

Ich nickte wieder. Der Beamte gab den *Varianos* ein Handzeichen, und sie führten mich aus dem Raum.

Der B-Flügel war nicht anders als der Block, in den man mich am ersten Tag gebracht hatte: ein langer Betonkorridor mit Gittern an beiden Enden und lauter Zellen. Diesmal gab man mir eine kleine Einzelzelle; offenbar fand die Gefängnisleitung, daß dies sicherer war für jemanden, der in seiner ersten Zelle dreizehn Männer verprügelt hatte. Die Zelle war ein dreckiges Loch, aber ich war dankbar, sie mit niemand teilen zu müssen.

Tagsüber waren die Zellentüren nicht verschlossen, so daß die Gefangenen in den Flur gehen konnten. Manche machten Basteleien, mit Materialien, um die sie die Wärter bestochen hatten. Ich lernte rasch, daß bei Insassen wie Wärtern alles einen Preis hatte, der in Form von Zigaretten, Drogen und sonstigem sowie zwielichtigen Gefälligkeiten bezahlt wurde. Die meisten Gefangenen waren Griechen und Araber, aber es gab auch ein paar Juden, Deutsche, Italiener, einen Franzosen, einen Mann aus Sri Lanka und einen englischen Soldaten namens Andy, der aus Halifax kam. Ich hatte vor, mich für mich zu halten, aber schon bald war ich dankbar für Andys Witzeleien. Er hatte sich mit Scheckbetrügereien zwei Jahre eingehandelt. In Nikosia bekamen Ausländer oft relativ harte Strafen verpaßt. Andy war ein fröhlicher Typ, der sich sauber und fit hielt.

Er zählte mir auf, wer alles in den verschiedenen Zellen saß. »Mörder, Mörder, Dieb, Terrorist, Pädophiler, Terrorist, Dieb, Brandstifter … Die sind eigentlich alle okay. Aber bei den Verrückten, da mußt du aufpassen.«

»Verrückte?«

»Jawohl, Kumpel. Die psychisch kranken Straftäter. Die haben ihre eigenen Gesetze. Denen fehlt's da oben.« Er klopfte sich an seinen Kopf. »Unberechenbar. Du weißt nie, wann sie ihr Messerchen ziehen.«

Andys Warnung machte mir keine Angst. Ich wußte, wie ich mich wehren konnte. Was mir mehr Sorge machte, war der Zustand mancher der Insassen. Einige versuchten, sich an Geist und Körper fit zu halten, aber viele waren wenig mehr als Zigaretten rauchende lebendige Leichen. Ich mußte an die erste Zelle mit den vielen Etagenbetten denken. Andy bot mir eine ranzig aussehende Zigarette an. Ich zögerte, dann nahm ich sie. Ich sehnte mich nach einer meiner französischen Gitanes, aber diese hier mußte es wohl tun. Andy fuhr fort mit seinem Vortrag. »Das ist hier kein Gefängnis wie zu Hause, Kumpel. Glaube mir, ich kenn' mich da aus. Hier ist es egal, ob du ein kleiner Taschendieb bist, ein Terrorist oder ein Verrückter, der pausenlos Leute umbringen muß. Hier ist jeder sich selbst der Nächste, du mußt ständig auf der Hut sein.«

»Mir wird schon nichts passieren«, versicherte ich ihm.

»Ja. Wenn du dich an die Regeln hältst.«

Ich fragte ihn nicht, was für Regeln das waren und wer sie machte, aber ich hatte so meinen Verdacht, und ich fand bald heraus, daß er stimmte.

Jeder Flügel hatte einen *Papas* (manchmal auch *Mamas* genannt). Ich war ganze zwei Tage in meinem Block, als ich Besuch von unserem *Papas* bekam. Der *Papas* war ein Insasse, der über die anderen Gefangenen herrschte und seine »Gesetze« durchsetzte. Mit Ausnahme der Geisteskranken, die sich ihr eigenes Gesetz waren, »gehörte« jeder Gefangene einem *Papas*, mit allem, was er hatte: seinem Besitz, seinem Geld, seinem Körper. Die *Varianos* duldeten, ja respektieren das Papas-System; es sorgte für so etwas wie Ordnung, und welchen Preis diese Ordnung hatte, war ihnen egal. Der berüchtigtste und härteste *Papas* im ganzen Gefängnis war der des B-Flügels

»Hallo, Engländer«, begrüßte er mich, als er unvermittelt in meine Zelle hereinstolzierte, vier oder fünf seiner Günstlinge im Schlepptau, die sich an der Tür postierten. Ich erhob mich von meiner Pritsche. Der Kerl war ein Hüne von einem Griechen, glattrasiert, mit einem Bulldoggengesicht und Schweinsaugen. »Willkommen in meinem Heim«, sagte er auf englisch, während er seine Pranke auf meinen Rücken legte. Ich merkte gleich, was er vorhatte. »Du bist Engländer«, fuhr er fort. »Ich mag Engländer. Du wirst mein Freund sein.« Seine Hand rutschte tiefer, zu meinem Gesäß hin.

Im nächsten Augenblick flog mein Ellbogen in seine Kehle. Er stürzte zu Boden, die Günstlinge flohen. Aus allen Richtungen kamen *Varianos* herbeigerannt. Sie trugen den nach Luft ringenden *Papas* in den Krankenhausflügel. Ich hatte ihm wohl die Luftröhre zerschmettert. Der *Papas* ward nicht mehr gesehen in unserem Block. Mich schlossen die Wärter für den Rest des Tages in meine Zelle ein. Ich wartete auf weitere Maßnahmen, aber es kamen keine. Dafür merkte ich, daß sich die Kunde von dem Neuen, der den *Papas* niedergestreckt hatte, wie ein Lauffeuer verbreitet hatte. Sie verschaffte mir augenblicklich eine Achtung, die mir mehr als einmal ein großer Schutz sein sollte.

Für die meisten Gefangenen war jeder Tag ein Kampf ums Überleben, aber mich belästigte niemand, bis auf die Verrückten, die es nicht anders wußten. Ich mußte ständig auf der Hut vor ihnen sein. Die berüchtigtsten waren Akalias und der, den sie »Alcaponey« nannten. Alcaponey war ein Monster von einem Mann, der nur so zum Spaß andere Insassen vergewaltigte oder ihnen Stich-, Brand- und andere Verletzungen zufügte. Akalias war kleiner, aber nicht weniger furchteinflößend. Er hatte etwas Teuflisches an sich. Er war gerissen und berechnend und verstand es, den Wärtern um den Bart zu gehen, obwohl alle wußten, daß er zu allem fähig war. Er war ein zorniger, eifersüchtiger Mann.

»Wie ist er so geworden?« fragte ich Andy eines Tages.

»Es heißt, daß er seine Frau mit einem anderen Mann im Bett gefunden hat.«

»So was passiert.«

»Ja, aber nicht jeder Mann zerstückelt die beiden anschließend buchstäblich. Es heißt, daß er einige der Leichenteile monatelang in seiner Kühltruhe aufbewahrte.«

»Igitt!«

»Geh ihm aus dem Weg, Mann. Falls er dich läßt.«

Anders als Alcaponey hatte Akalias Phasen, in denen er einigermaßen normal erschien. Sein Lieblingsspiel war Schach. Oft zwang er andere Insassen zu einer Partie, um den Rausch des Sieges zu genießen. Niemand wagte es, ihn zu schlagen. Mein Großvater hatte mir das Schachspiel beigebracht, und in den letzten Jahren hatte ich viele Stunden mit meinem Vater gespielt, der ein recht starker Schachspieler war. Akalias war ein guter Gegner, und ich genoß die Herausforderung. Manchmal war ich sicher, daß ich ihn schlagen konnte, aber bevor ich dieses Risiko einging, mußte ich sorgfältig prüfen, in was für einer Stimmung er war. Einmal hatte ein Amerikaner gegen ihn gewonnen, worauf er dem Mann heißes Öl ins Gesicht geschüttet hatte.

Nach mehreren Wochen bekam ich einen Job in der Essensausteilung; ich mußte mit dem Servierwagen (dem *Lamarina*) in den Krankenhausblock und den Einzelhaftblock fahren. Das brachte mir Zigaretten ein und das Privileg, hin und wieder den B-Flügel zu verlassen. Eines Tages hörte ich, als ich den Einzelhaftblock betrat, Stimmen, die lachten und sich unterhielten. Die *Varianos* winkten mich zu den Zellen hin, in die Richtung der Stimmen. Ich schaute in die erste Zelle und sah drei Männer – zwei Palästinenser und einen blonden Europäer. »*Lamarina*«, rief ich. »Essenszeit.«

»He, bist du englisch?« fragte der Blonde und sprang auf.

»Ja«, lächelte ich. Seinem Akzent nach konnte der Mann aus der Gegend um Newcastle upon Tyne (Nordostengland) stammen.

»Ian Davidson«, sagte er und streckte mir durch das Gitter die Hand hin.

»Tony«, sagte ich, seinen festen Händedruck erwidernd. Der Name kam mir bekannt vor. Als ob er meine Gedanken lesen konnte, fuhr der Mann fort: »Ja, *der* Ian Davidson. Hab jahrelang der Boulevardpresse Schlagzeilen verpaßt.«

»PLO?«

»Stimmt genau, Kumpel. Und dies hier sind meine Waffenbrüder Elias und Mahmood.« Die Palästinenser nickten mir zu.

»War das nicht 'ne Schießerei?« fragte ich.

»Ja.« Ian grinste. »Aber glaub kein Wort von dem, was in der Zeitung steht. Die Zeitungen behaupten, ich hätte harmlose Touristen erschossen, aber wir hatten sie seit Jahren im Visier, es waren alles Mossad-Agenten. Die Frau war für ihre Autobomben berüchtigt.«

Ich erinnerte mich an die Geschichte. Ian war aus South Shields und hatte sich der PLO angeschlossen – wie die Zeitungen meinten, aus Abenteuerlust und Langeweile. Er und seine Komplizen waren im Jahre 1985 verhaftet worden. Sie waren nach Zypern gekommen, um im Auftrag der PLO im Jachthafen von Larnaka zwei israelische Männer und eine Frau zu liquidieren. Die Polizei bekam Wind davon, und die drei Männer fanden sich umzingelt. Sie wußten, daß sie nicht entkommen konnten, aber wenn sie die Israelis trotzdem liquidierten, würden sie als Helden ins Gefängnis kommen. So waren sie zu ihrer lebenslänglichen Haftstrafe gekommen.

Da die Männer zu ihrem eigenen Schutz in der Einzelhaft saßen, waren die Wärter besonders milde zu ihnen. Sie durften miteinander reden, Karten spielen, Bücher lesen und einige andere Privilegien genießen. Die Wärter hatten ihnen sogar Samen besorgt, damit sie in dem winzigen Hof Blumen ziehen konnten – kein kleines Vorrecht in einem Höllenloch wie dem Zentralgefängnis von Nikosia.

Ian war hochintelligent. Er war während einer Amerikareise in den 1970er Jahren ein Sympathisant der Palästinenser geworden. Ich konnte nicht anders, ich mußte ihn und seine Freunde bewundern. Sie waren scharfsinnig, tiefgründig, manchmal überraschend sanft und jederzeit bereit, für ihre Sache zu sterben. Ian hatte auch einen makabren Sinn für Humor. Bald freute ich mich richtig auf die zwanzig Minuten, die ich täglich mit dem *Lamarina* bei den dreien verbrachte. Die *Varianos* ließen uns meistens in Ruhe.

Eines Tages sagte Ian mir: »Ich hab gehört, daß wir vielleicht in ein paar Tagen hier rauskommen. Die Oberen glauben offenbar, daß die politische Lage sich entspannt hat, und da wollen sie uns in den Hauptblock verlegen.«

»Meinst du nicht, daß es da Ärger geben könnte?«

»Auf meinen Kopf wird für den Rest meines Lebens 'ne Belohnung stehen, aber hier – ich weiß nicht. Ganz ausschließen kann man's nie, daß der Mossad hier drinnen seine Leute hat.«

»Verrückte sind hier jedenfalls genug«, lachte ich.

»Ja. Aber unsere Leute sind ja auch noch da.«

Nach ein paar Tagen wurde Ian tatsächlich in den B-Flügel verlegt. In den folgenden Monaten wurden wir gute Freunde. Ich blieb noch in Kontakt mit ihm, als er Jahre später freigelassen wurde. Daß die Freundschaft mit ihm und einigen anderen Terroristen eine gefährliche Freundschaft sein könnte, daran dachte ich damals nicht.

Kapitel 10

Ein anderer Mithäftling, mit dem ich schon bald warm wurde, war Nikos Samson. Sein Englisch war gut, und er hatte das Benehmen eines gebildeten Mannes. Auch er war gewissermaßen etwas Besonderes unter den übrigen Insassen, und ich genoß seine Gesellschaft. Die Sympathie war gegenseitig. Mit Nikos Samson konnte ich über Politik und Tagesthemen reden, und er war ein geradezu bösartig guter Backgammon-Spieler. Als Mitglied der Terrorgruppe EOKA war er ein leidenschaftlicher Kämpfer für ein vereinigtes Zypern unter griechischer Herrschaft. Es hieß, daß er hinter dem Staatsstreich gestanden hatte, der 1974 den Präsidenten von Zypern für kurze Zeit entmachtete. Viele der Gefangenen und der Wärter nannten ihn immer noch »Herr Acht-Tage-Präsident«. In den 1950er und 60er Jahren hatte er die britische Armee und Polizei das Fürchten gelehrt. Nach vielen Jahren im französischen Exil hatte der mittlerweile 70jährige in sein geliebtes Zypern zurückkehren wollen; sie hatten ihn verhaftet, als er in Larnaka aus dem Flugzeug stieg.

Die Griechen behandelten Samson wie einen heimgekehrten Kriegshelden. Selbst im Gefängnis mangelte es ihm an nichts. Als sein Freund konnte ich hin und wieder dem Elend des Hauptblocks entrinnen, indem ich den relativen Luxus seiner Zelle genoß. Ihre Wände waren mit Gemälden und Kunstwerken geschmückt, und es gab einen Fernseher, ein Radio und mehrere Sessel. Kaum zu glauben, daß dieser Raum im gleichen Gefängnis lag wie mein Loch von einer Zelle. Samson konnte seinen Besuchern Schokolade und Obst anbieten, manchmal sogar Brandy. Mir besorgte er regelmäßig meine geliebten Gitanes-Zigaretten.

Aber ich war vorsichtig. Man läßt sich in einer solchen Situation nur zu leicht von dem anderen »kaufen«. Ich achtete darauf, meine Zigaretten mit meinen Zeichnungen und Gemälden zu bezahlen. Meine Einnahmequelle im Gefängnis waren Porträtgemälde, die ich nach den Fotos der Kunden anfertigte, sowie kalligraphisch gestaltete Namensschilder. Samson sorgte dafür, daß es mir nie an Material mangelte. Wenn nur nicht sein Haß auf die Engländer gewesen wäre. Er wußte bestimmt, daß ich einen britischen Paß hatte, aber er machte keinen Hehl aus seinem Haß auf die Briten.

»Schau her«, sagte er einmal, während er sein Hemd hochzog. Auf seiner Haut waren tiefe Narben. »Geschenk vom britischen Geheimdienst. Danke, Eure Majestät!«

»Haben die Sie etwa gefoltert?«

»Woher soll ich die Narben sonst haben? Aber sie haben nichts aus mir rausgekriegt.« Er lächelte trocken.

Samson war ein faszinierender Bekannter, aber dann dämmerte es mir, was er mit mir vorhatte, und ich beendete meine Beziehung zu ihm.

An manchen Abenden flüsterte man sich zu, daß Samsons Seite des Flügels heute tabu war. Es war eine ungeschriebene Regel, die selbst die Wärter durchsetzten. Zu diesen Zeiten durften ihn nur ganz bestimmte Insassen besuchen.

Eines kalten Winterabends drängten sich mehrere von uns um den Ofen, um das letzte bißchen Wärme aufzusaugen, bevor die *Varianos* uns wieder in unsere eisigen Zellen schlossen. Die Kälte war der natürliche Foltermechanismus des Gefängnisses. Einen Tag nach dem anderen wachte ich morgens bibbernd auf, mein Atem eine dicke Wolke in der kalten Luft. Es war den ganzen Tag unmöglich, sich richtig aufzuwärmen. Selbst wenn man sich viel bewegte, fühlten die Hände und Füße sich wie Eisklötze an, und der Gedanke an die nächste kalte Nacht genügte, um auch die Seele einfrieren zu lassen.

In einer dunklen Ecke stand, nervös zitternd, Panayiotos. Ich rief ihn zu mir. Er war ein junger, gutaussehender Grieche, der ein paar Monate wegen Diebstahl einsaß. Er kam mit dem Gefängnisleben nicht zurecht, und ich versuchte immer, ein Auge auf ihn zu haben. Ich war kein barmherziger Samariter, aber ich fand es nicht richtig, wie manche der schwächeren Gefangenen ausgenutzt wurden. Die anderen Männer tuschelten vielsagend miteinander, als Panayiotos aus der Richtung von Samsons Zelle herbeischlurfte. »Komm doch her«, wiederholte ich, »das Feuer ist fast aus, aber es ist besser als gar nichts.« Panayiotos zog mit gesenktem Kopf einen Hocker herbei. Er preßte seine Hände zusammen. Er zitterte wie Espenlaub, und ich merkte, daß das nicht nur an der Kälte lag.

»Was ist, Panayiotos?« fragte ich auf griechisch. Er starrte schweigend in die verlöschenden Flammen.

In den folgenden Wochen zog sich Panayiotos immer mehr in sich selber zurück. Er war blaß, die Augen ständig geschwollen, und wenn ich mit ihm sprach, sah er mich nicht an. Jeden Abend, zu einer ganz bestimmten Zeit, ging er in Samsons Zelle. Er war sein Sklave geworden. Über die Dienste, die er ihm leisten mußte, gab es häßliche Gerüchte. Die Wärter machten Andeutungen über die Zahl der gebrauchten Kondome, die sie in Samsons Zelle auffegten. Ich hatte gewöhnlich keine Zeit für den Gefängnisklatsch, aber ich hatte mir schon seit einiger Zeit meine Gedanken gemacht, auch wenn Samson mich in Ruhe gelassen hatte. Samson würde bald entlassen werden, und es hieß, daß er für »draußen« einen »Job« für seinen neuen jungen Freund arrangiert hatte.

Mir wurde jedesmal schlecht, wenn ich Panayiotos' gequältes Gesicht sah, und manchmal wollten die Wut und der Ekel mich fast übermannen. Aber Samson war tabu, daß wußte auch ich.

Trotz der Freundschaften, die ich schloß, und der kameradschaftlichen Beziehung zwischen den englischsprechenden Insassen wurde meine Aggressivität nicht weniger. Der Winter war schlimm, aber kurz. Nur zu bald war der Sommer da und die erstickende Hitze gerade so quälend wie die Winterkälte. Machte die Kälte die Gefangenen lethargisch, so ließ die Hitze sie gleichsam überkochen. Die Nerven lagen blank, und es gab fast täglich Prügeleien.

Der nichtigste Anlaß konnte zu einem Streit führen, der rasch zum reinsten Krieg eskalierte. Da setzte sich jemand auf den falschen Hocker oder sagte etwas, das er diesem Menschen besser nicht gesagt hätte. Andere Auseinandersetzungen waren politisch motiviert. Gewöhnlich ging es um die Griechen und die Araber, aber wir anderen machten auch mit. Ich liebte diese Schlägereien. Hier hatte ich endlich etwas zu tun. Eines Tages war die Luft in dem Block schon seit dem frühen Morgen wie elektrisch geladen. Als wir zum Vormittagsausgang in den Hof geführt wurden, waren aus den üblichen gemurmelten Spötteleien laute Beschimpfungen geworden. Plötzlich versetzte einer der Rädelsführer der Araber einem der Griechen einen Kinnhaken. Die Schlacht begann. Der Staub flog auf, das Blut spritzte über die Kopfpflastersteine. Das Adrenalin schoß durch meine Adern.

Dies war nicht mein Krieg, aber ich machte gerne mit. Wen ich traf, war mir egal. Einer der Verrückten stürzte sich von hinten auf mich, um mich am Kopf zu treffen. Ich wirbelte herum, und da stand er, schrill lachend, und holte zum nächsten Schlag aus. Ich knallte ihm meine Faust in die Nase und stieß ihn gegen eine Mauer, daß sein Blut mir ins Gesicht spritzte. Er war ein Riese von Mann und griff sofort wieder an. Ich bog meinen Leib, um seinen Schlag in meine Magengrube abzufedern, und stieß ihm mit einem Tigergriff in die Augen. Weiter und weiter ging der Kampf. Wie von Zauberhand tauchten alle möglichen Waffen auf: Rasierklingen, Messer, Knüppel. Plötzlich Schüsse. Die Armee war gekommen. Die Soldaten trieben uns auseinander und schafften die Verletzten in den Krankenhausflügel. Der Rest von uns kam zur Strafe früher als sonst zurück in die Zellen.

Nicht lange danach setzte sich Andy beim Frühstück zu mir. Ich konnte das Gefängnis bald nicht mehr aushalten, und er schien das zu merken. »Du kriegst nie Besuch, Tony, nicht wahr?« fragte er.

Ich schaute von meinem Haferbrei hoch. »Es gibt halt keinen, der mich besucht.« Ich lächelte dünn. »Und wie ist es bei dir?«

»Da gibt's diesen Typ, Michael Wright ...«

»Michael Wright?« unterbrach ich ihn. »Von dem hab ich gehört. Ist das ein Ire?«

»Ja. Aus Belfast. Gehört zu so 'ner Kirche. So'n Seelenretter, weißt schon, was ich meine.« Ich schnaubte zustimmend. Andy fuhr fort: »Aber wenn du sonst niemand hast, bist du für jeden dankbar.«

Wir schwiegen ein paar Minuten, dann sagte Andy: »Er hat gesagt, er würde dich gerne mal treffen.«

Mich treffen? Wie kam dieser Mann, den ich doch überhaupt nicht kannte, auf so eine Idee? »Nee«, sagte ich. »Ich glaub, ich brauch' niemand, aber danke der Nachfrage.« Und wir wechselten das Thema.

Einige Tage danach bekam ich einen Brief. Es war das erste Mal, daß ich Post bekam, und zuerst machte mein Herz einen Satz, aber ich sah rasch, daß die Handschrift auf dem Umschlag nicht die von meinem Vater oder meiner Mutter war. Neugierig öffnete ich den Brief. Er war von Michael Wright, und er war gut geschrieben und richtig nett. Ich las ihn wieder und wieder. Der Inhalt war klar und einfach. Michael schrieb nicht um den heißen Brei herum. Er wollte mich gerne besuchen, als Freund, wegen der Liebe Jesu. Ich mußte lachen. Was für ein komischer Ausdruck. Aber was hatte ich schon zu verlieren? Wenn hier wirklich jemand zu mir in dieses stinkende Loch kommen wollte, war es wohl das Gescheiteste, ja zu sagen, wenigstens dieses eine Mal. Wenn sonst nichts dabei herauskam, würde ich doch eine halbe Stunde lang andere Tapeten sehen und vielleicht einen Schokoriegel abstauben oder einen Drink aus der Besucherkantine.

Ich schickte Michael Wright einen Besucherschein. Der Donnerstag kam, und ein Wärter brachte mich in das Besuchszimmer. Der Raum hatte den gleichen Modergeruch wie das übrige Gefängnis auch, aber die Luft war frischer und durch die Fenster strömte das Sonnenlicht. Es überraschte mich, wie nervös ich auf einmal war. Der *Variano* zeigte auf den langen Holztisch in der Mitte des Raumes. Auf der einen Seite saßen die Gäste, auf der anderen die Insassen. Michael war noch nicht da. Der Raum war voll von lauten Griechen, die Besuch von ihrer Frau, den Kindern, der Freundin oder ihren Eltern bekamen. Es war ein komisches Gefühl, auf einmal wieder normale Menschen zu sehen.

Ich merkte plötzlich, wie heruntergekommen ich aussehen mußte. Ich paßte hier nicht hin. Ich fühlte mich, als ob meine Verbrechen auf meinem Ärmel geschrieben standen. Was wollte dieser fromme Mann hier bei mir? Ich wurde immer nervöser. Als ich mir gerade überlegte, ob ich nicht einfach aufstehen und wieder hinausgehen sollte, wurde ein hochgewachsener, bärtiger Mann hereingeführt, zu dem Platz mir gegenüber. *Was für ein Idiot*, dachte ich, als ich sein breites Lächeln sah. Er trug Nylonhosen und ein zerknittertes Hemd, dessen Ärmel etwas zu kurz waren. »Tony«, sagte er in seinem nordirischen Akzent und hielt mir, immer noch strahlend, seine Hand hin. »Es ist toll, dich zu sehen. Danke, daß du mich zu dir läßt. Ich habe ja so viel über dich gehört.« Ich ging instinktiv innerlich in Abwehrstellung, streckte ihm aber meine Hand hin. Er nahm sie in seine beiden und schüttelte sie kräftig. Das entnervte mich noch mehr; ich spürte, wie meine Wut in mir hochkommen wollte.

Michael setzte sich, weiter lächelnd. Er schien zu merken, wie durcheinander ich war. »Tony, ich bin als Freund gekommen«, erklärte er. »Ich möchte dich nicht anpredigen …« Ich warf ihm einen verächtlichen Blick zu. »… sondern ich bin gekommen, weil Jesus Christus dich liebt. In unserer Gemeinde beten alle für dich, und wir wollen dir so gut helfen, wie wir können.«

So hatte noch keiner zu mir gesprochen. Ich wußte nicht, was ich sagen sollte. Aber diesem Fremden vertrauen? Niemals! Meine Wut wurde stärker. Wir saßen eine Weile schweigend da. Mein Gehirn raste. Was war los mit diesem Burschen?

Neben uns verabschiedete ein junger Grieche sich von seinen Eltern. Seine Mutter brach in Tränen aus, als sie sich umarmten, und verließ schluchzend den Raum. Meine Eltern würden mich nie besuchen kommen. Wußten sie überhaupt, daß ich hier war? Meine Gedanken kamen schnell und heftig. Dann merkte ich, daß Michael weiterredete. Er war wenigstens gekommen. Vielleicht war es keine schlechte Idee, sein Spiel eine Weile mitzumachen. Wenn er mich zu sehr ärgerte, konnte ich ihn ja packen, über den Tisch zu mir ziehen und ihm das Gesicht polieren …

Ich ließ sein Geplappere über mich ergehen, ohne ihm viel zu erwidern oder ihn auch nur anzuschauen. »Tony, ich würde dich gerne wieder besuchen. Vielleicht nächste Woche. Wie wär's damit?« Mir war es herzlich egal, aber ich nickte knapp. »Gott segne dich, Tony. Ich freue mich schon darauf, dich wiederzusehen.«

Ich schaute ihm hinterher, wie er ging. *So ein Trottel,* dachte ich, leise fluchend.

Doch am nächsten Donnerstag ließ ich mich wieder von Michael besuchen. Nach drei oder vier Wochen stellte ich fest, daß ich mich auf sein dümmliches Lächeln freute. Er war mein Fenster zur Außenwelt. Er erzählte mir von den Dingen des Alltags: daß er in der Abendkühle eine Wassermelone gegessen hatte, daß in Nikosia gerade ein neues Burger-Restaurant geöffnet hatte. »O, wieder mal ein richtiger Burger, was wär' das schön«, lächelte ich.

»Ich hab nur Probleme mit dem griechischen Kaffee«, lachte Michael. »Der geht mir voll in den Kopf! Ich besuche oft diese kleinen Kaffeeläden in den Dörfern, diese ... *Kafeneions* nennen sie die, richtig?«

Ich nickte. Ich mußte lächeln über seine wackeren Versuche, griechische Wörter auszusprechen.

Er fuhr fort. »Die alten Männer dort sind meist sehr offen. Ich schenke ihnen immer meine Kalender.« Er zog einen aus seiner Hosentasche. »Hier, schöne Bilder und für jeden Tag ein Bibelspruch.« Er las mir zwei oder drei vor.

Michaels Geschichten und Neuigkeiten erinnerten mich daran, wie es war, frei zu sein. Manchmal sprach er sogar über »Freiheit«, aber er meinte nicht die Freiheit vom Gefängnis, sondern die »Freiheit in Christus«, wir er das nannte. Ich fragte ihn nicht, was er damit meinte, und er hielt sein Versprechen, mich nicht anzupredigen. Aber er erwähnte, mehr wie nebenbei, was »der Herr« in der letzten Woche in seinem Leben getan hatte, was es Neues in seiner Gemeinde gab und wie toll die Jugendferienlager waren, die er in den Troodos-Bergen leitete. Ich ließ mir das gefallen. Es war schön, etwas über das Leben anderer Menschen zu hören; es half mir, den Anschluß an die Realität nicht zu verpassen.

Aber Michael besuchte mich nicht nur, er schrieb mir auch jede Woche und schickte mir Briefe von anderen Leuten in seiner Gemeinde. Ich verschlang sie alle. Dann fing er an, mir Bücher zu schicken. Ich verschlang auch sie, egal, was darin stand. Die meisten anderen Bücher und Magazine, die man im Gefängnis in die Hände bekam, waren Pornographie, und ich sehnte mich so nach etwas, das sinnvoll war.

Sechs Monate lang besuchte Michael mich fast jeden Donnerstag. Bevor er wieder ging, betete er immer. Mir kam es verrückt vor, wie er da mit geschlossenen Augen saß und in die Luft hineinredete, als ob Gott ihn tatsächlich hören konnte.

Wenn er einmal nicht selber kommen konnte, schickte er einen Vertreter. Zum Beispiel eine liebe alte Dame, die Valerie hieß. Ich bewunderte ihren Mut. Sie hatte dieselbe Herzlichkeit wie Michael, und ich genoß ihre sanfte Stimme. Ein anderes Mal kam Richard Knox. Er hatte mir bereits mehrere Briefe geschrieben. Er war lange Jahre Missionar in Beirut gewesen, und wir konnten uns ganz gut über unsere Erlebnisse im Nahen Osten austauschen. Seine Geschichten waren ganz anders als meine mit dem Personenschutzteam, aber ich mußte zugeben: Der Mann hatte Mut, daß er so lange im Libanon gelebt hatte, und das mit Frau und Kindern. Wie Michael setzte auch er alles daran, anderen Menschen die »Liebe Jesu Christi« zu bringen.

Ich merkte es lange nicht, aber Michael und seine Freunde fingen an, zu mir durchzudringen. Sie waren so ganz anders als meine sonstigen Bekannten. Ich staunte immer wieder, wie sie sich so um einen Wildfremden wie mich kümmerten, der ihre Freundschaft doch gar nicht verdiente. Ich freute mich immer mehr auf ihre Besuche und ihre Briefe.

Aber die sechs Monate im Gefängnis hatten mir ihren Stempel aufgedrückt, ja mein ganzes Leben lang hatte ich es gelernt, niemandem zu vertrauen und ständig auf der Hut zu sein. Diese Abhängigkeit von meinen neuen Freunden, die sich da aufbaute, ich mochte sie nicht. Je länger ich darüber nachdachte, um so argwöhnischer wurde ich. Eines Donnerstag morgens – es war der 3. Mai 1990 – lag ich auf meiner Pritsche und dachte über Michael nach. Was führte er im Schilde mit mir? Die Bücher, die er mir geschickt hatte, lagen in einem sauberen Stapel auf dem Fußboden. Vor kurzem hatte er mir eine Bibel geschickt, und ich hatte auch in den ersten Seiten geblättert, aber das Interesse rasch wieder verloren. Der Kerl versuchte, mir eine Gehirnwäsche zu verpassen – klar, das war es. Er wollte mich in seine Sekte hineinziehen. Wie konnte er es wagen, so mit mir zu spielen? Wie konnte er es wagen, mir mit »Freiheit« und seinen Geschichten zu kommen? Ich erinnerte mich daran, wie ich seinen Name in den Tagen vor meiner Verhaftung zum ersten Mal gehört hatte. Und jetzt war er jede Woche hier und lachte mich aus. Was bildete er sich ein? Ich würde ihn zur Rede stellen, ich würde ihm zeigen, was Sache war.

Gleich an diesem Nachmittag würde ich es machen, jawohl! Wenn er mir nicht sagte, was er wirklich vorhatte, würde ich ihm das Gebiß demolieren.

Der Nachmittag kam, und ich war auf Hundertachzig. Ich kochte förmlich vor Wut, als ich an dem Besuchstisch saß und auf Michael wartete. Meistens fand ich all die griechischen Familien, die sich lautstark mit ihren einsitzenden Söhnen oder Vätern unterhielten, lästig; heute nahm ich sie nicht wahr, so sehr war ich mit meinem Groll auf Michael beschäftigt. Wo war er? Er hatte schon Verspätung. War das der nächste Akt in seinem Spiel mit mir?

Die Tür ging auf, und Michael kam herein, mit seinem üblichen Grinsen. Ich fühlte mich wie eine Giftschlange, die das Kaninchen kommen sieht. Ich murmelte Flüche. Er nahm sich einen Stuhl und setzte sich, und sein Gesicht wurde sofort ernst. »Was ist, Tony? Ist was passiert?«

»Warum kommst du hierher, Michael?« fragte ich in aggressivem Ton. »Was willst du wirklich von mir?«

Michael lehnte sich zurück und sah mich ganz ruhig an. Ich hatte Lust, ihn umzubringen. »Tony«, sagte er, »ich besuche dich wegen Jesus.« Er hielt inne. Ich hätte ihn leicht über den Tisch zu mir ziehen können. »Jesus liebt dich, Tony.«

Ich murmelte einen Fluch. Michael focht es nicht an, er fuhr fort: »Ich glaube, daß Gott mich gebrauchen will, um mit dir zu reden.«

Na bitte, da war es. Gehirnwäsche.

»Ich bin hier, um dir seine Liebe zu zeigen.« Michael sah mich unverwandt an. »Jesus kann dich befreien aus dem Gefängnis, in dem du sitzt.«

Das war der Hammer. Wie konnte der von Freiheit reden, wenn ich hier hinter Gittern saß? Er konnte jederzeit aufstehen und wieder hinausgehen – aber ich?

»Dann sag mir mal, wie Jesus mich hier rausholen kann«, zischte ich. »Wie will der das denn machen? Wie kannst du so reden, als ob es deinen Jesus gibt? Ist er dir schon mal begegnet, hast du ihn gesehen?« Ich schoß die Fragen wie so viele Kugeln ab, aber Michael ließ sich nicht erschüttern. Der Kerl schien keine Angst zu haben. Warum bereitete er nicht den Rückzug vor? Wußte er nicht, daß ich ihn jederzeit umbringen konnte?

»Ja, Tony«, sagte er, und seine Stimme klang überzeugt. »Ja, Jesus ist mir begegnet.« Ich runzelte ungläubig die Stirn. Er fuhr fort: »Als ich noch klein war, zeigten meine Eltern mir schon die Wahrheit über Jesus Christus. Ich ging schließlich in die Jugendgruppe ihrer Kirche, und dort erfuhr ich noch mehr über diesen Menschen Jesus, den Sohn Gottes. In der Bibel heißt es: ›Wenn du mit deinem Mund bekennst, daß Jesus der Herr ist, und in deinem Herzen glaubst, daß Gott ihn von den Toten auferweckt hat, wirst du gerettet werden.‹ Genau das habe ich getan. Ich habe geglaubt, daß Jesus einen großen Preis gezahlt hat, um mich zu retten.«

Ich unterbrach ihn heftig. »Was für einen Preis?«

»Ich war ein Sünder. Ich hatte es verdient, zu sterben, aber als Jesus am Kreuz starb, tat er das an meiner Stelle. Er bezahlte mit seinem eigenen Blut für meine Sünden, damit ich die Liebe Gottes erkennen und seine Vergebung erfahren konnte.«

Ich lachte spöttisch. »Was? Du warst doch noch ein Kind. Wie kannst du da geglaubt haben, daß du den Tod verdienst? Du warst doch noch bestimmt so unschuldig wie ein Lamm.«

»Das stimmt nicht«, erwiderte Michael. »In der Bibel steht, daß niemand vollkommen ist. Wir sind alle Sünder, Tony. Wir haben die Freiheit, uns zwischen Gut und Böse zu entscheiden, und schon als Kinder entfernen wir uns von Gottes vollkommenem Willen. Du weißt, daß du Dinge tust, die falsch sind. Ich weiß, daß ich Dinge tue, die falsch sind …«

»Und was willst du damit sagen? Komm, spuck's aus!«

Michael beugte sich näher zu mir. »Gott hat uns erschaffen, Tony. Er hat das Weltall erschaffen und alles, was darin ist. Er ist der wahre Vater. Aber er ist ein heiliger, vollkommener Gott und kann uns nicht anschauen, weil wir so voll von Bösem sind. Unsere Sünde trennt uns von ihm.«

Ich funkelte Michael an. Es schien ihm nichts auszumachen. »Als kleiner Junge begriff ich, daß Gott uns immer noch liebt, trotz unserer Sünde, wie ein Vater. Er will eine Beziehung zu uns haben, obwohl wir so böse sind. Und deshalb schickte er seinen Sohn auf die Erde, um unter uns zu leben und an unserer Stelle zu sterben. In Jesus wurde Gott Mensch.«

Gott ein liebender Vater... Meine Wut wuchs noch. Ich mußte an meine Eltern denken und wie sie mich verlassen hatten.

Michael schien meine Gedanken zu lesen. »Tony, die Menschen werden dich immer enttäuschen. Deine Eltern haben dich enttäuscht. Freunde enttäuschen dich. Ich werde dich enttäuschen. Was, wenn ich nächste Woche einfach nicht komme, obwohl du mich erwartest? Vielleicht wird es gar nicht meine Schuld sein, vielleicht bin ich in einem Verkehrsstau stecken geblieben. Aber ich werde dich enttäuscht haben.«

»Und?«

»Gott wird dich nie enttäuschen, so sehr liebt er dich. Er verspricht dir in der Bibel, daß er dich nie verlassen oder enttäuschen wird.«

Einen Augenblick wußte ich nicht, was ich sagen sollte. Ich biß mir auf die Lippe. Ich fing an, vor Wut zu zittern. »Na schön, Michael. Wenn es Gott also wirklich gibt und er mich liebt, wo ist er dann jetzt? Warum hilft er mir nicht in diesem Loch hier?«

»Gott kommt schon seit langem zu dir, Tony. Durch mich, durch Valerie und Richard und durch andere. Er versucht, dir zu sagen, wie sehr er möchte, daß du ihn kennenlernst. Hör zu: In der Bibel, im Johannesevangelum, Kapitel 3, Vers 16 steht: ›Denn so sehr hat Gott die Welt geliebt, daß er seinen einzigen Sohn gab, damit jeder, der an ihn glaubt, nicht verlorengeht, sondern ewiges Leben hat.‹« Michael hielt wieder inne.

»Ewiges Leben? Was, zum Teufel, soll ich mit ewigem Leben, Michael? Ich hasse mein Leben!«

»Du haßt dein Leben, weil du ein Gefangener bist. Du bist nicht frei.« Jetzt fing er schon wieder mit der Freiheitsleier an. Aber das mußte ich ihm lassen: Der Bursche ließ nicht locker.

»Das beantwortet nicht meine Frage«, schnappte ich. »Wenn dein toller Gott mich so liebt, warum zeigt er sich nicht einfach? Warum muß er sich in dir oder in Richard oder Valerie verstecken? Hat er Schiß?« Ich fand, daß das keine dumme Frage war. Michael lehnte sich zurück und dachte nach. Na also, jetzt hatte ich ihn.

Aber dann sprach er wieder, ganz ruhig. »Tony, wenn Gott gleich in diesem Raum hier erscheinen würde, du würdest platt auf den Fußboden fallen, du wüßtest vor Angst nicht mehr, wohin. Du könntest ihm keine Zehntelsekunde in sein Gesicht sehen. Und genau deswegen hat er Jesus geschickt: damit du durch ihn vor Gott treten und seine Liebe erfahren kannst.«

Ich hörte nur halb zu. Ich versuchte immer noch, ihn zu provozieren. »Ich bin ganz gut ohne Gott ausgekommen in meinem Leben. Warum sollte ich ihn jetzt auf einmal brauchen? Beantworte mir das, wenn du kannst!« Ich schlug mit der Faust auf den Tisch. Ein *Variano* hob seinen Kopf. Michael hielt beruhigend seine Hand hoch, ohne seinen Blick von mir zu nehmen.

»Du hast seit deiner Geburt ein Loch in deinem Herzen, das nur Gott füllen kann. Du hast versucht, es mit Kung Fu und Buddhismus zu füllen. Du hast es mit Siegen, mit Erfolg im Beruf, mit Sex, Drogen, Wut und Gewalt versucht, aber keines dieser Dinge hat dir die Befriedigung gegeben, die du suchst. Das Eine, was du noch nicht probiert hast, ist Jesus Christus.« Jetzt war er daran, mit der Faust auf den Tisch zu schlagen. Dann hielt er seinen Schlüsselbund hoch. »Tony, stell' dir einen Augenblick vor, dies hier sind die Schlüssel zu deiner Zelle, ich schenke sie dir und heute abend schlafen sämtliche Wärter ein, so daß du hier raus kannst.«

Ich spürte, wie mein Geduldsfaden reißen wollte. Was sollte dieser Quatsch? Aber schon fuhr Michael fort. »Stell dir vor, du kletterst über die Gefängnismauer, gehst in den türkischen Teil der Insel und bist weg.« Er sah mich intensiv an. »Wärst du dann wirklich frei?«

»Was für 'ne blöde Frage!« sagte ich. »Natürlich wär' ich frei!«

»Nein, Tony, du wärst nicht frei.« Er lächelte wieder. »Du wärst nicht frei, weil du immer noch derselbe Tony wärst. Du kannst deinen Haarschnitt ändern, deine Kleidung, deine Wohnung oder wie viel Geld du hast. Du kannst alles mögliche ändern, aber du bist immer noch Tony. Du wirst die gleichen Fehler machen, die du dein ganzes Leben gemacht hast. Du wirst nie reinen Tisch machen können mit deiner Vergangenheit. Du wirst immer von deiner Wut beherrscht sein. Du wirst vielleicht ein bisschen ruhiger werden, aber wenn ich diesen oder jenen Knopf drücke, wirst du nach wie vor hochgehen. Und all das deswegen, weil du Jesus nicht in das Riesenloch in deinem Herzen reingelassen hast. Dein Leben befriedigt dich nicht. Ohne Gott kann es das nie tun.«

Ich versuchte, ihn mit irgendeiner dummen Bemerkung zu unterbrechen, aber er fuhr fort: »Du kannst hier rauskommen und viel Geld verdienen, ein großes Haus und ein Auto kaufen, vielleicht sogar eine Familie gründen, aber innendrin wirst du der Alte sein. Keines dieser Dinge kann dir das bringen, was du eigentlich suchst. Und was wäre, wenn du heute dein Leben verlieren würdest? Geld macht dich nicht frei. Auch keine Familie oder Freunde oder sonst etwas, was du dir anschaffen kannst.« Auf seinen Augenbrauen erschienen Schweißtropfen. »Diese Dinge sind im Grunde wie Drogen. Sie geben dir eine Zeitlang so ein Hochgefühl, aber dich frei machen oder befriedigen, das können sie nicht. Tony, hör zu.« Er hielt inne und holte tief Luft. »Jesus hat gesagt: ›Wenn der Sohn Gottes euch frei macht, dann seid ihr wirklich frei.‹«

Der Satz schien sich in mir festzusetzen. »Dann seid ihr wirklich frei ...« Ich spürte plötzlich eine Gänsehaut an den Armen.

Die Klingel ertönte, zum Zeichen, daß die Besuchszeit in fünf Minuten vorbei wäre. Michael war dabei, zu mir durchzudringen, aber ich war immer noch wütend und wollte ihm das auch zeigen. Ich spielte immer noch mit dem Gedanken, ihn zu schlagen, aber was er da sagte, es machte Sinn. Er beugte sich noch näher, seine Augen wurden durchdringend. »Alles, was du tun mußt, Tony, ist, daß du an Jesus glaubst. Er hat die ganze Vorarbeit getan. Er hat den Weg gebahnt. Du kannst umkehren von deinem falschen Weg, du kannst Vergebung bekommen. Es geht hier nicht darum, daß du jeden Sonntag zur Kirche gehst oder jeden Tag eine gute Tat tust. Es geht darum, Gott zu glauben, daß er dich erlöst hat. Du brauchst nichts zu tun, als ihm zu glauben und sein Geschenk anzunehmen.«

Mein Gedächtnis ging zurück zu dem Abend in Limassol, als ich dem jungen Prediger mit seiner Weinflasche zugehört hatte.

»Tony, du hast mir gesagt, daß du dem Weg des Kung Fu folgst, aber hör zu: Jesus Christus hat gesagt: ›Ich bin der Weg, die Wahrheit und das Leben. Niemand kommt zum Vater außer durch mich.‹ Mag sein, daß Kung Fu behauptet, *ein* Weg zu sein, aber Jesus ist *der* Weg. Nimm das einfach an, Tony.«

Auf einmal war ich ganz Ohr. Jetzt sprach er meine Sprache. Ich schaute auf den Tisch hinunter, plötzlich ruhiger. Dann sagte ich: »Du weißt doch gar nicht, was ich alles gemacht hab. Wie soll mir einer helfen können?« Ich kämpfte mit einer inneren Stimme, die sich melden wollte.

Michael ließ sich nicht beirren. »In Römer 8, Vers 1 heißt es: ›So gibt es nun keine Verdammnis für die, die in Jesus Christus sind, denn durch Jesus Christus hat das Gesetz des Geistes, der das Leben gibt, mich frei gemacht von dem Gesetz der Sünde und des Todes.‹«

Ich schaute ihn an. Er merkte, wie ich seine Worte zu begreifen versuchte. »Keine Verdammnis, Tony«, sagte er. »Jesus wischt das Böse, das tu getan hast, weg, du darfst noch einmal von vorn anfangen. Jesus nimmt deine Sünde und wirft sie fort. So hat der Apostel Paulus es geschrieben.«

Michael fuhr fort. »Paulus war praktisch ein Mörder. Er hat die Christen verfolgt. Aber genau darum geht es ja: *Niemand* ist so schlimm, daß Gottes Liebe ihn nicht erreichen könnte. Auf dem Höhepunkt seines Hasses begegnete Paulus dem Herrn Jesus und wurde von ihm verwandelt – so verwandelt, daß er Tausende anderer Menschen ebenfalls zu Jesus brachte. Trotz seiner schlimmen Vergangenheit und obwohl er immer noch ein Mensch war und Fehler hatte, arbeitete Jesus durch ihn. Du siehst, Tony, Gott ist ein Gott der zweiten Chance.«

Das saß. Michael sprach meine tiefsten Ängste an. In den letzten Monaten hatte ich immer mehr gedacht, daß mein Leben wertlos war, daß ich hier im Gefängnis genau das bekam, was ich verdiente, und daß nichts und niemand mir helfen konnte. Ich hielt mich für einen hoffnungslosen Fall – und hier war Michael und erzählte mir von Menschen in der Bibel, die Gott völlig umgekrempelt hatte.

»Erinnerst du dich noch, wie ich dir vorhin gesagt habe, daß wir alle Fehler machen, alle Sünder sind? Wir alle brauchen Vergebung, und wir bekommen sie durch Jesus. Wir brauchen ihn nur zu bitten.« Michael sprach schneller, er brachte weitere Bibelzitate. »In Römer 3, Vers 22 heißt es: ›Diese Gerechtigkeit, die vor Gott gilt, kommt durch den Glauben an Jesus Christus zu allen, die glauben. Denn es ist hier kein Unterschied: Alle haben gesündigt und die Herrlichkeit Gottes verloren, und sie werden durch seine Gnade gerecht gesprochen durch die Erlösung, die durch Jesus Christus gekommen ist.‹«

Wieder kämpfte ich mit seinen Worten. Der Satz »Dann seid ihr wirklich frei« meldete sich wieder und ließ mich nicht los.

Michael beugte sich so nahe, daß er fast mit dem Oberkörper auf dem Tisch lag. »Du kannst jederzeit Jesus in dein Herz hineinlassen, Tony. Aber denke daran: Du weißt nicht, wann es zu Ende ist mit deinem Leben. Die Bibel sagt, daß ›heute‹ der Tag der Erlösung ist. Schiebe es nicht zu lange auf!«

Ich vermied es, ihn anzusehen. »Und wie macht man das?« fragte ich leise.

»Du mußt zu Gott beten und ihn bitten, dir zu vergeben. Sage ihm, daß du Jesus als deinen Erlöser annehmen möchtest. Sag ihm, daß du an ihn glauben und ihm vertrauen willst, obwohl du ihn nicht sehen kannst. Danke Jesus, daß er für dich am Kreuz gestorben ist, damit du Gottes Liebe empfangen kannst.«

Es klingelte wieder. Die Besuchszeit war zu Ende.

»Und das ist alles?« fragte ich, wieder zynisch.

»Ja, das ist alles. Aber du mußt es ernst meinen, wenn du dieses Gebet sprichst, Tony. Du mußt dich von deinem alten Leben abwenden. Das wird nicht einfach sein, aber Jesus wird dir helfen.«

Der Raum begann sich zu leeren. Michael schloß die Augen, um zu beten. »Herr Jesus, wir danken dir, daß du hier in diesem Gefängnis bei uns bist. Danke für das, was du in Tonys Leben tust. Danke, daß du ihn so liebst. Vater, ich bitte dich, daß Tony deine Liebe bald annimmt. Amen.«

Ich schaute hinunter auf die Tischplatte. Ich hörte, wie Michael sagte: »Bis nächste Woche dann, mein Freund.« Ich grub meine Finger in meine Handballen und antwortete nicht.

Kapitel 11

Ich ging rasch zurück in den B-Flügel. Mein Kopf schwirrte von Michaels Worten. Die Hitze, der Gestank und das Elend des Gefängnisses schienen noch größer zu sein als sonst. Es war, als ob die Wände auf mich zukamen. Ich war ein wildes Tier im Käfig, rasend und voller Angst zugleich. Vor meiner Zelle stand einer der Verrückten, rauchte eine Zigarette und schaute kichernd dem Rauch hinterher, den er durch die Nase blies. Als ich mich an ihm vorbeischob, drückte er mir die Zigarette in meinen rechten Arm. Das hätte er besser nicht getan. Die volle Wucht meiner angestauten Wut entlud sich auf ihn. Ich packte ihn am Haar und ließ sein Gesicht gegen die rauhe Wand knallen, wieder und wieder, bis das Blut über uns beide spritzte. Als ich fertig war, war sein Gesicht eine undefinierbare Masse, die Nase hing fast frei in der Luft.

Als ich allein in meiner Zelle war, kamen Michaels Worte prompt wieder. Ich schloß die Augen und verstopfte mir die Ohren, um sie loszuwerden, aber sie ließen sich nicht abschütteln. Auch Michaels Lächeln und sein durchdringender Blick verfolgten mich. Warum war ich ihm so wichtig? Wer war ich denn überhaupt? Mein ganzes Leben lang hatte ich niemand gebraucht. Ich war stark gewesen, hatte alles im Griff gehabt. Und jetzt sprach Michael von der »Fülle des Lebens« und »überfließender Freude«. Nein, in den Monaten, die ich hier im Gefängnis verbracht hatte, war mein Leben nicht erfüllt gewesen. Ich dachte an meine Kung-Fu-Siege und meine Arbeit als Bodyguard. Vielleicht hatte Michael recht. Ich hatte es genossen, das viele Geld und das Leben auf der Überholspur, aber es war nie genug gewesen. Ich wollte immer noch besser sein, noch mehr haben. Und jetzt hatte ich es alles verloren, und meine Kampfkunst war auch nicht mehr das, was sie einmal gewesen war. Früher hatte ich täglich mindestens fünf Stunden trainiert – jetzt, da ich alle Zeit der Welt hatte, war mir das Training egal. Und was das Meditieren und die Suche nach Erleuchtung anging, so brauchte man dazu inneren Frieden und Disziplin. Mein Kopf war vollgestopft mit Gewalt und dem täglichen, ständigen Überlebenskampf. Ich war gerade so geworden wie die übrigen Tiere hier drinnen, probierte ihre Drogen und mischte mich in ihre sinnlosen Fehden ein, nur so zum Zeitvertreib. Ein erfülltes Leben – was, bitte sehr, war das? Das einzige Mal, als ich so etwas ähnliches erlebt hatte, war in den Jahren mit Aiya gewesen.

Aiya ... In den letzten Monaten hatte ich nicht viel an sie gedacht. Jetzt sah ich wieder ihr so unschuldig-schönes Gesicht vor mir – und fing an zu zittern. Ja, sie hatte mir gezeigt, wie Liebe sein konnte, und jetzt war sie für immer fort. Ich schloß die Augen und erinnerte mich daran, wie liebevoll sie mir mit den Fingern über mein Gesicht gestrichen, mich trotz ihrer Blindheit gesehen hatte. Und dann mußte ich auf einmal an den Verrückten draußen vor meiner Zelle denken und wie ich ihn gerade kaputtgemacht hatte, und ich stellte mir vor, wie Ayia ihn »sah«, seine gebrochenen Knochen und die aufgerissene Haut betastete, sein klebriges Blut befühlte. Und wie sie zu schreien begann. Sie hatte mich geliebt – aber würde sie mich heute noch lieben, wenn sie wüßte, was aus mir geworden war? Unmöglich! Wie konnte sie jemanden lieben, der imstande war, einen anderen buchstäblich halbtot zu schlagen?

Ich vergrub meinen Kopf in der Matratze und zog das Kissen über meine Ohren, um die Bilder wegzudrücken. Die Angst und das Erschrecken durchfuhren mich wie ein körperlicher Schmerz.

»Gott liebt dich, Tony.«

Wieder Michaels Worte. Ständig kamen sie wieder, ließen sich nicht vertreiben. Ich kämpfte gegen sie an, aber je länger ich sie hörte, um so mehr schienen sie mich ruhig zu machen. Was für einen Satz aus der Bibel hatte Michael da noch zitiert? Ach ja: »So sehr hat Gott die Welt geliebt, daß er seinen einzigen Sohn gab ...« Ich merkte, wie etwas gleichsam in mir »Klick« machte. Gott *hatte* also etwas gegeben, Jesus *war* gestorben und auferstanden, und nichts, was ich getan hatte oder noch tun würde, konnte das ändern.

Dann dachte ich wieder an den Mann im Flur. Was ich da getan hatte, das konnte Gott doch nicht dulden, er würde mich doch wohl bestrafen? »... damit jeder, der an ihn glaubt, nicht verlorengeht, sondern ewiges Leben hat.« Wieder dachte ich, während ich den Satz aus dem Gedächtnis zusammenstückelte, über jedes einzelne Wort nach. Die Worte schienen wie von selber in meinen Kopf zu kommen; es war so, als ob jemand in der Zelle stand und sie mir aufsagte und erklärte. »Jeder, der an ihn glaubt ...« Wenn das so war – ja, wenn das so war, dann war ich jetzt am Ball. Wenn das Spiel weitergehen sollte, dann mußte ich das, was Michael mir da über Jesus erzählt hatte, glauben.

Aber wie anfangen? Wieder das Bild meines Opfers draußen im Flur. Ich schrie plötzlich auf. »Gott, das tut mir leid, o Gott, das tut mir so leid!«

Und die Schleusentore rissen auf.

Bilder aus meinem Leben schossen durch meinen Kopf, es war, als ob ich durch einen bodenlosen Tunnel fiel, eine makabre Geisterbahn, die ich selbst gebaut hatte. Ich sah die zerschundenen Leiber meiner Opfer vor mir, Leben, die ich ruiniert, Seelen, die ich mit Entsetzen gefüllt hatte. »Bitte, Gott, wenn du da bist, dann vergib mir«, jammerte ich. Der Film wurde schneller. Ich versuchte, ihn langsamer laufen zu lassen, mich an alles zu erinnern, aber in meiner namenlosen Not bat ich Gott um Vergebung selbst für Dinge, an die ich mich nicht mehr erinnern konnte. Ich jammerte, weinte, keuchte nach Luft. Ich konnte kaum noch schlucken. Ich merkte, daß meine Schreie lauter und heftiger wurden. Ich preßte mir das Kissen auf mein Gesicht, damit die anderen mich nicht hörten. Und ich keuchte und stöhnte weiter und weiter, zog meine Seele nackt vor Gott aus.

Es muß wohl Stunden gedauert haben. Als ich endlich aufstand, war es dunkel, die Tür war für die Nacht verschlossen und das Gefängnis war ruhig. Durch das winzige Fenster unter der Zimmerdecke konnte ich den Mond sehen. Meine Augen fanden das Gitter und das Licht, das hinter seinen Stäben stand, und ich sah ein Kreuz – das Kreuz von Golgatha, an dem Jesus gestorben war. Und wieder schossen mir Michaels Worte in den Kopf, und ich betete und bat Jesus, mir zu vergeben und das riesengroße Loch in meinem Leben zu füllen. Ich versprach ihm, Schluß zu machen mit meinem alten Leben und einen Neuanfang mit ihm zu machen. Die ganze Nacht redete ich mit Jesus, bis ich endlich einschlief.

Am Morgen war alles anders geworden. Solange ich mich zurückerinnern konnte, war ich voller Wut gewesen. Jetzt war ich ganz ruhig, hatte – ja, Frieden. Ich setzte mich auf meiner Pritsche auf und betrachtete das kleine Sonnenviereck hinter dem Fenstergitter. Draußen war der Tag schön. Ich merkte plötzlich, daß ich in den letzten Monaten kaum jemals zum Fenster hinausgesehen hatte. Ich hatte nicht daran denken wollen, was ich alles verpaßte in dieser Zelle. Ich verspürte eine merkwürdige Wärme, obwohl die Sonne die dicken Steine der Wand noch gar nicht richtig warm gemacht hatte. Ich dachte an den vergangenen Tag und an die Nacht und flüsterte: »Danke, Jesus.« Nein, begreifen tat ich es nicht, was da mit mir geschehen war, aber ich spürte, daß etwas anders geworden war. Es war, als ob eine Riesenlast von meinem Rücken abgefallen war. Das mußte ich Michael sagen! Und ich beschloß, ihm einen Brief zu schreiben. Ich würde ihm schreiben, daß ich gebetet hatte und daß ich jetzt wußte, daß Jesus mich gerettet hatte. Er würde sich freuen.

Das Geräusch des Schlüssels in meiner Zellentür riß mich aus meinen Gedanken. Das Gefängnis wurde lebendig, man hörte das übliche Lärmen der Männer, die hinaus in den Gang strömten. Ich merkte plötzlich, daß ich einen brüllenden Hunger hatte. Früher hatte ich keinen Appetit auf den Gefängnisfraß gehabt, aber jetzt freute ich mich auf den lauwarmen Haferbrei. Ich stand auf. Komisch, ich war seit mindestens einer Stunde wach und hatte mir noch keine Zigarette angezündet. Sonst war ohne ein, zwei Zigaretten nicht an Aufstehen zu denken gewesen. Ich nahm das Päckchen ungläubig lächelnd und warf es unter meine Pritsche.

Vor meiner Tür stand ein großer rothaariger Kerl. Er war einer der Verrückten, und ich mußte wieder an den letzten Abend denken. Auf dem Fußboden war immer noch Blut. Ich versuchte mich an dem Rothaarigen vorbeizudrücken. Er wirbelte herum und drückte fluchend seine Zigarette auf meinem linken Arm aus. Ich sah ihn fest an, wischte die Asche ab und ging weiter. Als ich beim Frühstück meinen Arm untersuchte, traute ich meinen Augen nicht. Keine Brandwunde, wo die Zigarette ihn berührt hatte. Nichts. Meine Arme waren voller Narben von ähnlichen Vorfällen und die Verbrennung vom letzten Abend schmerzte noch – aber keine Spur von der Zigarette vor ein paar Minuten.

Ein paar Tage später saß ich in der Bibliothek und schrieb den nächsten Brief an Michael. Ich hatte viele Fragen und hungerte danach, von ihm zu hören. Ganz in meiner Nähe saß Shane, ein junger Mann aus Sri Lanka, bei einer Bastelei. »Bibliothek« hieß, daß in dem Raum ein paar zerlesene Bücher auf hastig zusammengezimmerten Tischen lagen. Aber es war ruhig hier, und in der letzten Zeit verbrachte ich viel Zeit hier, weg von dem ständigen Schreien und Prügeln im Hauptblock. Mein Herz wollte vor Freude platzen, während ich schrieb. Gefängnis hin, Dreck her – ich liebte das Leben plötzlich.

Shane hatte heißes Wasser und etwas Kaffeesatz ergattert. Er reichte mir eine Blechtasse mit dem Gebräu. »Was ist los mit dir, Tony?« fragte er. »Du grinst so komisch und siehst aus, als ob du im nächsten Moment ’nen Indianertanz aufführen willst.«

Ich lachte laut. »Komm, Mann«, fuhr Shane fort. »Was für’n Stoff nimmst du? Kann ich auch was davon kriegen?«

»Ich nehm’ nichts, Shane«, sagte ich, immer noch lachend.

Er trat zu mir und schaute mir in die Augen. Er war wegen Drogenschmuggels hier und kannte sämtliche Symptome des Drogenkonsums. »Du mußt doch was nehmen, warum kannst du sonst so fröhlich sein?«

Ich fühlte mich in der Tat fröhlich, aber das hatte nichts mit Chemie zu tun. »Ich hab halt Jesus in meinem Herzen.« So, jetzt hatte ich es gesagt.

»Jesus? So hat mir das noch keiner genannt. Wo hast du das Zeug her?« fragte Shane.

»Mann, ich mach’ keine Witze. Vor kurzem hab ich zu Gott gebetet, und jetzt bin ich ein anderer Mensch.«

Jetzt lachte auch Shane. Es war offensichtlich, daß er mir nicht glaubte. Ich erzählte ihm von Michael, von seinen Besuchen und was er mir über Jesus gesagt hatte.

»Ich brauch' keine Drogen mehr, um mich wohlzufühlen, Shane. Hör gut zu: Wenn du irgend'nen Stoff nimmst, wirst du high. Aber dann brauchst du immer mehr von dem Zeug, um dich high zu fühlen. Das ist nicht Glücklichsein, Shane, das ist Sucht. Sie schmeichelt sich bei dir ein, bis sie dich fest im Griff hat, und dann macht sie dich kaputt.« Shane nickte wissend.

Ich erzählte ihm von meinem Gebet und wie meine Wut über Nacht verschwunden war. Ich erzählte ihm auch von den nicht vorhandenen Zigarettenbrandwunden und anderen erstaunlichen Dingen, die ich erlebt hatte, seit ich mein Leben Jesus gegeben hatte.

»Ich hab schon gemerkt, daß du anders geworden bist«, sagte er. »Hab halt gedacht, du hast irgend'nen guten Stoff erwischt.« Er schüttelte staunend den Kopf. Ich erinnerte mich an die Worte in Johannes 3,16 und sagte ihm: »Du brauchst bloß ein Gebet zu sprechen und das echt ernst zu meinen.«

Shane musterte mein Gesicht. Ich merkte: Er spürte, daß ich die Wahrheit sagte. Er begann, mir Fragen zu stellen, aber es waren keine aggressiven Fragen wie meine gegenüber Michael. Er sagte: »Was ich immer noch nicht kapier', das ist, warum Jesus sterben mußte. Warum hat Gott das gewollt?«

Ich dachte ein paar Augenblicke nach. Ich war noch ein völliger Anfänger im Glauben. Ich hatte Gott und sein unerhörtes Geschenk der Vergebung durch Jesus am eigenen Leib erfahren, aber das einem anderen Menschen (und dann einem, dessen Muttersprache nicht Englisch war) zu erklären, das war etwas anderes.

Ich fing an: »Gott ist vollkommen, Shane, und wir sind es nicht. Wir sind alle Sünder. Selbst der anständigste Mensch in der Welt kommt mit Gottes Maßstäben nicht mit. So steht es in der Bibel. Aber das heißt nicht, daß Gott uns nicht liebt. Er sehnt sich sogar nach uns. Er schickte seinen Sohn, Jesus, auf die Erde, weil dies die einzige Möglichkeit für ihn war, eine Zeitlang selber ein Mensch zu werden. Durch Jesus hat er uns gezeigt, daß er weiß, wie das ist, als Mensch auf der Erde zu leben und sich mehr schlecht als recht durchzuschlagen.«

»Okay, mach weiter«, sagte Shane.

»Als Jesus dann starb, starb er an unserer Stelle. Er nahm alle unsere Sünden auf sich, damit wir Vergebung bekommen und in

Gottes Augen vollkommen werden können. Darum war Jesus das vollkommene Opfer. Er nahm den Tod, den wir verdient haben, auf sich, damit wir ihn nicht mehr auf uns nehmen müssen. Wir können das Leben wählen.«

»Du meinst, wir haben es alle verdient, wegen dem Scheiß, den wir gebaut haben, bestraft zu werden, aber Gott läßt uns laufen?«

»So ungefähr. Gott läßt uns nicht einfach laufen. Die Strafe muß bezahlt werden, und genau das hat Jesus getan.« Ich dachte etwas nach, dann versuchte ich es mit einer Beispielgeschichte. »Da waren mal zwei Jungen, die gute Freunde waren. Als sie größer wurden, gingen sie jeder seinen eigenen Weg. Der eine studierte und wurde Richter. Der andere geriet in schlechte Gesellschaft und wurde ein Dieb. Eines Tages merkte der Richter, daß der Angeklagte, der da vor ihm stand, sein alter Jugendfreund war, den er so gemocht hatte. Jetzt war er in der Klemme. Als Richter mußte er das Gesetz durchsetzen; dieser Dieb hatte eine dicke Geldstrafe verdient, und wenn er sie nicht zahlen könnte – und sein Freund konnte sie nicht zahlen –, würde er im Gefängnis landen.«

»Und wie ging die Sache aus?« fragte Shane.

»Der Richter sprach das Urteil. Aber dann zog er zum großen Erstaunen der Leute im Gerichtssaal seine Richterrobe aus, trat zu seinem alten Freund auf der Anklagebank, zog seine Brieftasche heraus und zahlte die Strafe, die sein Freund nicht zahlen konnte. Sein Freund war ein freier Mann. Keine Strafe, kein Gefängnis, keine Schulden.«

»Dann steht der Richter für Jesus, richtig?«

»Ja, das heißt, er steht für Gott. Er war an das Gesetz gebunden, weil er selber das Gesetz war. Er konnte nicht einfach die Augen zudrücken vor den Missetaten seines Freundes. Die Strafe mußte bezahlt werden, und das konnte er nicht als Richter tun, und so zog er vorübergehend seine Richterrobe aus und trat selber in die Anklagebank.«

»Jetzt kapier' ich's. Sag mir noch mal diesen Bibelvers. Den mit dem Glauben und daß man ewiges Leben kriegt …«

»Das steht im Johannesevangelium, Kapitel 3, Vers 16: ›Denn so sehr hat Gott die Welt geliebt, daß er seinen einzigen Sohn gab, damit jeder, der an ihn glaubt, nicht verlorengeht, sondern ewiges Leben hat.‹«

Ich sah, wie Shanes Augen feucht wurden. »Möchtest du das?« fragte ich ihn. »Willst du Vergebung und Frieden und Freude bei Gott bekommen, so wie ich auch?«

»Ja!« antwortete Shane. »Aber ich weiß nicht, was ich dazu sagen muß, ich weiß nicht, wie man betet.«

»Ich hatte auch nie gebetet, bevor Gott an diesem Abend zu mir sprach«, sagte ich. »Wir können es zusammen machen, wenn du möchtest.« Und ich sprach ihm die Worte vor, und er wiederholte sie. Er bat Gott, ihm zu vergeben. Er sagte ihm, daß er sein altes Leben satt hatte und Jesus in sein Herz lassen wollte. Es war das erste Mal in meinem Leben, daß ich mit oder für einen anderen Menschen betete. Es war ein gutes Gefühl. Die Tränen strömten Shane über das Gesicht und er packte meine Hände und fing an, selber zu beten, in seiner Muttersprache. Ich verstand kein Wort, aber ich merkte, daß das Gebet von Herzen kam.

Ich bat Michael, Shane zu besuchen. Er gab uns beiden einen »Emmaus«-Einführungskurs in die Bibel. Shanes Englisch war einigermaßen gut, aber Michael und ich fanden, daß er unbedingt eine Bibel in seiner Muttersprache brauchte. Ich konnte im Gefängnis nicht viel dazu unternehmen, außer daß ich dafür betete. Michael erzählte seiner Gemeinde von Shane, und siehe da, eine Dame meldete sich und sagte, daß sie in ihrem Haus eine singhalesische Bibel gefunden hatte – Shanes Sprache. Shane war überglücklich. Ein paar Wochen später war er wie durch ein Wunder frei von seiner jahrelangen Drogensucht.

Es dauerte nicht lange, und Michael suchte eine deutsche Bibel. Siggy – sein voller Name war Siegfried von Greber – war ein kettenrauchender Riese von einem Mann, Ende Vierzig und kam aus Berlin. Mit seinem langen, graublonden Haar, dem ungepflegten Schnurrbart und dem Bierbauch sah er wie einer von den Hell's Angels aus. Siggy war ein arrogantes Schlitzohr, ein selbsternannter Rebell, der ständig versuchte, »das System« (was immer dieses System war) auszunutzen. Er schaffte es immer, sich eine Extraportion Essen aus der Küche zu besorgen. Er saß wegen Schmuggelei ein und konnte einem ganze Romane erzählen, die wohl mehr Dichtung als Wahrheit waren. Aber wir verstanden uns auf Anhieb gut. Siggy verbrachte seine Zeit mit dem Basteln von Schiffen aus Streichhölzern, während ich malte. Unsere Arbeiten verkauften sich gut und brachten uns so manche Zigarette und andere Extras ein.

Als ich ihm von meiner Begegnung mit Jesus erzählte, lachte er und fing an, mich »Herr Pastor« zu nennen. Er achtete mich, aber wie so viele andere Insassen hatte auch er keinen Draht zu religiösen Dingen. Ich wußte, daß niemand ihn besuchte, und so bearbeitete ich ihn so lange, bis er bei der Gefängnisleitung um einen Besuch durch Michael Wright ansuchte. Erst hatte ich den Eindruck, daß er Michaels Besuche schätzte, aber als er anfing, hinter Michaels Rükken über ihn zu stänkern, merkte ich, daß es ihm gar nicht um Michael ging, sondern darum, eine Cola oder Tafel Schokolade aus der Besuchercafeteria zu bekommen.

Eines Tages stellte ich ihn in seiner Zelle zur Rede. Es entspann sich ein heftiges Wortgefecht. Siggy verfluchte Michael und auch Gott, was mich echt auf die Palme brachte. »Sag mir mal, Herr Pastor«, zischte er, »wo ist denn dein Jesus in diesem Scheißgefängnis?«

Ich schob meine Nase vor die seine, die Zähne zusammengebissen. »Jesus besucht dich durch Michael …«

»Ha! Der mickrige Typ, mit seiner Kirche und seinem blöden Grinsen und seinen Büchern und Briefen! Den möcht' ich mal hier 'reinholen und ihm zeigen, wie es hier wirklich ist!«

Ich spürte, wie die alte Wut in mir hochstieg. Ich packte Siggy am Hemd. »Sag das noch mal und ich polier' dir dein Gebiss!«

»Schlagen Sie ruhig zu, Herr Pastor«, grinste er. Und ich tat es. Nur mit halber Kraft, aber es reichte, um ihn über den Tisch fliegen zu lassen. Seit Wochen arbeitete Siggy an dem Modell einer großen Segeljacht, nach einem Bild, das Chico, einer der Spanier, ihm gegeben hatte. Es stand fast fertig auf dem Tisch. Jetzt flog es mit auf den Fußboden, wo es in tausend Stücke zerbrach.

Siggy sprang auf, rot vor Wut. Ich schlug ihn wieder und rang ihn zu Boden. Er kämpfte und wehrte sich, fluchte und brüllte. Ich schrie, noch lauter: »Siggy, hör auf! Ich sag dir das, weil du mein Freund bist. Jesus liebt dich, er will dich retten!« Wir rangen weiter. Ich wiederholte meine Worte, so lange, bis sein Griff sich lockerte.

Er fing an zu weinen. »Ich will doch glauben, echt! Aber das ist so furchtbar hier drinnen, ich halt' das nicht aus!« Sein massiger Körper zitterte wie Espenlaub. Mir tat das Herz weh. Doch, es war hart, dieses Gefängnis. Täglich erlebte ich, wie es die härtesten Männer zerbrach. Selbstmorde. Männer, die vor unseren Augen durchdrehten und verrückt wurden. Jetzt weinten wir beide.

»Siggy, laß uns beten«, sagte ich. »Jetzt gleich. Ich weiß nicht, was ich sonst machen soll. Betest du mit?«

Er nickte schwach, und bald brach Gottes Gegenwart hinein in das Elend und den Dreck der kleinen Zelle.

In den folgenden Wochen fielen einige der härtesten und gemeinsten Insassen auf die Knie vor dem allmächtigen Gott. Diese Männer hatten keine Probleme, zu erkennen, daß sie Sünder waren. Die Last ihres Gewissens war manchmal überwältigend stark. Viele weinten wie kleine Kinder, als sie Jesus für seine Vergebung dankten, für die Gnade Gottes, die sie hier mitten im Gefängnis frei machte.

So viel hatte Michael Wright noch nie zu tun gehabt. Meine Aufgabe war, Beziehungen zu den Männern anzuknüpfen und einen Besuch durch Michael zu arrangieren. Zeitweise betreute er über zehn Insassen; dazu kamen natürlich noch seine privaten Bibelstunden für mich. Auch seine Gemeinde betete für uns. Eines Tages kam Valerie zu Besuch und eröffnete mir, daß sie darum betete, daß mehr Christen ins Gefängnis kämen, damit unsere kleine Gruppe größer und stärker wurde. Ich war entsetzt. »Nein!«, sagte ich ihr. »Ihr dürft nicht darum beten, daß noch mehr Leute in dieses Loch kommen. Betet einfach darum, daß die, die schon hier sind, zu Christus finden.«

Ein Beispiel war Mohammed, ein Muslim. Er war ein großer Mann mit großen Problemen, der wegen Mordes an einem griechischen Taxifahrer lebenslänglich einsaß. Auch seine Frau Tammam und sein Bruder Ahmed waren im Gefängnis. Tammam, die schwanger war, war im Frauenblock des Zentralgefängnisses Nikosia. Ich beobachtete, wie Mohammed Woche um Woche die muslimischen Gebete verrichtete. Einige der Muslime hatten buchstäblich Kerben an ihrer Stirn, von dem ständigen Sichverneigen bis zum Boden. Eines Tages, als er wieder einmal mit seiner zerschlissenen Gebetsmatte unter dem Arm zurück zu seiner Zelle ging, winkte ich ihm zu. »Komm, Mohammed, sprich mit mir«, lächelte ich.

Mohammed war ein doppelter Außenseiter im Gefängnis. Die Griechen und die *Varianos* hassten ihn, weil er einen der Ihren ermordet hatte, und ließen ihn das auch spüren, und die Muslime mieden ihn, weil er seine Frau und seinen Bruder ins Gefängnis gebracht und damit seiner Familie Schande bereitet hatte. Mohammed mußte ständig auf der Hut sein und traute niemandem. Er sah mich mißtrauisch an, wenn ich auf ihn zuging, aber ich ließ nicht locker, sondern bot ihm weiter meine Freundschaft an. Er brauchte einen Menschen. Ich schenkte ihm Zigaretten und Material zum Malen, und siehe da, allmählich taute er auf.

An diesem Tag, als ich ihn zu mir winkte, sah Mohammed aus, als ob die Last der ganzen Welt auf ihm lag. Seine gelb verfleckten Finger zitterten, als er sich eine Zigarette anzündete. »Allah hat mir den Rücken zugewandt, Tony«, sagte er, und die Tränen stiegen ihm in die Augen. »Ich weiß nicht mehr, was ich machen soll.«

»Erzähl' mal«, sagte ich. Ich schickte ein stummes Gebet um Hilfe zu Jesus hoch.

Mohammed senkte seine Stimme zu einem Flüstern. »Ich habe furchtbare Dinge über das Frauengefängnis gehört und habe Angst um Tammam.«

»Wie meinst du das?«

»Die Frauen werden von den Wärtern vergewaltigt und mißbraucht.« Mohammed schluckte heftig. Er schüttelte langsam den Kopf und zog heftig an seiner Zigarette. »Unser Kind soll bald zur Welt kommen, aber ich werde es wohl nie sehen.«

»Du kommst doch wieder hier raus. ›Lebenslänglich‹ ist heutzutage ja nicht mehr für immer.«

»Ich werde kein Leben mehr haben, wenn ich hier rauskomm'. Tammams Verwandte wollen sie dazu bringen, sich scheiden zu lassen. Ich weiß nicht, was ich ihr sagen soll.«

»Kannst du sie besuchen?«

»Ja. Nächste Woche, falls der *Chowishi* seine Genehmigung gibt. Wir werden eine halbe Stunde für uns haben, in einem Extrazimmer. Aber ich weiß nicht, ob ich ihr noch ins Gesicht sehen kann.«

»Ich werde für dich beten.«

»Ja, tu das, Tony, bete zu deinem Gott. Vielleicht nützt es ja was.« Er schob seine Gebetsmatte mit dem Fuß beiseite. »Selbst meine Familie ist gegen mich. Ich weiß, daß es nicht recht war, was ich gemacht hab, aber ich war in Not. Sie haben mir echt viel Geld geboten, wenn ich diesen Griechen umbrachte, ich hätte damit meine Familie ein ganzes Jahr ernähren können. Meine Eltern und Geschwister und Vettern und Kusinen in Jordanien wissen heute nicht, was sie morgen essen werden. Sie brauchen mich. Was soll aus ihnen werden?« Mohammed vergrub sein Gesicht in den Händen, und wir saßen schweigend beisammen.

Einige Tage danach sah ich, als Michael Wright wieder ging, eine muslimische Frau in dem Besuchsraum. Sie war hochschwanger und von einer Wärterin begleitet, die sich gerade einen Kaffee holte. Das mußte Tammam sein! Es war ein sehr heißer Tag, und die Wärter waren teilnahmslos und müde. Ich ging rasch zu ihr hin. Sie sprach kaum Englisch, aber ich konnte mich verständlich machen. »Ich bin ein Freund von deinem Mann«, sagte ich, während ich lächelnd auf mich zeigte. »Mohammed. Guter Freund, guter Mann.« Sie lächelte, aber schaute nervös zu ihrer Wärterin hin. Ich schob ihr ein Blatt Papier mit Michaels Adresse hin. »Bitte diesen Mann, dich zu besuchen, er wird dir helfen.« Ich war mir nicht sicher, ob sie mich verstand, aber mehr konnte ich nicht tun. Jetzt hatte die Wärterin mich entdeckt. »Weg da! Weg da!« rief sie.

Fünf Tage später berichtete Michael mir in einem Brief, daß er einen Besuchsantrag von Tammam bekommen hatte. Wie erwartet, besuchte er sie und bat einige der Frauen aus seiner Gemeinde, sich um sie zu kümmern.

Dann stürmte eines Tages Mohammed in meine Zelle. Er war ganz aufgeregt und verschwitzt. »Ich hab einen Zettel von Tammam bekommen«, sagte er. Es geschah öfter, daß die männlichen und weiblichen Gefangenen sich heimlich etwas zuschoben. Wenn wir unseren Ausgang im Hof hatten, sahen wir manchmal die Frauen, wie sie an dem Tor vorbeigingen, und manche der *Varianos* schauten weg, wenn Zettel ausgetauscht wurden.

»Sie schreibt, sie glaubt an deinen Jesus«, fuhr Mohammed fort. »Kannst du mir sagen, was das bedeutet? Wenn mein Bruder Ahmed das erfährt, weiß es bald die ganze Familie und der Rest von unserem Dorf. Sie werden sie töten, sobald sie hier rauskommt.«

Mohammed war außer sich vor Sorgen um seine Frau, aber ich spürte, daß da noch mehr war. Immerhin bekam auch er Besuch von Michael. Und richtig: Nur ein paar Tage später kam er wieder zu mir. Es war das erste Mal, daß ich ihn lächeln sah. Er sah plötzlich jünger aus, seine Augen waren groß und hell. Seine Probleme waren nicht vorbei, aber wie ich, so hatte auch er den Heiland gefunden. Er war immer noch im Gefängnis, aber jetzt hatte er einen Sinn im Leben und eine neue Hoffnung. Er wußte, daß er seine Frau in Gottes Hände legen konnte. Wir beide wurden treue Gebetspartner.

Die »Staatsreligion« im Gefängnis war die griechisch-orthodoxe. Andere Religionen und Konfessionen wurden geduldet, und es gab zahlreiche Muslime. Doch offen zu predigen, daß die Menschen, um gerettet zu werden, durch Jesus Christus »wiedergeboren« werden mußten, galt als sektiererisch. Mir was das egal; ich konnte nicht genug Menschen (einschließlich der *Varianos*) weitererzählen, was ich in Jesus gefunden hatte.

Aber wir mußten vorsichtig sein mit unseren Versammlungen. Es gab inzwischen eine ganze Reihe frischgebackene Christen, die zusammen beten und das Abendmahl halten wollten. In meiner kleinen Zelle fühlten wir uns wie die ersten Christen der Urgemeinde, die auch in ihren Häusern zusammengekommen waren. Wir versuchten, die Lehre des Neuen Testaments auszuleben und so eng wie möglich dem Beispiel der ersten Christen zu folgen. Es wurde uns sehr wichtig, bei jeder Zusammenkunft das Abendmahl zu feiern. Das war nicht immer einfach, aber wir hatten den Eindruck, daß Gott uns echt segnete. Wir hatten immer genügend Brot und Wein. Den Wein stellten wir selber her. Wir hoben die Weintrauben auf, die es gelegentlich zum Nachtisch gab und die sowieso fast ungenießbar waren, »kelterten« sie durch ein Paar saubere Socken, ließen den Saft fermentieren, und fertig war der Wein.

Wir waren wieder einmal zusammen. Die einen saßen auf meiner Pritsche, andere auf dem Fußboden. Da waren Siggy und Mohammed, die sich gerade einen Witz erzählten. Martin, ein schmächtiger britischer Journalist, sah neben dem massigen Siggy noch kleiner aus als sonst. Er saß wegen Visumsvergehen ein und kam mit dem

Gefängnisleben überhaupt nicht zurecht. Von seinem ersten Hafttag an hatte er sich schutzsuchend an mich gehalten; er hatte sich bald bekehrt. Der nächste war Hassan, ein Drogenhändler aus dem Libanon. Dann Andreas, ein griechischer Bodybuilder, der wegen Totschlags hier war, und noch ein paar andere.

»Wo ist Shane?« fragte ich. »Und Simon?« Im gleichen Augenblick kam Simon hereingestürzt, völlig außer Atem. Er rang nach Worten. »Alcaponey hat Shane erwischt ...«

Ich sprang auf und rannte in den Gang hinaus, zu Shanes Zelle. Die *Varianos* hatten ihn gerade auf eine Trage gelegt. Ich bahnte mir einen Weg durch die kleine Menschentraube. Shane war kaum bei Bewußtsein, sein Körper zitterte wie nach einem starken Schock. Seine Hose hing in Fetzen um seine Fußknöchel, sein Hemd war ein einziger roter Brei, der in Pfützen auf den Fußboden tropfte. Seine Arme und Beine waren blau und rot, aus mehreren Stichwunden an seinem Oberkörper rann Blut. Und sein Gesicht. »O Gott, das Gesicht«, keuchte ich. Es war kaum noch zu erkennen.

Eine Decke aus weißglühender Wut fiel auf mich.

Mehrere Monate war ich frei von ihr gewesen, aber jetzt war ich plötzlich wieder der alte Tony: wütend, wild, haßerfüllt. Als ich den Wärtern hinterhersah, wie sie Shane forttrugen, schwor ich mir, Alcaponey in Stücke zu reißen. Der altbekannte metallische Geschmack kam wieder in meinen Mund. Ich wollte sein Blut.

Kapitel 12

Ich schlug mit der Faust auf die Wand, daß der Putz in alle Richtungen flog. Die übrigen Männer bildeten hastig eine Gasse, als ich herumwirbelte, um zurück in meine Zelle zu rennen. Ich war zu wütend, um zu beten. Stundenlang marschierte ich wie ein Tiger durch den Block, bis ich schließlich, wieder allein in meiner Zelle, zu Boden sank und der Trauer um meinen halbtotgeschlagenen Freund und Bruder freien Lauf ließ. Die nächsten Tage verbrachte ich damit, mit Gott zu ringen. Ich las meine Bibel, aber die Wut verschloß mir die Augen. Ich bat Gott, mir eine Gelegenheit zu geben, Shane zu rächen. Ich wollte Alcaponey töten, ich konnte ihm nie vergeben … nie. Ich würde nicht ruhen und rasten, bis ich das Leben aus ihm herausgeprügelt hatte. Und ich hatte eine Riesenangst, daß Shane es nicht schaffen würde.

Als ich am 3. Mai 1990 mein Leben Christus übergab, war ich frei geworden. Mitten im Gefängnis hatte ich eine Freiheit, die besser war als jede Haftentlassung. Doch durch Alcaponey sollte ich mehrere äußerst wichtige Lektionen lernen. Ich würde bald wieder auf meine Knie fallen, diesmal in ehrfürchtigem Staunen vor dem allmächtigen, allgegenwärtigen Gott, der mich besser kannte als ich mich selber.

Alcaponey wußte, daß ich hinter ihm her war. Wir beide warteten nur auf den Augenblick der Abrechnung. Er kam fast zwei Wochen später, in einem dunklen, verlassenen Gang des Blocks.

Das Zentralgefängnis von Nikosia war im wesentlichen von den Türken erbaut worden, die damals an solche Dinge wie Gesundheit oder menschenwürdige Unterbringung der Insassen nicht gedacht hatten. Es hatte zahlreiche Gänge, die in Sackgassen oder zugemauerten Türen endeten und von den Insassen gemieden wurden. Doch in der neuen Finsternis meiner Seele zogen sie mich magisch an. In diesen dunklen Ecken rang ich mit meiner Wut und schmiedete meine Rachepläne, stellte mir bis ins Detail vor, was ich Alcaponey alles antun würde. Hier war kein Raum für Gott, hier war ich plötzlich wieder allein mit den Dämonen in mir.

Plötzlich ein markerschütternder Fluch, dann Alcaponeys massiger Schatten. Warum hatte ich nicht eher gemerkt, daß er sich anschlich? Aber ich bohrte meine Augen in die seinen und grinste vor perversem Vergnügen, als er mich gegen die Wand des Gangs drückte. Dies war meine Chance, ihn zu vernichten und Shanes Rächer zu werden! Jetzt konnte ich endlich eine Million Rechnungen begleichen und dieses Tier in Stücke reißen, bis sein Fleisch nicht mehr von dem Zementboden zu unterscheiden war. Der vertraute metallische Geschmack kam in meinen Mund. Ich konzentrierte mich auf das Chi und ging blitzschnell die Möglichkeiten durch, die meine Kung-Fu-Kunst mir gab. Es fühlte sich gut an. Er hielt mir eine Klinge an die Kehle, aber mir war egal, ob ich gleich noch leben oder tot sein würde. Zuerst würde ich ihn umbringen. Wie konnte ich ihm am meisten Qualen bereiten?

Ich wollte sein Blut sehen, es spüren, es schmecken! Ich wußte, was ich mit seinem Gesicht machen konnte, seinem Mund, der Nase, den Augen, den Ohren. Ja, richtig, sein rechtes Ohr konnte ich packen …

> Da traten sie heran und legten Hand an Jesus und ergriffen ihn. Und siehe, einer von denen, die bei Jesus waren, streckte die Hand aus und zog sein Schwert und schlug nach dem Knecht des Hohenpriesters und hieb ihm ein Ohr ab. Da sprach Jesus zu ihm: »Stecke dein Schwert an seinen Ort! Denn wer das Schwert nimmt, der soll durchs Schwert umkommen. Oder meinst du, ich könnte meinen Vater nicht bitten, daß er mir sogleich mehr als zwölf Legionen Engel schickte?« (Matthäus 26,50-53)

Erst an diesem Morgen hatte ich sie in meiner Bibel gelesen, die Szene im Garten Gethsemane. Jetzt war sie auf einmal wieder da. Und es war noch mehr da: ein plötzlicher innerer Kampf in mir. In dem gleichen Augenblick, als ich instinktiv meine Kung-Fu-Kräfte mobilisierte, hallten die Worte Jesu in meinen Ohren: »Ich bin der Weg und die Wahrheit und das Leben … *Ich* bin der Weg … *Ich* bin der Weg … *Ich* bin der Weg.«

Ich roch Alcaponeys salzigen Schweiß. Und hörte die inneren Stimmen: »Ich bin der Weg … der einzige Weg.« – »Pack ihn, mach ihn fertig, jetzt! Reiß ihm das Ohr ab!« – »Wer das Schwert nimmt …« – »Tu es für Shane, laß ihn nicht im Stich … tu's für Shane …« – »… die Wahrheit, das Leben …«

Plötzlich hörte ich, wie sich Worte in meinem Mund bildeten. Meine Angst war fort, aber auch meine Lust auf Alcaponeys Blut. Ich war plötzlich ganz ruhig – aber genauso schockiert wie Alcaponey selber von der plötzlichen Macht in meinen Worten: »Im Namen des Herrn Jesus Christus befehle ich dir, mich in Ruhe zu lassen.«

Eine Sekunde später ließ ich mich vorsichtig die Wand entlang nach unten gleiten, ging zuerst in die Hocke und setzte mich dann, mit meinen Ellbogen auf den Knien und dem Kopf in meinen Händen. Alcaponey war weg. Halb erwartete ich, daß er wiederkommen würde, aber die Minuten vergingen und ich sah ihn nicht. Ich war wie betäubt. Langsam, ganz langsam dämmerte es mir: Gott hatte soeben ein Wunder getan. Er hatte mich beschützt, obwohl ich ihn gar nicht darum gebeten hatte. Oder noch nicht. Gott hatte mein Gebet sozusagen vorweggenommen. Ich war sein Kind, und so hatte er eingegriffen und mich gerettet, obwohl ich trotzig vorgehabt hatte, meine Haut selber zu verteidigen.

Ich war platt. So mußten Jesu Jünger sich gefühlt haben, als sie zum ersten Mal sahen, was der Sohn Gottes konnte. Im 1. Kapitel der Apostelgeschichte lesen wir, wie Jesus vor den Augen seiner Jünger in den Himmel aufgenommen wurde und eine Wolke ihn vor ihren Augen verbarg und wie plötzlich zwei weiß gekleidete Männer neben ihnen standen. Die Gegenwart Gottes in diesem schmutzigen, dunklen Gang, sie war so mächtig, daß ich mich nicht gewundert hätte, wenn auch mir plötzlich Engel erschienen wären.

Ich ging langsam zurück in den Hauptflügel, immer noch eingehüllt von Gott. Fast konnte ich ihn greifen. Ich begriff immer noch nicht ganz, was da geschehen war. Ich hatte Alcaponey auf englisch angesprochen, aber Alcaponey verstand kein Englisch, ja kaum Griechisch, seine Muttersprache. Als ich meine Zelle erreichte, starrte ich wieder auf das Kreuz, das die Gitterstäbe des Fensters bildeten. »Ich bin der Weg und die Wahrheit und das Leben ...« Ich schwelgte in den Worten. Ich wußte: Mich hatte nicht das Chi oder meine Kampfkunst gerettet, sondern Jesus und der Glaube, den Gott mir geschenkt hatte. Es war meine erste, mächtigste und unheimlichste Glaubenslektion, und ich spürte: Es war Zeit für mich, dem Weg des Kung Fu den Rücken zuzukehren und mich ganz in Gottes Hände zu geben.

Im Laufe der Jahre habe ich diesen Vorfall immer wieder als Wendepunkt in meinem Leben gesehen. Man hört oft den Spruch, daß Beten die Dinge verändert, worauf ich immer entgegne: »Nein, Beten verändert die Dinge nicht, aber Gott verändert sie.« In Markus 11,22 zeigt Jesus seinen Jüngern den Schlüssel zum echten Beten: »Habt Glauben an Gott.« Wohlgemerkt: nicht Glauben an den Glauben oder an das Gebet, sondern Glauben an Gott! Ich hätte in meinem Kampf mit Alcaponey die Dinge in die eigene Hand nehmen können. Ich hätte mein Können als Kung-Fu-Kämpfer ausspielen und ihn vernichten können. Aber Gott segnete meine Entscheidung, ihm zu folgen. In diesem kritischen Augenblick gab er mir die Kraft, von mir selber wegzusehen und allein ihm zu vertrauen.

Ich wußte, daß es jetzt Zeit war, meinen chinesischen Verwandten von meiner Entscheidung, Christus zu folgen, zu berichten. Ich schrieb also an meinen Großvater. Ich wußte, was ich damit tat. Indem ich mich von der Kampfkunst abwandte, verleugnete ich sein Erbe und brach meinen Eid, nicht vom altehrwürdigen Weg des Kung Fu abzuweichen. Ich hoffte, daß Lowsi Verständnis für meinen neuen Glauben haben würde, der mein Leben gerettet hatte, aber tief drinnen wußte ich genau, daß er eher eine Belohnung auf meinen Kopf aussetzen würde. Ich wäre nicht der erste, dem dies passierte. Wer im Weg des Kung Fu erzogen worden ist und sich dann von ihm abwendet oder seine ursprünglichen Ziele verleugnet, wird zur Rechenschaft gezogen. Ich wußte: Meine Verwandten würden eine Abordnung zu mir schicken, die mich auffordern sollte, meinen »Abfall« zu widerrufen und sie um Vergebung zu bitten. Sie würden mir einen Gegner zum Kampf schicken, damit ich mich meines Titels und Erbes wieder als würdig erweisen konnte. Wenn ich mich weigerte, würden sie mich jagen, bis ich mich ihnen beugte – oder tot war.

Es dauerte mehrere Wochen, bis der Antwortbrief kam. Er war von meiner Kusine Si Kwon und kalt und hart. Sie eröffnete mir, daß unser Großvater mit 95 Jahren gestorben war und daß ich Schande über die Familie gebracht hatte, weil ich nicht gekommen war und unseren Ahnen die Ehre erwiesen hatte. Sie forderte mich auf, meinem christlichen Glauben abzusagen und wieder nach dem zu leben, was ich in meiner Jugend gelernt hatte. Ich war der einzige männliche Nachkomme von Cheung Ling Soo, und die Ehre der Familie lag somit ganz auf meinen Schultern. Es war genauso, wie ich befürchtet hatte.

Die Nachricht von Lowsis Tod erschütterte mich. Ich wußte nicht recht, wie ich reagieren sollte. Ich hatte ihn den größten Teil meines Lebens gehaßt, aber er hatte mich geprägt, mir eine Identität gegeben. Ich wußte: Mit ihm war auch ein Stück von mir für immer von der Erde gegangen. Und wenn ich nicht auf Si Kwons Forderungen einging, würde ich für immer die Bande zu meinen chinesischen Verwandten kappen. Konnte ich das – ein Leben des ständigen Bedrohtseins führen? Wahrscheinlich würden meine Verwandten die Triade auf mich hetzen. Doch andererseits: Mein neues Leben, mein Glaube und Gottes Schutz, sie waren so real und so viel mächtiger als alles, was mein Großvater mich gelehrt hatte. Nein, es gab kein Zurück! Ich versuchte, mir das Gesicht meines Großvaters vorzustellen, die besseren Stunden, die ich mit ihm erlebt hatte, die Achtung, die ich im Laufe der Jahre vor ihm bekommen hatte. Es sagte mir alles nichts.

Es sprach sich rasch herum, daß Alcaponey mir entkommen war und daß ich mit dem King Fu gebrochen hatte. Einige der Verrückten versuchten das auszunutzen, aber Gott beschützte mich weiter auf wunderbare Weise. In der Achtung der geistig normalen Männer schien ich zu steigen. Meine innere Verwandlung schien für sie ebenso offensichtlich wie faszinierend zu sein.

Vor einigen Jahren brachten die Zeitungen in Chicago eine Meldung über einen Ausfahrer für ein Chinarestaurant, der zur Bank fuhr, um 500 Dollar Kleingeld zu besorgen. Das Restaurant brauchte je 250 Dollar in Münzen und in 1-Dollar-Scheinen. Die Kassiererin erwischte aus Versehen ein Bündel 100-Dollar-Noten und gab dem Ausfahrer 250 Dollar in Münzen und 25 000 Dollar in Scheinen.

Der Ausfahrer bemerkte den Fehler sofort, sagte aber nichts. Er brachte das Geld schnurstracks zu der Wohnung eines Verwandten, worauf er zu dem Restaurant zurückkehrte, überzeugt, ein reicher Mann geworden zu sein.

Die Kassiererin entdeckte ihren Fehler nur zu bald, konnte sich aber nicht daran erinnern, wie der Kunde, dem sie die 100-Dollar-Scheine gegeben hatte, ausgesehen hatte. Aber sie erinnerte sich an seinen Geruch, und der Geruch sagte ihr, daß er in einem Chinarestaurant arbeitete, ja sie glaubte sogar zu wissen, welches Restaurant es sein mußte. Mit Hilfe der Polizei gelang es ihr, das Restaurant ausfindig zu machen und den Ausfahrer zu identifizieren, der darauf nicht nur das ergaunerte Geld, sondern auch seinen Job verlor.

Als ich die Bibel studierte, mußte ich an diese Geschichte denken. In 2. Korinther 2,15 schreibt der Apostel Paulus: »Denn wir sind für Gott ein Wohlgeruch Christi unter denen, die gerettet werden, und unter denen, die verloren werden.« Paulus meint hier keinen Geruch im wörtlichen Sinne, sondern etwas, das wir gegenüber den Menschen, denen wir begegnen, ausstrahlen.

Geruch ist gewöhnlich ein Nebenprodukt von Aktivität. Ich hatte mich in den langen Jahren meines Kung-Fu-Trainings an den Geruch von Schweiß gewöhnt. Wer Knoblauch ißt, riecht nach Knoblauch, und wer sich mit Parfüm übergießt, riecht so wie die Parfümabteilung in einem Kaufhaus. Und wer anfängt, in Liebe und Demut Jesus zu dienen, der nimmt, bildlich gesprochen, seinen Geruch an.

Fast jeden Tag hatte ich Gespräche mit neuen Gefangenen, ja sogar manchen der Wärter. Viele kamen mit Fragen und Problemen zu mir. Die meisten waren unter die Räder des Lebens gekommen; sie waren im Griff einer Sucht oder standen vor den Trümmern ihrer Familie. Und ich wußte selber nicht, warum, aber ich hatte offenbar die Weisheit bekommen, ihnen zu helfen. Mit einigen von ihnen konnte ich beten und die Bibel lesen und ihnen zeigen, wie Gott in der Bibel zu uns redet. Und jedem machte ich Mut, sich von Michael Wright besuchen zu lassen; ich wußte: wenn er mir geholfen hatten, konnte er auch den anderen helfen.

Eines Tages bekam ich einen traurigen Brief von Michael. Er teilte mir mit, daß das Gefängnis ihm weitere Besuche untersagt hatte. Er besuchte damals regelmäßig zehn Häftlinge, und einige aus seiner Gemeinde besuchten den Frauenblock. Michael war unsere Verbindung nach draußen. Dem Ton seines Briefes nach war er ganz geknickt, aber er forderte uns auf, stark zu sein. »Betet«, schrieb er uns, »fragt euch, was Gott euch sagen will. Bittet ihn, daß ich euch bald wieder besuchen darf, wenn dies sein Wille ist.« Ich wußte: Michael gab sein Letztes, um uns zu helfen. Allein die Anfahrt zum Gefängnis kostete ihn jedesmal eine Stunde in der sengenden Hitze; oft mußte er auf dem Heimweg irgendwo anhalten, um sich auszuruhen. Die Gespräche mit den Häftlingen, ihre Lebensschicksale – es war Schwerarbeit für ihn. Aber er machte weiter, ein Schwacher, dem der Gott, dem er diente, Kraft gab.

Ich stand tief in Michaels Schuld. Ohne ihn hätte ich die Botschaft von Jesus Christus nicht gehört. Ich trommelte rasch unsere Gruppe zusammen. Wir brachen das Brot und dankten Jesus für sein Opfer, und dann gingen wir auf die Knie und baten Gott, dafür zu sorgen, daß Michael uns wieder besuchen konnte.

Ich beantragte einen Termin beim *Chowishi,* und nach mehreren Tagen, in denen ich viel gebetet hatte, stand ich tatsächlich vor ihm. »Ich höre gute Dinge über dich, Tony«, sagte er. »Die *Varianos* berichten mir, daß du ein anderer Mensch geworden bist.«

»Das stimmt, ich bin jetzt Christ.«

»Ist das das, was man auch ›wiedergeboren‹ nennt?« Er winkte wegwerfen mit der Hand und lächelte süffisant.

»Ja«, erwiderte ich. Ich hätte ihm zu gerne Genaueres erzählt, aber ich durchschaute sein Spiel. Er machte sich über mich lustig, ich bewegte mich auf gefährlichem Boden. »Sir«, sagte ich auf griechisch, »es gibt viele Männer, denen die Besuche von Michael Wright sehr helfen.« Er wischte sich mit dem Taschentuch über die Stirn und bedeutet mir, weiterzusprechen. »Die *Varianos* haben Ihnen sicher gemeldet, wieviel ruhiger viele der Männer geworden sind. Wir führen nichts Böses im Schilde. Die Gewalt im Block hat abgenommen.«

»Das habe ich gehört, ja.«

»Dann, Sir, lassen Sie bitte Michael wieder kommen.« Ich hoffte und betete, daß er sich erweichen lassen würde.

Zwei Wochen danach konnte Michael in der Tat seine Besuche wiederaufnehmen, und wir dankten Gott für diese gewaltige Gebetserhörung. Michael durfte uns nicht nur besuchen, er bekam auch eine Sondergenehmigung zum Betreten der Bibliothek, wo er für ganze Gruppen Bibelstunden halten konnte. Auch Richard Knox kam; er brachte seine Trompete mit, mit der er unsere Lieder begleitete. Ich werde diese Stunden nie vergessen.

Aber ganz kostenlos waren sie nicht. Ich hatte jetzt fast zweieinhalb von meinen drei Jahren Gefängnis hinter mir, und wir alle erwarteten nichts anderes, als daß ich vorzeitig entlassen würde. Ich wurde auch tatsächlich zu dem *Chowishi* bestellt. Er lächelte genauso wie beim letzten Mal. »Ich höre weiter nur Gutes über dich, Tony. Und du hast sogar deinen Mann wiederbekommen, diesen Michael Wright.«

»Ja, Sir. Ich danke Ihnen.« Warum sprach er dieses Thema an und nicht meine Freilassung? Ich holte tief Luft. »Sir, wann bekomme ich meinen Entlassungsbescheid? Werde ich nicht bald wegen guter Führung entlassen?«

Der *Chowishi* grinste über das ganze Gesicht. »Nun, du hast deinen Prediger gekriegt, und ich war sehr gut zu dir ...« Er ließ die Worte in der Luft hängen, als erwarte er weitere Dankesworte von mir. Ich schwieg. Er fuhr fort: »Aber die Behörden nehmen dein Verhalten halt sehr ernst.«

»Sir?«

»Die ganzen Geschichten mit der Bibel. Du hast Irrlehren gepredigt und damit deine vorzeitige Entlassung verloren. Du wirst deine vollen drei Jahre absitzen.«

Ich war nicht erbaut, aber auch nicht völlig schockiert. Michael hatte mich darüber aufgeklärt, welch großen Einfluß die Griechisch-Orthodoxe Kirche in dem Gefängnis hatte. Nein, es würde nichts bringen, wenn ich mich ärgerte. Es gab viele Insassen, die ich noch nicht erreicht hatte, und ich wußte, daß Michaels Besuche jederzeit wieder unterbunden werden konnten.

Jeden Morgen, in der Stille vor Sonnenaufgang, sprach ich mit Gott. Ich nannte ihm viele der Gefangenen mit Namen und trug ihm meine Bitten für sie vor. Viele dieser Gebete erhörte Gott sofort, aber mit jedem Tag tat mir das Herz mehr weh für diese Menschen. Die Not dieser Männer war so unglaublich groß. Manchmal tat es mir fast körperlich weh, wenn ich erfuhr, was für furchtbare Wunden ganz gewöhnliche Männer zu Mördern, Vergewaltigern und Verrückten gemacht hatten. In dem Dreck, dem Lärm, dem Gestank und dem Elend dieser Mauern lebten Menschen, deren Seelen verzweifelt waren.

Einige der qualifizierteren Häftlinge arbeiteten in der Gefängnisschreinerei und -druckerei. Die meisten von uns hatten irgendeine Aufgabe; ich war gewöhnlich mit Reinigungsarbeiten und dem Servieren der Mahlzeiten beschäftigt. Die Gefängnisleitung hatte Gazantha, dem arabischen Frisör, erlaubt, in der Schreinerei einen kleinen Salon einzurichten. »Tony, alter Freund, komm, setz dich«, begrüßte er mich, über beide Ohren grinsend. »Wie immer?«

»Ja, mein Freund. Heute bin ich tapfer. Paß auf, daß die Klinge nicht ausrutscht.«

»Ah, du weißt doch, daß du in ganz Nikosia keine bessere Rasur kriegst.« Wir lachten und schwätzten zusammen, während er meinen Bart stutzte. In dem kleinen, halb zerbrochenen Spiegel konnte ich die Männer an den Maschinen der Schreinerei beobachten. Es war laut: der Lärm der Maschinen, Rufe, Singen.

An der Kreissäge stand Kyriacos, ein kleiner Grieche. Komisch, er bediente die Säge nicht, sondern stand stocksteif da und starrte auf die Sägescheibe. Gazanthas Stimme rauschte an mir vorbei. Was hatte Kyriacos vor? Dann sah ich, wie er langsam seine Hand an die rotierende Scheibe führte und wie einer der Finger nach dem anderen auf den Boden fiel, zuletzt der Daumen. Kyriacos bewegte sich kaum und gab keinen Laut von sich. Ich sprang auf und rannte zu ihm.

Jetzt wurden auch die anderen Arbeiter – Griechen und Araber – lebendig. Sie ließen ihre Werkzeuge fallen, viele von ihnen begannen, laut zu jammern und ihre Kleider zu zerreißen. Kyriacos stand wie in einer Trance da, seine Hand weiter erhoben. Die Säge lief immer noch, einen kleinen Blutregen verspritzend. Schreie, Chaos, Panik; niemand wußte, was er tun sollte. Dann liefen Tränen über Kyriacos' Gesicht, und er begann aufwimmernd zu fallen. Der *Chowishi* der Schreinerei fing ihn auf, bevor er auf den Steinfußboden schlug, und rief Hilfe herbei. In dem allgemeinen Durcheinander suchte ich in dem rot gefärbten Sägemehl nach den abgeschnittenen Fingern.

Es war ein furchtbares Erlebnis. Das Gefängnis konnte den gesündesten Mann in den Wahnsinn treiben. Kyriacos hatte gehört, daß seine Frau eine Affäre mit einem anderen hatte. Vor kurzem hatte er auch gewisse Privilegien verloren und durfte nicht mehr malen, und das schien ihm den Rest gegeben zu haben. Kyriacos war kein Einzelfall; es geschah nur zu häufig, daß ein Gefangener Hand an sich selber legte.

Früher hatten das Blutvergießen und die Gewalt mir eine perverse Befriedigung verschafft; jetzt widerten sie mich nur noch an. Das ganze Gefängnis war ein Pulverfaß. Ein Häftling, der schlecht gelaunt war, reichte, um eine Massenschlägerei vom Zaun zu brechen. Für viele war dies eine willkommene Gelegenheit, sich abzureagieren und alte Rechnungen zu begleichen. Früher hatte ich kräftig mitgemacht; jetzt flüchtete ich mich in meine Zelle, wenn die nächste Eruption kam. Ich wußte: Ich durfte nicht mehr mitmachen bei diesen Gewaltorgien.

Der Sommer 1992 war unerträglich heiß, was die Laune der Männer im Block nicht verbesserte. Sie waren ruhelos und reizbar, und vielen von uns war klar, daß der nächste Zusammenstoß zwischen Palästinensern und Griechen sich zusammenbraute. Als er kam, war die Zahl der Opfer hoch. Wie immer trennten die Wärter die streitenden Parteien, und wieder konnte ich meine palästinensischen Bekannten im Einzelhaftblock besuchen.

»Es wird eine Untersuchung geben«, erklärte Ian Davidson mir, als ich ihm das Essen brachte. Die diensthabenden Wärter ließen uns in Ruhe.

»Warum? Was ist passiert?« fragte ich ihn.

»Irgend 'nen Griechen hat's echt erwischt. Es heißt, daß er es vielleicht nicht schaffen wird.«

»Das gibt's öfter hier.«

»Schon, aber er war ein hohes Tier, wir glauben, irgendein Politiker.« Ich reichte Ian ein grau aussehendes zu lange gekochtes Ei und einen Teller halbvergammelte Tomaten. »Wie lange soll das so weitergehen, Tony?« Er lächelte.

»Ich hab deine Bestellung weitergegeben. Vielleicht bis morgen?« witzelte ich.

»Wußtest du, daß ein paar Journalisten hier rumgeschnüffelt haben?«

»Echt?«

»Haben sich als Wärter ausgegeben, aber weit gekommen sind sie nicht.«

»Schön, zu wissen, daß der Rest der Welt uns nicht ganz vergessen hat.«

»Schon, aber das hier könnte unserer Sache schaden. Wir können es nicht gebrauchen, daß wir wieder in allen Zeitungen stehen.«

»Meinst du, da packt einer aus?«

»Einer soll's angeblich schon getan haben. Wir wissen nur noch nicht, wer.«

Einer der Wärter kam in unsere Richtung. »Das war's für heute«, sagte ich Ian. »Bis morgen dann.«

Ich drehte den Servierwagen mit einiger Mühe. »Vergiß nicht meine Bestellung,« sagte Ian und zwinkerte mir zu.

Ein paar Tage danach hatte ich ein geflüstertes Gespräch mit Ians Kampfgefährten Adli, der einer der Anführer war. Als früherer Leibwächter von Yassir Arafat war er ein hochangesehenes PLO-Mitglied. Ich hatte mich etwas mit ihm angefreundet, wußte aber, daß eine zu enge Beziehung zu ihm gefährlich werden konnte. Als ich ihm sein Essen servierte, kritzelte Adli etwas auf einen winzigen Zettel. Er schob mir den Zettel durch das Gitter zu und sah mich fest an. »Das ist der Mann, Tony. Der Spitzel.«

»Was?«

»Der Spitzel«, zischte er. »Aus unserem eigenen Land.«

»Ein Palästinenser?«

»Ja.« Er senkte seine Stimme. »Aber keiner von uns.« Er tippte sich an den Kopf, um mir zu bedeuten, daß der Verräter nicht intelligent genug war, um zu der inhaftierten PLO-Elite zu gehören. »Verräter sind Schweine, Tony. Wir müssen uns um ihn kümmern.«

»Adli, du weißt doch, daß ich nicht …«

»Komm, Tony«, unterbrach er mich. »Wir sind doch Freunde, oder? Hier drinnen können wir nichts machen. Der Kerl braucht eine Lektion, die er nicht vergißt.«

Zu meiner Erleichterung riefen mir im gleichen Augenblick die *Varianos* zu, mich zu beeilen. Ich steckte den Zettel in die Hosentasche und schob den Wagen zurück in den Hauptflur. Ich warf den Zettel ins Feuer, ohne ihn zu lesen.

Nein, bei so etwas würde ich nicht mitmachen. Aber ich hätte mir denken können, daß andere nur zu bereit waren

Einige Tage danach ging ich im Gefängnishof spazieren. Es war kühler geworden – eine willkommene Erleichterung nach der monatelangen Gluthitze. Zwei der Palästinenser, Hussein und Yousef, gingen an mir vorbei, mich freundlich grüßend. Ich lächelte gedankenverloren zurück und ging weiter. Als ich wieder zu ihnen kam, hielt ich abrupt an. Was war das? Der Jüngere, Hussein, hielt seinen Freund an den Haaren, rücklings auf eine Bank gepreßt. Er stand über ihm und rammte ihm die Hand ins Gesicht. Es blitzte. Der hatte eine Klinge in der Hand! Einen Augenblick lang war ich wie erstarrt. Hussein zerhackte buchstäblich Yousefs Gesicht; der schrie und schrie, das Blut spritzte in Fontänen.

»Halt! *Stamada, hallus, hallus!*« schrie ich. Meine Starre löste sich, ich rannte los, aber als ich die Bank erreichte, war Hussein schon in dem Block verschwunden. Yousefs Körper hing rücklings auf der Bank, wie ein zitternder Sack. Er war bewußtlos. Ich zog ihn auf den Boden und merkte, daß er nicht mehr atmete. Meine Bodyguard-Instinkte meldeten sich. Ich mußte ihn beatmen. Aber wo war der Mund in dieser roten Masse? Ich fand ihn und begann die Mund-zu-Mund-Beatmung. *Gott, laß ihn nicht sterben, bitte!* Ich hörte eilig näher kommende Schritte. Dann zuckte Yousefs Körper und ein Schwall aus Erbrochenem und Blut ergoß sich über mich. Jetzt waren die *Varianos* da. »Wartet!« sagte ich ihnen. Ich legte Yousef auf die Seite, so daß er nicht an dem Erbrochenen ersticken konnte. Als die Sanitäter kamen, merkte ich, wie ich zitterte. Ich hatte dem

Mann das Leben gerettet – aber würde er je wieder eines haben, mit diesem zerfetzten Gesicht?

Mir wurde allmählich klar, wie Gott seine schützende Hand über die kleine Gruppe der neubekehrten Christen hielt. Wir waren in ständiger Lebensgefahr durch Messerstecher und durch Wahnsinnige, die einem unvermittelt siedendes Öl oder kochendes Zuckerwasser ins Gesicht schleudern konnten. Auf Gott vertrauen, es war einfach in diesem Gefängnis; jeden Tag erlebten wir ganz handgreiflich seine Bewahrung.

Der Tag meiner Entlassung kam näher. Ich hatte meine vollen drei Jahre abgesessen. Ich wußte: Gott hatte einen Weg für mich, einen Plan. Tief drinnen wußte ich, daß ich vollkommen mit meiner Vergangenheit brechen mußte. Ich hatte den Eindruck, daß Gott mich aufforderte, ihm ganz und gar zu vertrauen und einen völligen Neubeginn zu machen.

Und er half mir dabei, indem er ein Hindernis nach dem anderen aus dem Weg räumte. Mein Paß war abgelaufen, und ich brauchte Geld, um aus dem Land herauszukommen. Es gab viele Männer, die noch lange nach Ende ihrer Haftstrafe weiter im Gefängnis saßen, weil sie schlicht kein Geld für die Freiheit hatten.

Der letzte Besuch von Michael Wright und Richard Knox kam. »Das nächste Mal sehen wir uns draußen«, lächelte Michael.

»Wir haben bei der Britischen Botschaft einen Paß für dich beantragt«, sagte Richard. »Du kannst ihn am Mittwoch in der Gefängnisverwaltung abholen, ebenso ein Flugticket nach England, das auf deinen Namen ausgestellt ist.«

Ich wußte nicht, wie ich ihm danken sollte. Wir saßen eine Weile schweigend da, Michaels Gesicht wie immer strahlend. »Gott wird für dich sorgen, Tony«, sagte er. Ich nickte gedankenverloren.

»Ich habe mich mit meinem Freund Cor Bruins in Verbindung gesetzt«, fuhr Richard fort. »Wir waren als Missionare zusammen im Libanon.« Richard hatte mir schon öfter von dem Holländer und seiner Familie erzählt. »Cors Tochter Carolyn hat gesagt, daß du bei ihnen wohnen kannst, wenn du zurück nach England kommst.« Richard zog einen kleinen Umschlag aus seiner Jackentasche. In dem Umschlag war ein Foto, das eine vierköpfige Familie zeigte. »Dies sind Carolyn und ihr Mann John«, erklärte Richard mir. »Und das sind ihre beiden Kinder, die zweijährige Anna und der frischgebakkene Joshua.« Die unschuldige Schönheit der vier Gesichter gab mir einen plötzlichen Stich. Richard fuhr fort, mir meine Gastfamilie zu beschreiben. »Sie wohnen in New Malden in der Grafschaft Surrey und gehören zu einer Baptistengemeinde ...«

Ich unterbrach ihn. »Wissen die, wer ich bin und was ich gemacht hab?«

Richard lächelte beruhigend. »Denk dran, was in der Bibel steht, Tony: ›Es gibt keine Verdammnis für die, die in Christus Jesus sind.‹ Carolyn und Joshua sind ganz liebe Leute, sie werden dich nicht verurteilen. Sie wissen, daß du von hier kommst, und haben versprochen, dich am Flughafen abzuholen.« Er grub wieder in dem Umschlag und zog einen Zettel heraus – ein kurzer Brief, in dem Carolyn und John mir schrieben, wie sehr sie sich auf mich freuten. Ihr Haus war klein, aber es sollte mir an nichts fehlen. Ich war überwältigt von der Gastfreundschaft dieser Menschen, für die ich doch ein Wildfremder war.

Kapitel 13

Es war der 11. November 1992. Mein Entlassungstag. Noch bei halber Nacht, lange vor Sonnenaufgang, schlug ich mein Andachtsbuch auf. Ich starrte die Seite an in dem flackernden Kerzenlicht. Die Überschrift der Andacht für diesen Tag lautete: »Wirklich frei.« Ich sog die Worte aus Johannes 8,36 in mich auf. Dies war mein Vers. Ich wußte: Gott hatte mich bis hierhin gebracht; er würde auch meine Zukunft in seine Hand nehmen.

Den ganzen Morgen ging ich durch den Block, redete mit so vielen Mitgefangenen wie möglich und forderte sie auf, ihr Leben Jesus zu übergeben. Der Abschied von meinen Freunden war nicht einfach. Wir hatten so viel zusammen erlebt. Siggy, Simon, Ian, Martin, Andreas, Hassan ... In Mohammeds Augen standen Tränen. »Vertraue weiter auf Gott, mein Freund«, sagte ich ihm. »In ihm sind wir frei.« Ich nahm seine Hand und drückte sie ihm über seinem Herzen, in einer letzten Umarmung.

Ein letzter Blick auf »meinen« Block, dann drehte ich mich um und ging langsam zum Büro des *Chowishi.*

Ich wühlte in dem kleinen Beutel mit meinen Habseligkeiten. Ich war dankbar, endlich wieder richtige Schuhe anziehen zu können, obwohl sie sich nach den drei Jahren Gefängnissandalen eng und steif anfühlten. Eine Jeans und ein schwarzer Pullover. Ein paar Augenblicke lang betastete ich die drei kleinen roten Bücher mit den Namen, Telefonnummern und Adressen aus meiner Zeit als Kung-Fu-Kämpfer und Leibwächter. Ich dachte an Gottes Verheißung und schmiß sie in den Papierkorb. Dann schob ich meine Bibel, meinen

Emmaus-Bibelkurs und ein paar andere Bücher, die Michael mir ins Gefängnis gebracht hatte, in den Beutel. Viele andere Bücher ließ ich für meine Freunde im Gefängnis, doch ein Buch würde ich nie hergeben: *Das Tor der Herrlichkeit.* Ich mußte lächeln, als ich an die Nacht in der Zelle dachte, wo ich den Mann aus Nigeria getroffen hatte. Ich mußte oft an ihn denken. Wer war er? Hatte Gott ihn mir über den Weg geschickt, war er vielleicht ein Engel gewesen? Ich wußte genau, daß er auf die Innenseite des Buchdeckels seinen Namen und seine Adresse geschrieben hatte, ich hatte es mit meinen eigenen Augen gesehen. Aber jedesmal, wenn ich die Adresse lesen wollte, war sie nicht zu finden, obwohl niemand auch nur eine Seite aus dem Buch herausgerissen hatte. Es ist mir bis heute ein Rätsel.

Der *Chowishi* reichte mir einen Umschlag, in dem ein Paß und ein Flugticket waren. Einen Augenblick lang mußte ich an meine Zeit als Bodyguard denken. In einem Schließfach irgendwo in der Schweiz lag (und liegt wohl noch heute) ein ganzer Stapel gefälschter Pässe, die mir alle möglichen Namen und Nationalitäten andichteten. Falsche Papiere bekommen war ein Kinderspiel, wenn man die richtigen Leute kannte. Jetzt hielt ich einen Paß des britischen Konsulats in der Hand; er war schlecht gemacht. In ihm lag ein Zettel, den Richard geschrieben hatte: »Eine Dame in der Botschaft hat netterweise diesen provisorischen Paß ausgestellt, der dich für's erste sicher nach Hause bringen wird.« Das Foto – es war im Gefängnis aufgenommen – war schrecklich. Ich schob den Paß und das Ticket nach London Heathrow in meine Hosentasche. »Gehen wir«, sagte ich zu den *Varianos.*

Fünf Polizisten begleiteten mich zum Flughafen von Larnaka, damit ich auch ganz bestimmt das Land verließ; für die nächsten fünf Jahre hatte ich in Zypern Einreiseverbot. Ich saß hinten in dem Polizeiwagen und sog die Szenen draußen ein. Blauer Himmel, Bäume, Berge, Frauen, Kinder, der Geruch der See. Drei lange Jahre hatte ich diese Bilder in meinem Gedächtnis aufbewahrt, jetzt sah ich sie wieder in der Wirklichkeit. Ich spürte, wie meine Sinne sich öffneten, für alles, was ich so lange vermißt hatte.

Am Flughafen mußte ich in einem Dienstraum der Polizei auf meinen Abflug warten. Plötzlich hörte ich eine vertraute Stimme. Es war Michael Wright. Er und sein Schwiegervater waren gekommen, um sich von mir zu verabschieden. Sie gaben mir einen dicken Mantel. »Den schickt dir Elizabeth«, grinste Michael. »Sie sagt, in England wird es ziemlich kalt sein.« Er schlug seine Bibel auf und ging mehrere Verse mit mir durch, um mir Mut zu machen und mich aufzubauen. Es war gerade so, als ob ich sein Sohn war, der in die weite Welt ziehen wollte. Unser Abschied war bewegend. Michael hatte mir so viel gegeben. Er hatte den sicheren Hafen seiner Kirche verlassen, um die Verlorenen zu suchen, war in ein fremdes Land gezogen, im Vertrauen auf Gottes Ruf. Er hatte sich nicht nur in eine fremde Kultur begeben, sondern direkt in die Höhle des Löwen: in das Zentralgefängnis von Nikosia, die Hölle auf Erden und so ziemlich das Allerletzte für einen so guten Mann wie ihn. Er war treu gewesen und hatte den Verlorenen die Liebe Jesu, den Verzweifelten Gottes Hoffnung gebracht. Er hatte genau das getan, wozu Jesus jeden Christen aufruft. Statt sich ein schönes Leben zu machen, hatte er Menschen wie mir die gute Nachricht von Jesus Christus gebracht. Michael – das war gleichsam die Meßlatte, die ich mit nach England nahm, zu den Christen, denen ich dort in den Gemeinden begegnen würde; es sollte so manches Mal eine ernüchternde Begegnung werden.

Ich war schon oft geflogen in meinem Leben, aber jetzt starrte ich wie ein kleiner Junge auf die kleiner werdenden Lichter der Stadt unter mir, als das Flugzeug zu den Wolken hochstieg. Wie schön das war. Wie schön das Leben war. Ich schloß die Augen und dachte an die letzten drei Jahre zurück. Ich fühlte mich erfüllt und dankbar.

Als der Landeanflug auf London begann, zitterte ich, halb vor Angst und halb vor Vorfreude. Um ruhiger zu werden, sagte ich mir innerlich den 23. Psalm vor:

> Ein Psalm Davids. Der HERR ist mein Hirte, mir wird nichts mangeln. Er weidet mich auf einer grünen Aue und führet mich zum frischen Wasser. Er erquicket meine Seele. Er führet mich auf rechter Straße um seines Namens willen. Und ob ich schon wanderte im finstern Tal, fürchte ich kein Unglück; denn du bist bei mir, dein Stecken und Stab trösten mich. Du bereitest vor mir einen Tisch im Angesicht meiner Feinde. Du

salbest mein Haupt mit Öl und schenkest mir voll ein. Gutes und Barmherzigkeit werden mir folgen mein Leben lang, und ich werde bleiben im Hause des HERRN immerdar.

Ich erkannte John und Carolyn Nunn und ihre Kinder sofort, als ich in die Empfangshalle trat. Wie mochte ich auf sie wirken, dieser abgerissene Typ frisch aus dem Gefängnis? Ich konnte sie kaum anschauen, aber sie umarmten mich, als ob ich ihr lange vermißter Bruder war. Ich wußte nicht, was ich sagen sollte. Das Leben trommelte auf meine Sinne. Nach den drei Jahren im Gefängnis war alles groß, laut, ja erschreckend. Nach der Autofahrt war mir halb schlecht, aber ich war so dankbar für diese lieben Menschen, diese ganz normale Familie, die mit mir lachte und plauderte und alles tat, damit ich mich wohlfühlte. Wir traten in das Haus, und ich wußte immer noch nicht, ob ich wachte oder träumte. Es war warm, aus der Küche kamen Kochgerüche. Im Wohnzimmer Sessel, ein Sofa, Familienfotos an den Wänden, Spielzeug auf dem Fußboden. Ein ganz normales Haus, aber für mich so fremd und ungewohnt.

John führte mich in das kleine Gästezimmer. Carolyn rief aus der Küche: »Wir essen in einer Viertelstunde!« Erst jetzt merkte ich, was für einen Bärenhunger ich hatte. Ich setzte mich auf das Bett, befingerte das weiche, so saubere Bettuch, betrachtete die Bilder an den Wänden, die frischen Handtücher und Toilettenartikel, die meine Gastgeber mir hingelegt hatten. Womit hatte ich das verdient? *Die Leute haben ja keinen Schimmer*, dachte ich, als ich mich im Spiegel sah.

Ich duschte lange und heiß. Drei Jahre Dreck flossen weg. Im Gefängnis war der Waschraum ein gefährlicher Ort gewesen, wo man nie sicher vor lüsternen Augen war und wo es ein Riesenfehler sein konnte, sich nackt auszuziehen. Warmes Wasser war ein Luxus gewesen. Oft gab es tagelang nur kaltes, bis plötzlich eine braune heiße Brühe aus den Uraltleitungen stotterte und wir alle auf einmal zu den Wasserhähnen rannten.

Unten im Wohnzimmer kam Musik aus der Stereoanlage, und die kleine Anna spielte »Fang mich doch« mit ihrem Vater, der versuchte, sie in den Hochstuhl zu setzen. »Komm rein und setz dich«, lachte er, als er mich in der Tür sah. »Mach dir's bequem.« Jetzt hatte er Anna. Er hob sie schwungvoll hoch und ließ sie mit dem Kopf nach unten durch die Luft schaukeln, bis sie vor Vergnügen quietschte. Dann setzte er sie neben mich in den Stuhl. Sie sah mich an und lachte, dann legte sie spitzbübisch die Hände vor ihr Gesicht und schaute durch ihre Finger.

Carolyn kam mit einem dampfenden Topf herein, den sie auf den Tisch stellte. »Nicht wahr, ich darf den Topf auf den Tisch stellen, Tony?« Ich sah sie fragend an. »Ich meine, du bist ja kein Gast, du gehörst zur Familie, und so essen wir hier immer.« Und sie nahm die Schöpfkelle und füllte unsere Teller mit einem wunderbar duftenden Eintopf. John dankte Gott für die Mahlzeit, und wir fingen an zu essen.

Das Leben in einer ganz normalen Familie – ich glaube, die Nunns hatten keinen Schimmer davon, wie fremd und ungewohnt und schwierig es für mich war. Manchmal konnte ich es nicht begreifen, wie blind sie mir vertrauten. John ging morgens aus dem Haus, zu seiner Arbeitsstelle, Carolyn war mit dem kleinen Joshua in einem anderen Zimmer, und da saß ich also alleine mit Anna im Wohnzimmer. Die haßerfüllte Gewalt, die so zu meinem Leben gehört hatte, sie schien unbekannt zu sein in dieser heilen Welt.

Anna alberte gerne. Ich hatte keinerlei Erfahrung mit Kindern, aber dieses kleine Mädchen, es machte mich irgendwie ruhiger. Eines Morgens, als Anna wieder eine halbe Ewigkeit für ihr Frühstück brauchte, stellte Carolyn eine Eieruhr auf den Tisch. »Anna, wenn der Sand durchgelaufen ist, mußt du fertig sein, sonst setzt's was.« Sie verließ den Raum, und Anna starrte ihre Breischüssel an. »Will nicht.« Sie schob die Schüssel fort und machte eine Schmollippe.

Ich stand auf und setzte mich neben sie. »Komm Anna, iß schön, das schmeckt doch so gut«, sagte ich unsicher. Sie beäugte mich skeptisch. Ich nahm die Eieruhr und drehte sie um, um ein paar Minuten zu gewinnen. Anna sah es und grinste. »Psst«, machte ich und zwinkerte ihr zu.

»Psst«, wiederhole sie und legte den Finger auf ihre Lippen. Dann kicherte sie und aß rasch ihren Brei. Wir waren Freunde geworden.

Am Sonntag – es war der 15. November 1992 – ging ich mit den Nunns in die New Malden Baptist Church. Mein erster »richtiger«

Gottesdienst, zusammen mit so vielen anderen Christen – darauf hatte ich mich monatelang gefreut. Ich hatte das, was Michael und die anderen Besucher mir über ihre Gemeinden berichtet hatten, förmlich verschlungen. An die dreihundert Gläubige waren da. Die Musik war wunderbar, und ich fühlte mich wie in einer großen Familie. Die Predigt begann, und ich sog jedes Wort ein. Und dann kam es: »Wer gerne erzählen möchte, was er mit Gott erlebt hat, kann jetzt nach vorne kommen und das tun.« Ich saß auf meinem Stuhl und zitterte. Ich merkte: Gott wollte, daß ich nach vorne ging. Ganz nervös stand ich auf und spuckte stammelnd und stotternd etwas von meiner Lebensgeschichte aus. Es war das erste Mal, daß ich vor so vielen Menschen redete. Die Einzelgespräche, die ich im Gefängnis geführt hatte, waren irgendwie das Natürlichste von der Welt gewesen, aber jetzt, wo ich in das kleine Meer lächelnder Gesichter blickte, wollte mir fast schlecht werden.

Am Ende dieses Morgens hatte ich etliche neue Freunde gewonnen und mich für den Taufunterricht eingetragen. Richtig getauft werden – das war seit Monaten mein großer Traum gewesen. Michael Wright hatte mir oft von den Taufen erzählt, die seine Gemeinde am Strand durchführte, und als Ian Reverezer, ein junger Koreaner, mir schrieb, wie er im Meer getauft worden war, war ich ganz neidisch gewesen. In der Bibel las ich, daß sogar Jesus sich hatte taufen lassen, durch Johannes der Täufer. Ja, das brauchte ich auch. Und mehr als einmal »taufte« ich mich symbolisch selber unter der Dusche, sagte meinem alten Leben ab und trat als neuer, reiner Mensch aus der Dusche heraus.

Wir fuhren zurück nach Hause, und ich deckte den Tisch für das Mittagessen. Wir hatten Gäste, zwei liebe Freunde von John und Carolyn. Phil war in meinem Alter; sein Lächeln war breit, sein Händedruck fest. Wir entdeckten bald, daß wir beide passionierte Motorradfahrer waren. Sara hielt mir ihre Hand hin und sah mich fest an. »Schön, dich kennenzulernen; wir haben ja so viel von dir gehört.« Ihr Lächeln war wie die Sonne. Die ganze Mahlzeit hindurch war ich fasziniert von Saras Ausstrahlung. Ich mochte es, wie sie so ganz offen darüber redete, was Gott in ihrem Leben tat. Diese Menschen hier schienen geradezu in Jesus verliebt zu sein; es war genau die Umgebung, die ich brauchte.

Die Gäste gingen wieder, der Abend kam, und ich mußte dauernd an Sara denken und jedesmal dabei lächeln. *Was hast du vor?* fragte ich Gott. *Eine Frau – das kann ich noch nicht.* Aber Sara war ein Juwel, sie war so nett zu mir gewesen an diesem Nachmittag. Ich mußte ihr ein Geschenk machen! Und ich holte meine Kalligraphiestifte hervor und begann zu zeichnen.

Ein paar Tage danach machte ich mich auf den Weg zu Saras Haus. Sie wohnte ein ganzes Stück weit entfernt, in Putney. Das Gefängnis hatte mich zum Stubenhocker gemacht. In meinen Leibwächtertagen war ich mit meinen Kunden um die halbe Welt gereist; jetzt hatte ich schier Angst, das Haus zu verlassen, und bei dem bloßen Gedanken, in einen Bus oder Zug zu steigen, wurde mir übel. Aber am Tag zuvor hatte ich, nur ein paar Häuser weiter, einen Aushilfsjob bei einem Maler angenommen, und er hatte mir meinen Tageslohn in bar ausbezahlt. Ich verpulverte das ganze Geld für die Taxifahrt nach Putney.

Als ich vor Saras Haus stand, raste mein Herz. Was machte ich hier? Ich hielt in der einen Hand das in Packpapier gewickelte Bild, das ich gemalt hatte, und einen Strauß Blumen, während ich mit der zitternden anderen den Klingelknopf drückte. Das Haus war eine Wohngemeinschaft: Sara und vier andere junge Damen, alles Lehramtsstudentinnen, die ihr Schulpraktikum machten. »Bitte, Sara, bitte komm selber zur Tür«, flüsterte ich, von einem Bein aufs andere tretend. Sie kam natürlich nicht, sondern eine untersetzte Blondine, die grinste, als ich nach Sara fragte.

Sara kam, hinter ihr zwei, drei neugierige Gesichter in der Wohnzimmertür. Sie wurde rot. »Tony! Das ist ja eine Überraschung!«

»Ich … ich wollte dir nur eben das hier geben«, stotterte ich. Ich schob ihr die Geschenke in die Hand und drehte mich um, um wieder zu gehen.

»Halt, warte«, sagte sie. »Komm rein, wenigstens einen Tee willst du doch sicher trinken.« Und ich trank einen Tee, mit Händen, die immer noch zitterten. Sie hörten erst auf zu zittern, als ich wieder in New Malden war. Am Abend rief ich Sara an und lud sie zu einem Restaurantdinner zu zweit ein.

In den nächsten Wochen trafen wir uns mehrere Male. Ich war immer furchtbar nervös, aber wir sprachen vor allem über unseren Glauben, und das half mir etwas. Ich schämte mich vor meinen neuen Freunden, ja kam mir dumm vor, daß ich erst ins Gefängnis, in den Keller des Lebens hatte gehen müssen, um Gott zu finden. Sara – die schöne, nette, unschuldige Sara – hatte Jesus schon ihr ganzes Leben lang geliebt, und darauf war ich richtig neidisch. Als sie mir erzählte, daß sie sich wünschte, Gott genauso »echt« erfahren zu können wie ich, konnte ich das nicht verstehen. Was ich hinter mir hatte, ich hätte es meinem ärgsten Feind nicht gewünscht. Sara sagte, daß sie Gott nicht so »gesehen« hatte wie ich, aber ich konnte nur staunen über ihren scheinbar »blinden« Glauben und ihr wunderbares Zeugnis für Gott.

Sara hatte ihr Leben Jesus übergeben, als sie noch ein Kind war. Sie lächelte, als sie mir die Geschichte erzählte. »Ich ging gerne mit, wenn mein Vater predigte. Er war kein richtiger Pastor, aber in unserer Kirche dürfen alle Männer predigen. Eines Abends – ich war vielleicht zehn Jahre alt – predigte mein Vater über die ›Endzeit‹. Er beschrieb, wie jeden Augenblick Jesus wiederkommen kann, um die Seinen zu sich zu holen, und wie dann die, die nicht an ihn glauben, auf der Erde zurückbleiben müssen.« Sara holte tief Luft und fuhr fort: »Der Gedanke, daß ich vielleicht zu denen gehören würde, die zurückbleiben mußten, machte mir echt Angst. Ich wußte schon einiges über Jesus. Ich wußte, daß man an ihn glauben mußte, um gerettet zu werden. Ich glaubte auch an ihn, eigentlich immer schon, aber hatte ich wirklich mit ihm ernst gemacht? Als ich an diesem Abend meinem Vater zuhörte, wurde mir klar, daß ich das Gebet sprechen mußte, das er immer erwähnte.« Ich sah sie erwartungsvoll an. Ich glaubte, Tränen in ihren Augen zu sehen.

»Ja, Tony, und dann hab ich das Gebet gebetet. Aber es passierte nichts. Ich hatte so oft gehört, daß nach diesem Gebet das Leben ganz anders wird oder daß man so ein tolles Gefühl kriegt, Gottes Kind zu sein. Aber bei mir war nichts.«

»Nichts?« fragte ich ungläubig. Ich dachte an die Nacht in meiner Zelle zurück, wo ich zum ersten Mal zu Jesus gebetet hatte.

»Nichts. Kein wunderbares Gefühl, keine Stimme vom Himmel, nichts. Ich dachte, daß ich da wohl was falsch gemacht hatte. Vielleicht hatte ich doch nicht die richtigen Worte gesprochen oder mein Herz war nicht ehrlich genug gewesen.« Sara lächelte schwach.

Sie fuhr fort: »Fast ein ganzes Jahr hatte ich Angst. Wenn ich abends im Bett lag, lauschte ich auf die vertrauten Geräusche: ein Stuhl, der über den Boden kratzte, ein halblautes Gespräch – irgend etwas, das mir zeigte, daß meine Eltern im Haus waren. Manchmal tat ich so, als ob ich einen Hustenanfall hatte; dann kam meine Mutter zu mir heraufgerannt, und dann wußte ich, daß alles gut war und daß sie noch da war. Wenn alles ganz still war, hatte ich Angst, daß Jesus wiedergekommen war und alle zu sich geholt hatte und daß ich jetzt allein war.«

Ich starrte Sara an. Sie lächelte. »Irgendwann hab ich dann meinen Mut zusammengenommen und meinen Eltern von meiner Angst erzählt. Und dann war es gut.«

»Wie war es gut?« fragte ich. »Was haben sie dir gesagt?«

»Meine Mutter erklärte mir, daß sie mich mein ganzes Leben lang vor den böseren Dingen beschützt hatten und daß sich daher bei mir gar nicht so viel ändern konnte …«

Wie meinte sie das? »Aber gerettet werden heißt doch nicht nur, daß man ein anständiges Leben führt, oder?« sagte ich.

»Mein Vater hat mich damals an den Gefängnisaufseher von Philippi in der Apostelgeschichte erinnert. Als mitten in der Nacht das Erdbeben kam, das die Türen des Gefängnisses öffnete, fragte er Paulus und Silas, was er tun mußte, um gerettet zu werden, und sie antworteten ihm: ›Glaube an den Herrn Jesus, und du wirst gerettet werden.‹ Ich fragte meinen Vater: ›Ist das wirklich alles? Bist du sicher, daß das genügt?‹ Darauf zeigte er mir andere Bibelstellen, aus denen das gleiche hervorging. Er erklärte mir, daß manche Menschen dramatische Bekehrungserlebnisse haben, aber eben nicht alle. Worauf es ankam, war allein, daß ich wirklich an Jesus glaubte und ihm vertraute. Was mein Vater mir da sagte, war irgendwie genau das, was ich brauchte.«

Ich dachte an meine Freunde im Gefängnis zurück. So viele von ihnen waren aus dem Schutt ihres Lebens zu Gott gekommen. Ich hatte ihnen das Evangelium gebracht, auf die einzige Art, die ich kannte. Wahrscheinlich hatte ich mehr als einmal nicht ganz die richtigen Worte gesprochen. Ich hatte überhaupt kein »Mustergebet« gekannt, und die anderen auch nicht. Daß Sara schlaflose Nächte gehabt hatte, weil sie dachte, daß ihr Gebet »nicht richtig« war, es machte mich traurig. Ich wußte doch, daß es nicht auf die perfekte Formulierung ankam und daß Gott jedes Gebet hörte, das von Herzen kam. Wie hatte Michael Wright noch gesagt? »Die Erlösung ist ein Geschenk und keine Entlohnung. Jesus hat schon alles getan; wir brauchen ihm nur noch zu glauben und sein Geschenk anzunehmen. *Wie* wir zu ihm kommen, ist egal.«

Als ich Sara zuhörte, merkte ich, wie unterschiedlich unser Leben war. Sie war wohlbehütet in einer liebevollen Familie groß geworden, wo der Glaube eine Selbstverständlichkeit war. Wie könnte sie jemals einen wie mich verstehen? Ich schämte mich richtig. Vielleicht war es besser für sie, wenn ich wieder aus ihrem Leben verschwand? Aber andererseits: Wie sie mir zuhörte, mir Fragen stellte, mir Mut machte – da war etwas. In ihrer Gegenwart fühlte ich mich geachtet und wertvoll. Nein, ich durfte diese Freundschaft nicht aufgeben!

Mein ganzes Erwachsenenleben hatte ich mich als der große Boß gefühlt. Wenn ich in einen Raum trat, wußte ich, daß ich nur mit dem Finger zu schnippen brauchte und alles hörte auf mich. Seit dem Gefängnis war das anders geworden. Jetzt war ich oft furchtbar nervös und stotterte und zitterte, wenn ich unter Menschen war. Bestimmt merkte Sara das auch. Ich hatte buchstäblich Angst, sie anzufassen. Und dann nahm sie eines Abends meine Hand. Mein erster Gedanke war, sie zurückzuziehen, aber bevor ich mich versah, hatte sie mir einen Kuß gegeben. Ich war platt. Und dann hörte ich auf zu zittern, und eine ungeheure Freude erfüllte mich.

Nach einigen Monaten zog ich um, in das Haus von Alan und Irene Kirkham, ein liebes älteres Ehepaar aus der Gemeinde. Mein nächster Umzug führte mich in ein Zimmer direkt über dem »Oak Room«, einer kleinen Brethren-Gemeinde in Clapham Junction (London). Die Gemeinde bestand fast nur aus mittelalten und älteren schwarzen Frauen. Der bis dato einzige Mann, Joe McDonald, war erleichtert, als er mich sah. Da in den Brethren-Gemeinden die Rollen der Frauen und Männer traditionell sehr strikt geregelt sind, mußte der arme Joe sämtliche Predigtdienste übernehmen. Das Fundament der Gemeinde waren die Frauen, aber predigen und das

Abendmahl austeilen durften sie halt nicht. Jahrelang hatte Joe die Gemeinde treu geleitet und jeden Sonntag zwei Gottesdienste gehalten. Jetzt konnte er fast nicht mehr, und ehe ich mich versah, hatte ich den Großteil seiner Aufgaben am Hals. Dann zog Joe sich ganz zurück, und ich stand alleine da als »Pastor« für lauter ältere Frauen. Was nun? Ich hatte schon viele Male mein Zeugnis gegeben, aber predigen und ganze Gottesdienste und Bibelstunden halten, das war etwas anderes. Die Frauen korrigierten mich sofort, wenn ich etwas falsch machte, aber sie waren dankbar, und ich merkte, daß es kein Zufall war, daß Gott mich zu ihnen geführt hatte.

Die Brethren sind berühmt für ihr Bibelwissen, und ich verbrachte viele Stunden damit, die Bibel zu studieren und Predigten zu schreiben. Anfangs las ich meine Predigten Wort für Wort ab, bis ich mich etwas sicherer fühlte. Zum Glück stieß bald Mike Livingstone, ein großgewachsener, athletischer Neuseeländer, der kurz nach mir nach London gekommen war, zu uns. Wir wurden bald gute Freunde. Die Frauen hatten Mike bald akzeptiert, und er übernahm einen Teil der Gottesdienste. Wir saßen oft bis tief in die Nacht zusammen und erzählten aus unserem Leben. Mike war, wie Sara, in einem christlichen Haus aufgewachsen, und auch er war ganz fasziniert von meiner dramatischen Bekehrung. »Weißt du«, sagte er mir eines Abends, »ich bin mir lange wie ein Christ zweiter Wahl vorgekommen.«

»Wie kannst du so was sagen?« sagte ich, »du hast doch dein ganzes Leben Gott gekannt.«

»Sicher, aber ich hab mich immer gefragt, ob ich wirklich einen eigenen Glauben hatte und nicht nur den meiner Eltern.«

»Wie meinst du das?«

»Für mich ist es immer Schwerarbeit gewesen, meinen Glauben real werden zu lassen – als *meinen* Glauben. Du bist Gott wirklich begegnet, und du hast selber gesagt, daß du davon für den Rest deines Lebens zehren kannst. Du *weißt* jetzt, daß Gott da ist, auch wenn du ihn nicht mehr siehst.«

»Das stimmt«, erwiderte ich. »Dort im Gefängnis hab ich jeden Tag erlebt, wie er mich beschützt hat. Anders hätte ich gar nicht überleben können.«

»Richtig. Und so was hab ich nie gehabt. Ich hab mich nie ganz auf ihn verlassen müssen, weil mein Leben immer so glatt gelaufen ist.«

Es war die gleiche Geschichte wie bei Sara. Weder sie noch Mike schienen zu begreifen, wie sehr ich sie bewunderte. Sozusagen blind an Gott glauben – ich konnte es mir nicht vorstellen. Aber die beiden hatten genau das getan, Jahr um Jahr, hatten Gott gelobt, ihm vertraut, ihm gedient.

»Aber denk doch mal nach, Mike«, sagte ich. »Die ganze Arbeit, die du hier in der Gemeinde tust – aus eigener Kraft würdest du das niemals schaffen.«

Mike lächelte. »Das meine ich doch, Tony. Meine Geschichte mit Gott ist ganz anders als deine, aber ich weiß, daß mein Glaube echt ist. Ich hab halt nicht so ein Bekehrungserlebnis zu bieten wie du.«

Wie meinte er das? Er klang ehrlich. »Das mußt du mir erklären«, sagte ich.

»Ich bin in einer Familie aufgewachsen, die Jesus liebte, und bekam mehr über den Glauben mit als der durchschnittliche Kirchgänger. Als ich zehn Jahre alt war, wußte ich irgendwie, daß ich ein Christ war, schon seit einiger Zeit. Ich wußte: Ich hatte Jesus als meinen Heiland angenommen; das Problem war nur, daß ich mich nicht erinnern konnte, wann. Ich konnte nicht sagen: ›An dem und dem Tag hab ich angefangen, an Jesus zu glauben‹, weil ich mich an keinen Tag erinnern konnte, wo ich nicht an ihn geglaubt hatte.« Mike lächelte.

»Das ist das, was ich so komisch finde«, sagte ich. »Vielleicht mußte Gott bei mir besonders drastisch eingreifen, weil mein Leben so verfahren war.«

»Kann sein«, sagte Mike. »Manche Leute vergleichen die Bekehrung mit einer Bahnfahrt in ein fremdes Land. Wenn du gerade wach bist, merkst du es genau, wann du über die Grenze fährst, aber wenn du schläfst, bekommst du das nicht mit – aber über die Grenze gefahren bist du trotzdem. Und so kann ich mich nicht daran erinnern, wann genau ich Christ geworden bin.«

»Aber kommen dir dann nicht manchmal Zweifel, ob du wirklich einer bist?« fragte ich.

»Könnte schon sein. Als ich dreizehn war, war ich ganz sicher, daß Gott wollte, daß ich mich taufen ließ, als äußeres Zeichen meines Glaubens an ihn. Ich ließ mich also taufen. Aber später, als Teenager, fragte ich mich manchmal, ob das alles echt gewesen war. Wenn ich Leute kennenlernte, die wie du exakt sagen konnten: ›An dem und dem Tag habe ich mich bekehrt‹, dann machte ich mir so meine Gedanken.«

Ich lächelte traurig. »Und?«

»Tja, ich schätze, das beste Mittel gegen solche Zweifel war bei mir das Beten. Es macht ja nichts, wenn man Gott noch einmal um Vergebung bittet, oder?« Mike lachte. »Ich schätze, der andere Grund dafür, daß es mich fuchste, kein großes Bekehrungserlebnis gehabt zu haben, war, daß ich etwas suchte, um Gottes Existenz ›beweisen‹ zu können. Ich wußte, daß ich an ihn glaubte, aber ich hätte den anderen – und mir selber – gerne erklärt, *warum* ich das tat. Ich bin halt jemand, der gerne alles wissenschaftlich erklären möchte. Aber Gott läßt sich nicht erklären oder durch Experimente nachweisen. Ich hab mich dann schließlich damit abgefunden, daß es in der Welt, wie wir sie kennen, gewisse Indizien dafür gibt, daß es ein Jenseits und Gott gibt.«

»Wie meinst du das?« fragte ich.

»Nun, zum Beispiel die Wunder der Schöpfung. Dann das Zeugnis der anderen Gläubigen. Ich merkte schließlich, daß ich – ja, einfach glauben mußte, auch ohne eine Stimme vom Himmel.«

Wir schwiegen, und ich dachte über Michaels Worte nach. Doch, er hatte recht. Dann fuhr er leise fort: »Ich schätze, so richtige Wunder Gottes und so hab ich keine erlebt, jedenfalls nicht bewußt. Aber ich weiß genau, daß er mich jeden Tag geführt, geleitet und bewahrt hat.«

»Amen«, sagte ich und lächelte.

So wichtig die Gemeinde war, von irgend etwas mußte ich meinen Lebensunterhalt finanzieren. Ich nahm jede Gelegenheitsarbeit an, die ich kriegen konnte, um meine Rechnungen zu bezahlen und einen Notgroschen zur Seite zu legen. Es war nicht immer einfach, einen Job zu finden, aber ich war nie lange arbeitslos. Ich half als Kellner aus, machte Malerarbeiten und alles Mögliche andere. Schließlich bekam ich eine feste Anstellung bei einem Wach- und

Sicherheitsdienst. Ich hätte mit Leichtigkeit meine Bodyguard-Karriere wiederaufnehmen können, aber das roch mir zu sehr nach meinem alten Leben. Als Wachmann war ich überqualifiziert und unterbezahlt, aber ich mochte die Arbeit, die einfach war und mich in den botanischen Garten »Kew Gardens« und zu anderen Sehenswürdigkeiten in London führte. Es war mir relativ egal, womit ich mein Brot verdiente. Meine große Leidenschaft war jetzt Jesus und wie ich den Menschen von ihm erzählen konnte. Ich bat Gott, mir Gelegenheiten dazu zu schenken, und es ergaben sich viele Gespräche.

Es dauerte nicht lange, und der Wach- und Sicherheitsdienst begriff meine Qualitäten als ehemaliger Prominenten-Leibwächter. Ich wurde befördert und begann meinen Aufstieg in der Firma. Ich machte meine Arbeit gerne gut und wußte, daß manches in der Firma verbessert werden konnte. Mein Ehrgeiz erwachte, und ich wechselte zu einer anderen Firma in der Branche. Bald wechselte ich wieder, und mit jedem Aufstieg stieg auch mein Gehalt. Ehe ich mich versah, hatte ich einen Managerposten, komplett mit Firmenwagen, einer Firmenwohnung in der Stadtmitte von London und einem ansehnlichen Gehalt, und ich dankte Gott für seine (wie ich es sah) Führung. Sara hatte mittlerweile ihr Lehramtsstudium abgeschlossen, und wir fingen an, Heiratspläne zu machen.

Wir verbrachten so manches Wochenende bei Saras Eltern in Essex. Sie nahmen mich freundlich auf, aber ich wußte, daß ich kaum ihr Wunsch-Ehemann für ihre Tochter war. Ich konnte nur immer wieder zu Gott beten, daß sie mein »neues Ich« sehen würden, den Menschen, den Gott Tag um Tag erzog und läuterte.

Es war nicht immer einfach. Obwohl ich mit dem Kung Fu längst Schluß gemacht hatte, lag es mir immer noch im Blut. Einmal zog ich meinen Wochenendbesuch etwas länger hinaus und wollte am Montagmorgen mit dem ersten Zug nach London fahren. Davids Vater wollte mir etwas Gutes tun und mich um 5 Uhr mit einer Tasse Tee wecken. Ich schlief fest, als er hereinkam. Als ich merkte, daß da jemand neben meinem Bett stand, schnellte ich hoch, in die »Kämpfendes Pferd«-Haltung. Der arme David wußte nicht, wie ihm geschah. Ich konnte mich gerade noch stoppen. Immerhin ließ er die Teetasse nicht fallen, als er vor Schreck hochsprang.

David lacht, wenn er die Episode erzählt, aber für mich ist sie eine schmerzliche Erinnerung an den »alten Weg«, den ich nie ganz loswerden werde. Das Kung Fu wird immer mein »Pfahl im Fleisch« sein. Ich weiß, daß ich, wenn ich die richtigen Druckpunkte am Körper benutze, einen Angreifer in Sekunden töten kann. Solch ein Wissen ist gefährlich – so ähnlich, als ob man mit einer geladenen Pistole durch die Straßen geht. Sara sagte mir anfangs gerne, daß sie sich so sicher fühlte, wenn sie mit mir ausging. Ich konnte auf dieses Kompliment gerne verzichten.

Seit dem Tag, als Gott mir seine unglaubliche Macht demonstrierte, als ich mit Alcaponey rang, habe ich den Menschen immer davon abgeraten, sich mit Kampfsport abzugeben. Im Westen wird er vor allem als Fitneß- und Selbstverteidigungsmethode gelehrt, aber er gründet in einer Religiosität, die, wie ich finde, gefährlich ist und in die Irre führt. Der »Weg« des Kung Fu ist ein ganz anderer Weg als der Christi. Er führt zu einem falschen Vertrauen auf das eigene Ich. Der Kampfsport spricht die Ängste, Schwächen und das Ich des Menschen an; Christus dagegen gibt uns ein neues Leben, eine Freiheit und Geborgenheit, die allein in ihm gründet.

Kapitel 14

Sara und ich heirateten am 22. Juli 1995. Im gleichen Jahr, noch vor uns, heirateten Mike und Saras beste Freundin Helen. Dies bedeutete leider auch, daß Mike und ich innerhalb von ein paar Monaten beide die Oak Room-Gemeinde verließen. Sara und Helen arbeiteten beide in Essex, wo sie auch aufgewachsen waren. Die beiden waren seit ihrer Kindheit miteinander befreundet, und ihre Verwandten gingen in die Moorcroft Hall-Kirche, eine kleine Gemeinde vor Ort.

Bald arbeitete ich aktiv in Moorcroft Hall mit. Ich hatte mir immer vorgestellt, daß ich entweder als Missionar nach China oder in die Gefangenenseelsorge gehen würde. Jetzt entdeckte ich, daß ich, wie Sara, ein Herz für Kinder hatte. Saras Vater leitete seit vielen Jahre die Kinderferienlager, und ich staunte nur so, wie viel Spaß es mir machte, hier mitzuarbeiten. Mein ganzes Leben lang hatte ich nie mit Kindern spielen können. Jetzt konnte ich das endlich nachholen. Wasserschlachten, Fußballspiele – ich genoß es alles. Abends erzählten wir den Kindern die Gute Botschaft von Jesus. Das war richtig einfach; die Kinder hörten mir voller Interesse zu.

Was in Moorcroft Hall fehlte, war eine Jugendarbeit. Mike, Helen, Sara und ich beschlossen, eine anzufangen. Wir wußten, wie viele Teenager es gab, die sinn- und ziellos auf den Straßen herumlungerten. Wir waren ein dynamisches Team. Ich unterhielt die Kids, und Mike machte den Prediger. Jeden Freitag fuhren wir in einem Kleinbus durch Basildon und luden die Kids ein, mit uns ins

Gemeindehaus zu kommen. Viele von ihnen kamen zum Glauben an Jesus Christus.

Jamie war ein kleiner Junge mit großen Problemen. Er war erst neun Jahre alt und sehr klein für sein Alter, aber schon polizeibekannt und mehrfach von zu Hause weggelaufen. Er traute niemandem und war ein Stotterer. Seine ganze Vorgeschichte haben wir nie erfahren, aber wie so viele der Kinder und Jugendlichen, die wir kennenlernten, kam er aus einem kaputten Elternhaus, und seine Mutter sorgte mehr schlecht als recht für ihn. Wir versuchten immer, auch die Eltern zu erreichen, wobei wir es nie verschwiegen, daß ich im Gefängnis gewesen war, was jedoch die wenigsten zu stören schien; viele Väter saßen selber gerade eine Gefängnisstrafe ab, und die Mütter waren meist dankbar, daß wir ihre Kinder von der Straße holten.

Woche um Woche kam Jamie in unseren Jugendclub. Bald brachte er auch seinen Bruder John und seine Schwester Mandy mit. Ich habe mich oft gefragt, was wohl aus Jamie geworden wäre, wenn er damals nicht uns gehabt hätte.

Becci Watson war ein hübsches junges Mädchen, das wir jede Woche in Billericay abholten. Der Jugendclub wuchs und gedieh, und wir brauchten mittlerweile neben dem Kleinbus noch mehrere Pkws, um alle Kids abzuholen. Eines Abends hatte ich gerade das erste Spiel begonnen, als ich zu meinem Entsetzen merkte, daß ich Becci vergessen hatte.

Ich ließ die anderen weiterspielen, sprang ins Auto und schaffte, unter Einsatz aller Tips und Tricks aus meiner Bodyguardchauffeurzeit, die 20-Minuten-Fahrt in einem Bruchteil der Zeit. Becci wartete immer noch. Sie fror, aber war mir nicht böse; so war sie nun einmal. Auf der Fahrt zur Kirche unterhielten wir uns, und dann fragte ich sie geradeheraus: »Also, Becci, glaubst du schon an Jesus?«

Schweigen. So direkt hatte sie noch keiner gefragt. Sie starrte nach vorne, und ich hielt meine Augen auf die Straße geheftet. Wir schwiegen, bis wir auf dem Parkplatz der Kirche anhielten. Ich öffnete die Fahrertür, als Becci plötzlich sagte: »Ja.«

»Was?« fragte ich.

»Ja, ich glaube an Jesus.« Sie sah mich fest an. Sie lächelte, immer mehr, daß ihre Augen tanzten. »Ja, Tony, jetzt glaub' ich an Jesus.« Becci hat im Laufe der Jahre vielen Menschen erzählt, wie sie sich bekehrte. An diesem Abend, in meinem Auto, auf der Fahrt zum Jugendclub. Ich war froh, daß ich den Nerv gehabt hatte, sie so direkt zu fragen. Heute ist Becci ein evangelistisches Naturtalent, über das ich immer neu staunen muß.

Noch viele andere kamen zum Glauben an Jesus und wollten gerne mehr über ihn erfahren. Eine der Früchte des Freitagabend-Jugendclubs war eine vertiefende Bibelstunde, die wir dienstagsabends bei uns zu Hause abhielten. Zwischen zehn und fünfzehn junge Leute quetschten sich in unser kleines Wohnzimmer.

Meine berufliche Karriere machte unterdessen weiter Fortschritte. Ich erhielt eine Beförderung und Gehaltserhöhung nach der anderen; kaum hatte ich ein Ziel erreicht, steuerte ich schon das nächste an. Mein Herz schlug nach wie vor für die Menschen, die Jesus nicht kannten, aber aus dem Rückblick muß ich sagen, daß meine Prioritäten sich damals langsam verschoben. Sara und ich redeten uns ein, daß Gott uns all diesen Segen gab, damit wir ihm noch mehr geben konnten, aber genau das geschah nicht. Je mehr ich verdiente, um so mehr mußte ich Überstunden machen, die mir für Sara, die Gemeinde und die Arbeit in ihr, zu der Gott mich doch berufen hatte, fehlten. Ohne es zu merken, wurde ich allmählich zu dem, was ich heute einen »Sofachristen« nenne.

Ironischerweise war ich erst ein paar Jahre zuvor mit solchen Sofachristen hart ins Gericht gegangen. Als ich in England ankam, konnte ich es nicht erwarten, einer Gemeinde beizutreten. Ich hatte im Neuen Testament über die ersten Gemeinden gelesen und erwartete nichts anderes, als daß die Kirchen in England genauso wären. Und es war nach dem Überlebenskampf auf Zypern auch ein echtes Erlebnis, in aller Freiheit mit anderen Christen zusammensein zu dürfen. Doch bald machte sich bei mir die große Ernüchterung breit. Schön, diese Christen waren liebevoll, herzlich und freundlich, aber eigentlich drehten sie sich doch um sich selber. Sie beteten willig für die Armen und Bedürftigen, aber nur wenige waren bereit, ihren Glauben aus den vier Wänden ihrer Kirche hinauszutragen.

Wie sagte Jesus noch in Markus 16,15: »Geht hinaus in alle Welt und predigt die Frohe Botschaft der ganzen Schöpfung.« War dies nicht ein eindeutiger Befehl Jesu, der uns heute gerade so galt wie den ersten Christen? Aber nur wenige schienen ihn zu befolgen. Jesus Christus hatte mich gerettet und mein Leben umgedreht; es war undenkbar, daß ich nicht alles tat, was in meiner Macht stand, um meinen Mitmenschen von diesem Jesus zu erzählen, genauso wie es undenkbar war, daß jemand, der endlich das Mittel gegen Krebs entdeckt hatte, der Menschheit seine Entdeckung verschwieg. Und die Rettung vor dem ewigen Tod war doch wohl noch viel wichtiger als eine Krebstherapie. Wie konnten diese Christen so lau und gleichgültig sein?

Doch jetzt, sechs oder sieben Jahre später, hatte das Wohlstandschristentum auch mich eingeholt. Ohne es zu merken, war ich in eine geistliche Wüste geraten; vor mir lagen schwere Zeiten.

Im Sommer 1999 zogen Mike und Helen nach Berkshire um, wo Mike eine gute Arbeitsstelle angeboten bekommen hatte. Die Jugendarbeit lief weiter gut, aber Sara und ich fühlten uns immer frustrierter. Wir waren in Moorcroft Hall die einzigen in unserem Alter und sehnten uns nach einem lebendigeren Gemeindeleben. Fanden wir jedenfalls, und wir sahen es als eine Gebetserhörung, als ich eine Stelle in Feltham angeboten bekam, das auf der anderen Seite von London lag, südöstlich des Flughafens Heathrow. Hier würde ich noch mehr Geld verdienen und wir würden uns ein schönes Haus in einem besseren Viertel leisten können.

Wie dumm waren wir damals. Heute weiß ich, daß das, was Gott uns geben wollte, nicht noch mehr Geld und ein größeres Haus war, sondern die Menschen, unter denen wir in Essex arbeiteten. Die Jugendlichen, die uns so brauchten, wir ließen sie im Stich. Schön, wir brachten sie in anderen Gemeinden unter, aber letztlich gingen wir unseren Weg, und nicht den Gottes. Wenn wir dies nur damals schon erkannt hätten.

Wenige Wochen vor unserem Umzug wurde ich entlassen. Ich fragte mich, was Gott mir damit sagen wollte, aber war zuversichtlich, daß ich mit meinen guten Referenzen rasch wieder auf die Füße kommen würde. Und richtig, nach ein paar Monaten ergatterte ich eine noch bessere Stelle als Marketing-Manager für eine Wach- und

Sicherheitsgesellschaft im Zentrum von London. Bald danach zeigte es sich, daß Sara unser erstes Baby erwartete. Das Leben war gut zu uns, und wir waren überzeugt, genau am richtigen Platz zu sein.

Ich übernahm die Jugendarbeit in einer nahegelegenen Gemeinde und begann, eine Teenager-Gruppe aufzubauen. Das geschah nicht ohne Widerstände; ich hatte frustrierende Auseinandersetzungen mit einigen der Gemeindeglieder. »Die haben wohl Angst, daß die Teppiche schneller verschleißen, wenn mehr Leute kommen«, sagte ich Sara sarkastisch. Denen würde ich es zeigen! Einige Monate später hatten wir einen blühenden Jugendclub, und siehe da, viele junge Leute, die die Gemeinde verlassen hatten, kamen zurück und brachten ihre Freunde gleich mit. Aber die »Alten« zeigten immer noch so wenig Missionseifer. Ich machte stur weiter, wie ein Elefant im Porzellanladen. Hatte Jesus uns nicht geboten, mit aller Kraft zu missionieren? Wenn keiner mitmachte, würde ich es eben alleine tun …

Dann kam ein Montagabend Anfang März des Jahres 2000, als einer der Jungen aus unserer Jugendgruppe uns zu Hause besuchte. Ich redete und betete mit ihm über die Probleme, die er in der Schule hatte, und fuhr ihn anschließend heim. Auf dem Rückweg beschloß ich, in einem Chinarestaurant etwas zum Abendessen zu holen. Der Tag war lang gewesen, und ich war müde.

Es nieselte und war dunkel, und ich fuhr vorsichtig. In den letzten Monaten hatte ich zwei oder drei kleine Unfälle gehabt. Klar: Erst in meinem Beruf den ganzen Tag auf den Rädern sein und dann abends die Kids chauffieren – es war einfach zuviel.

Ich fuhr eine unbeleuchtete Landstraße entlang. Zu dieser Jahreszeit gab es hier viel Wild. Nicht nur nicht zu schnell fahren. Das Letzte, was ich jetzt brauchen konnte, war ein ausgewachsener Hirsch, der mir vor das Auto sprang.

Irgendwie muß ich das Stoppschild übersehen haben. Plötzlich war es vor mir, direkt dahinter die Kreuzung. Ich trat heftig auf die Bremse. Die Räder blockierten, daß der Wagen weiter vorwärtsrutschte. Gut, daß die Hauptstraße gerade leer war; keine Lichter, nichts. Ich rutschte bis zur anderen Seite der Hauptstraße.

Was war das? Als ich zum Stehen kam, kam von rechts vorne am Auto so etwas wie ein Klopfen. Nur ganz kurz und nicht sehr laut, aber ich geriet einen Augenblick in Panik. Sicher ein Tier? Ich stieg vorsichtshalber aus und schaute nach. Das rechte Scheinwerferglas war zerbrochen, aber sonst war nichts zu sehen. Ich drehte mich um. Nichts. Vielleicht war es ein Fuchs oder kleines Reh gewesen, das schon wieder zurück in das Unterholz gehinkt war.

Ich stieg wieder ins Auto und setzte die paar Meter zur Kreuzung zurück. Immer noch war nichts zu sehen, aber in mir war eine unerklärliche Unruhe. Ich saß einen Augenblick da, die Hände um das Lenkrad gepreßt. Etwas hinter der Kreuzung hielten zwei andere Pkws an. Niemand stieg aus. Vielleicht standen die wegen demselben Tier da? Ich wußte nicht, wie ich mich verhalten sollte. Das Essen war dabei, kalt zu werden, und ich war wütend auf mich, daß ich schon wieder einen Fahrfehler gemacht hatte. Ich hatte keine Lust, umständliche Erklärungen abgeben zu müssen. Oder mich um ein verletztes Reh zu kümmern. Ich drückte das Gaspedal und fuhr nach Hause, auf einem anderen Weg.

Am nächsten Samstag kamen ein paar der älteren Kids aus der Jugendgruppe zu uns, um mit uns zu Mittag zu essen und die Bibel zu lesen. »Hey, Tony, was ist mit deinem Auto?« fragte Tom, während er sich auf einen der Stühle fallen ließ. Tom war Hobbyfunker und hörte mit Vorliebe den Funkverkehr der Polizei ab. »Weißt du schon, daß die Polizei 'nen Wagen sucht, der genauso aussieht?« Er lachte.

»Echt?« fragte ich, auf einmal interessiert.

»Ja. Am Montagabend hat jemand 'ne Frau überfahren und Fahrerflucht begangen. Die Frau ist tot.«

»Wo war das?« Ich versuchte, beiläufig zu klingen, aber das Blut wollte mir in den Adern gefrieren.

»Auf der Straße nach Bracknell. Die Frau ist bei dem Unfall von ihrem Motorrad gestürzt. Der andere ist weitergefahren, hat noch nicht mal angehalten.«

»Na, dann ruf mal gleich die Polizei an, daß ich hier bin«, witzelte ich. Mir war schlecht. Ich konnte die Kids nicht schnell genug wieder aus dem Haus kriegen.

»Was ist los mit dir?« fragte Sara irritiert, als wir dem letzten hinterherwinkten. »So kurz hast du die Bibelstunde noch nie gemacht.« Ich setzte mich aufs Sofa, den Kopf in den Händen. Saras Ton wurde besorgt. »He, was ist mit dir? Ist dir nicht gut?«

»Ich muß dir was sagen«, erwiderte ich, während die Paniktränen mir in die Augen traten. Und ich berichtete ihr von dem Unfall und daß ich geglaubt hatte, ein Tier angefahren zu haben, und wie Tom mir erzählt hatte, daß eine Frau ums Leben gekommen war.

»Woher willst du denn wissen, daß das derselbe Unfall war?« Sara versuchte, ihre Stimme ruhig zu halten.

»Das muß derselbe sein. Der Ort, der Zeitpunkt – es paßt alles.«

»Warum hast du mir nichts davon gesagt?«

»Weil ich dachte, das war weiter nichts Ernstes.«

»Aber du mußt doch gemerkt haben, daß du gegen was gefahren bist?«

»Das war fast nichts, nur so ein Klopfen. Ich dachte, das war ein Tier. Schau dir das Auto selber an, es ist fast nichts kaputt.«

»Und was sollen wir jetzt machen?« fragte Sara, jetzt den Tränen nahe.

Ich begann, hin und her durch das Zimmer zu laufen. Ich mußte nachdenken. »Wir können erst dann was unternehmen, wenn wir's ganz genau wissen«, murmelte ich.

Sara wühlte in dem Stapel der Zeitungen, die wir noch nicht gelesen hatten. Plötzlich schlug sie die Hand vor den Mund. »Nein!«

Ich riß ihr die Zeitung aus der Hand. Da stand es, schwarz auf weiß. Am Montagabend, gegen 21.30 Uhr, war eine Motorradfahrerin beim Durchfahren der besagten Kreuzung von einem Auto erfaßt und ins Unterholz geschleudert worden, wo sie etwas später ihren Verletzungen erlag. Sie war eine Mutter und bei den Pfadfindern aktiv; an dem Abend war sie gerade auf der Rückfahrt von einem Pfadfindertreffen gewesen. Der Unfallverursacher war weitergefahren; die Polizei fahndete nach dem Fahrzeug.

Ich begann zu zittern. Sara weinte auf und hielt sich den Bauch, wie um unser ungeborenes Kind zu schützen. »Wenn ich schuld daran bin, daß die Frau tot ist, muß ich ins Gefängnis«, sagte ich.

»Aber das war doch ein Unfall, ein blöder Unfall«, schluchzte Sara.

»Die Frau ist tot!« schnappte ich. »Unfall oder nicht, die lochen mich ein!«

»Und was wird aus unserem Kind? Mein Gott, was sollen wir machen?« weinte Sara. Wir sprachen bis in die Nacht hinein. Es durfte, es konnte nicht Gottes Wille sein, daß ich wieder ins Gefängnis kam, und schon gar nicht jetzt! Bestimmt würde er uns bewahren! Wir beteten zusammen. »Herr Jesus, bitte hilf uns, schütze uns.« Wir bestürmten Gott. Es half uns nichts. Wir verlangten von ihm, daß er unseren Willen tat, und nicht seinen. Der Himmel schwieg.

Wir beschlossen, erst einmal nichts zu tun.

Ein paar Tage später fuhren wir in die Reparaturwerkstatt. Ich log und sagte den Mechanikern, daß der Wagen in einem Parkhaus beschädigt worden war. Die Werkstatt stellte mir für die Dauer der Reparatur einen Ersatzwagen, und ich fuhr Sara zu der Schule, an der sie Lehrerin war. Als ich wieder wegfuhr, sah ich im Rückspiegel, wie ein Polizist auf einem Fahrrad neben Sara anhielt und sie ansprach. Ich hielt an und fuhr zurück. Meine Angst muß noch größer gewesen sein als die Saras. Sie kannte den Polizisten; sein kleiner Sohn ging in ihre Klasse.

»Was ist mit eurem Auto?« fragte er sie gerade, als ich neben ihnen anhielt. Sara sah mich unsicher an.

»Das ist gerade in der Inspektion«, sagte ich.

»Ach so.« Er lächelte. »Es ist halt so, daß wir gerade nach so einem ähnlichen Fahrzeug fahnden. In unserer Gegend sind an die fünfhundert von der Sorte angemeldet. Eins davon war letzte Woche an einem Unfall mit Fahrerflucht beteiligt.« Ich spürte, wie mein Magen sich umdrehen wollte. Wenn nur Sara jetzt nicht durchdrehte … Ich atmete auf, als der Polizist weiterfuhr.

Ich fuhr sofort nach Hause und grub die Gelben Seiten aus. Wir brauchten einen Rechtsanwalt.

Früh am nächsten Morgen klopfte es laut an die Tür. Ich sprang aus dem Bett und rannte nach unten. Als ich die Haustür öffnete, kam ein halbes Dutzend Polizisten mit Hunden herein. Am oberen Ende der Treppe erschien Sara, totenbleich. Die Beamten erklärten uns, daß wir verhaftet waren, und begannen, das ganze Haus zu durchsuchen. Sie durchwühlten die Papierkörbe und stöpselten den Computer aus, um ihn mitzunehmen.

Sara sagte kein Wort. Die Gardinen der Nachbarn gingen zur Seite, als die Polizei uns jeden in ein anderes Auto schob. Ich war fix und fertig. In was hatte ich uns da hineingeritten? Wie würde Sara damit fertig werden? Auf dem Polizeirevier brachte man uns in getrennte Räume, um uns zu verhören.

Wir konnten den Polizisten gar nicht schnell genug jedes Detail erzählen. Keine Lügen mehr. Mir war das ganze Verhör egal, ich mußte dauernd an die Frau denken, die ich da auf dem Gewissen hatte. Als Evangelist war es sozusagen mein Beruf, Menschen zu Jesus zu führen, damit sie ewiges Leben bekamen – und jetzt hatte ich einer völlig unschuldigen Frau, die auf dem Nachhauseweg von einer Pfadfinderveranstaltung gewesen war und selber zwei Kinder zu Hause hatte, das Leben genommen. Was, wenn sie keine Christin gewesen war? Ich bestürmte Gott, ihr meinen Platz im Himmel zu geben und dafür mich in die Hölle zu schicken. Ich hätte auf der Stelle mein Leben gegeben, wenn das diese Frau wieder lebendig gemacht hätte. *Gott, bestrafe mich, töte mich, jetzt gleich …*

Die Beamten, die mich verhörten, waren verständnisvoll. Sie begriffen, wie der Unfall abgelaufen war. Die Ermittlungen hatten ergeben, daß ich langsam gefahren war, um einiges unterhalb der zugelassenen Höchstgeschwindigkeit; die Straße war regennaß gewesen und die Frau war ohne Licht gefahren. Mich tröstete das wenig; ich hatte die Frau immer noch überfahren und einer Familie die Mutter genommen.

»Mit Sara hat das alles nichts zu tun«, sagte ich den Polizisten. »Bitte lassen Sie sie frei.« Ich wußte, daß Sara die Sache nicht packen würde. Man hatte sie mit verhaftet, weil der Wagen auf ihren Namen zugelassen war; wahrscheinlich hatte die Polizei gedacht, daß ich so schneller zu einem vollen Geständnis bereit wäre.

Der Verhörleiter versuchte mich zu beruhigen. »Ich glaube nicht, daß Sie viel zu befürchten haben, die Sache war eindeutig ein Unfall.« Ich schüttelte den Kopf. Ich verdiente es, bestraft zu werden. »Wenn die Frau nicht ums Leben gekommen wäre, würde die Sache gar nicht vor Gericht kommen«, fuhr der Leiter fort. »Schlimmstenfalls kriegen Sie ein Fahrverbot.«

Die Wochen und Monate, die folgten, waren die Hölle. Es war Schwerarbeit, über das, was da geschehen war, mit anderen Menschen zu reden. Selbst unsere besten Freunde wußten nicht alles. Der härteste Schlag kam von unserer Gemeinde, die meine Jugendarbeit prompt »bis auf weiteres« jemand anderem übertrug. In einer Zeit, in der wir ihre Liebe und Hilfe wie noch nie brauchten, schien sie uns den Rücken zuzukehren. Es war wie ein Tiefschlag. Ich kämpfte mit mir selber, versuchte, die Entscheidung der Gemeindeleitung zu verstehen; es war ein schmerzlicher Kampf.

Mit jedem Tag schien der Streß größer zu werden. In der Mitte dieser Krise, am 11. Juni 2001, brachte Sara unseren Ethan zur Welt. Eigentlich hätte ich vor Freude tanzen müssen, aber die Angst lag wie eine Decke über mir. Was, wenn ich tatsächlich ins Gefängnis mußte? Wie wollte Sara alleine mit dem Kind zurechtkommen? Wie sollte ich für sie sorgen?

Fast ein halbes Jahr hielten wir dem Tuscheln der Nachbarn stand, dann zogen wir um, nach Didcot, aber auch dort blieben wir nicht lange. Mit dem Kind wollte Sara näher bei ihren Eltern wohnen. Wir zogen also zurück nach Essex, und ich wurde in Southend Jugendpastor in einer Obdachlosenmission. Der Leiter, Ron Wright, wußte um meine Situation, aber erkannte auch, daß ich ein Herz für die Mission und für junge Menschen hatte. Wahrscheinlich fand er, daß jemand wie ich, der selber gerade Probleme hatte, einen guten Draht zu den obdachlosen Jugendlichen hatte, mit denen er arbeitete.

Sara und ich flüchteten uns immer mehr ins Gebet. Es war der Beginn eines langen, schmerzlichen Lernprozesses, der unsere Beziehung zu Gott und zueinander enorm wachsen ließ. Für mich war es eine einzige Lektion im Zerbrochenwerden, in der Demut und in der Gnade. Ich erkannte, wie ich jahrelang blindlings vorwärtsgestürmt war, angetrieben von einem leidenschaftlichen Missionswillen, aber in meiner eigenen Kraft. Ich hatte nicht wirklich danach gefragt, wo Gott mich haben wollte. Ich war ein arroganter Eiferer und Pharisäer gewesen, der sich für besser hielt als die anderen. Zum ersten Mal in unserer Beziehung fingen Sara und ich an, ernsthaft miteinander zu beten. Unsere Gebete wurden anders; wir legten Gott nicht mehr unsere Wunschliste vor, sondern gaben uns völlig in seine Hand und baten ihn um die Kraft, seinen Plan und seinen Willen für uns anzunehmen. Obwohl Sara schon so viele Jahre mit Gott gegangen war und obwohl ich Gott so dramatisch erlebt hatte, hatten wir den Eindruck, auf der Beziehungsleiter zu ihm auf der untersten Sprosse zu stehen.

Jeder Monat schien neue Anwaltstermine und juristische Entwicklungen zu bringen. Wir trafen uns regelmäßig mit unseren Anwälten. Besonders für Sara waren diese Termine eine große Belastung. Während ich mich über nichts wunderte, war sie schockiert über ein Rechtssystem, in dem es nicht darum zu gehen schien, die Wahrheit zu finden, sondern einen Handel zu machen. Es wurde gelogen und zurechtgebogen, und unsere Anwälte forderten uns auf, Halbwahrheiten zu sagen, um unsere Verhandlungsposition zu verbessern. Ob Verteidigung, ob Staatsanwaltschaft – es war ein einziges Verhandeln und Feilschen: Welche Anklagepunkte konnte man unter Umständen fallen lassen, was »brachte« ein Teilgeständnis?

»Warum können wir nicht einfach die Wahrheit sagen?« fragte Sara ihren Anwalt. Er lächelte nachsichtig über ihre Naivität. »Was wir auch machen, wir versündigen uns«, sagte sie verzweifelt und sah mich an. Ich wußte nicht, was ich machen sollte. Ich haßte das System gerade so sehr wie sie.

Ich sah meinen Anwalt an. »Also jetzt noch mal: Genau worauf lautet die Anklage gegen mich?«

»Fahrlässige Tötung im Straßenverkehr und Rechtsbeugung«, erwiderte er. »Letzteres, weil Sie den Polizisten an der Schule angelogen haben. Wahrscheinlich werden sie versuchen, Ihnen auch noch Fahrerflucht anzuhängen, aber das steht auf schwachen Füßen.« Ich rang frustriert meine Hände. »Es ist eine gute Anklage, Tony«, fuhr er fort, »unter den Umständen das Beste, was wir kriegen können. Fahrlässige Tötung durch verkehrsgefährdende Fahrweise wäre schlimmer gewesen, darauf steht Gefängnis.«

»Und was ist mit Sara?« fragte ich. Die beiden Anwälte besprachen sich kurz, dann sagte Saras Anwalt: »Wenn Sie zugeben, daß *Sie* den Polizisten belogen haben, dürfte ihr nichts passieren, das heißt, es wird gar keine Anklage geben.«

»Natürlich hab *ich* ihn belogen«, stöhnte ich. »Sara hat doch kein Wort gesagt damals.« Die Anwälte blätterten in ihren Papieren, dann sagte der eine: »Offenbar hat der Polizist ausgesagt, daß Sara ihn angelogen hat, als er sie fragte, wo der Wagen an diesem Morgen war.« Sara biß sich auf die Lippe. Der Anwalt strich ihr über die Hand. »Keine Bange, ich glaube nicht, daß das vor Gericht Bestand haben wird. Sie haben keinerlei Vorstrafen, da dürfte es keine Probleme geben.«

Ein paar Sekunden Schweigen. Dann sagte mein Anwalt langsam: »Tony, da ist noch was. Kann sein, daß es keine Rolle spielen wird, aber Sie sollten vorbereitet sein.« Ich wußte, was jetzt kommen würde. Ich erinnerte mich noch zu gut an den Vorfall, der erst vor ein paar Wochen gewesen war – und schämte mich in Grund und Boden.

Einer der besten Kunden meiner Firma hatte sich mit mir zum Lunch in einem griechischen Restaurant in London treffen wollen und mich gebeten, einen Tisch zu reservieren. Als ich das Restaurant anrief, war am anderen Ende der Leitung ein Mann, der sehr arrogant und unhöflich war. Ich sagte: »Ich möchte gerne für morgen abend einen Tisch für sechs Personen reservieren. Haben Sie noch was frei?«

»Natürlich haben wir was frei, wir sind ein Restaurant; was haben Sie denn erwartet?« kam die Antwort. Ich fuhr, schon etwas verärgert, fort: »Es geht um einen sehr wichtigen Kunden von mir. Können Sie mir einen guten Tisch geben?«

»Unsere Tische sind alle gut!« schnappte er. Dann murmelte er: »*Malagas!*«

»Was haben Sie da gesagt?«

»Ich sagte, daß unsere Tische alle gut sind.«

»Ich habe genau gehört, was Sie anschließend gesagt haben. Ich verstehe Griechisch, und Sie sind selber ein *Malagas!*«

»Auf Ihre Fragen kann ich verzichten, Sie Blödmann!« zischte er. »Gehen Sie woanders hin!«

Die nackte Wut packte mich, und ich ließ einen ganzen Schwall griechischer Schimpfworte los. Es war wie bei einem Dampfkochtopf, bei dem der Deckel wegfliegt. Auf einmal war ich wieder der »alte« Tony. Die ganze Spannung der Monate seit dem Unfall entlud sich in einem wilden Ausbruch. Dann knallte ich den Hörer hin. Sofort klingelte das Telefon. Es war der Grieche. Die nächste Schimpfkanonade. Er legte auf. Ich rief ihn wieder an, jetzt in Weißglut. Diesmal hing er sofort auf. Der nächste Anruf kam von der Polizei; er hatte mich angezeigt.

Mein Anwalt reichte mir ein Papier. »Die Anklage lautet hier auf böswillige Belästigung.« Ich wagte es kaum, Sara anzusehen. »Sie werden das verrückt finden, aber eine solche Anklage hat mehr Gewicht als alles, was mit dem Unfall zu tun hat.« Ich stieß meinen Stuhl mit den Füßen zurück und stand auf. Wie schlimm und wie falsch das alles war. Ich mußte immer wieder an die Frau denken, der ich den Tod gebracht und deren Familie ich zerbrochen hatte.

Der Gerichtstermin war Anfang Juni 2001. Bevor wir in den Gerichtssaal traten, hatten wir eine letzte Besprechung mit unseren Anwälten. Sie waren optimistisch. Ich nicht. »Machen Sie sich keine Sorgen«, sagte mein Anwalt. »Es sieht gut aus. Die Staatsanwaltschaft hat uns zugesagt, daß es nur ein Fahrverbot und eine Verurteilung zu gemeinnütziger Arbeit geben wird, allenfalls eine Bewährungsstrafe.«

Wir setzten uns auf die Anklagebank. Die Klage wurde verlesen. Nach einer Stunde begann der Richter mit der Zusammenfassung der Verhandlung, aber ich merkte, daß er sich verdächtig viel mit den Anwälten beriet. Was ging da vor? Dann verkündete er, daß die Urteilsverkündung vertagt werden musste, weil das Gericht mehr Zeit brauchte, um alle Punkte meines Falles durchzugehen. Ich schaute Sara an. Sie sah genauso durcheinander aus, wie ich mich fühlte. Sie lächelte schwach und drückte mir die Hand. Sie war blaß und müde. Was mutete ich ihr da zu?

Dann sagte der Richter: »Sara Anthony, bitte erheben Sie sich.« Sara stand auf. Ich sah, wie ihr Rock sich bewegte, weil ihre Beine zitterten. Ich hielt den Atem an. Der Richter begann seine Ausführungen. Er erklärte ihr, daß sie den Unfall sofort, als sie von ihm erfuhr, der Polizei hätte melden müssen. Sie nickte. Sie stand hochaufgerichtet da, aber ich sah, wie weiß ihre Fingerknöchel waren, mit denen sie das Geländer vor sich umklammert hielt. Mir war flau. »Sie werden zu 120 Stunden gemeinnütziger Arbeit verurteilt«, endete der Richter. »Bitte setzen Sie sich wieder.«

Sara sank zurück auf ihren Stuhl, ihre Augen füllten sich mit Tränen. Ich sah anklagend zu ihrem Anwalt hin. Der schüttelte wie ungläubig den Kopf.

Am 29. Juni mußte ich erneut vor Gericht erscheinen. Diesmal war ich allein in der Anklagebank; Sara, die ihr Urteil ja schon bekommen hatte, konnte die Verhandlung nur von der milchverglasten Zuschauertribüne aus verfolgen. Ich schaute zu der Tribüne hin. Gut, daß Sara da war. Dann lugte plötzlich ein Gesicht um den Rand der Glasscheibe. Ich kannte das Gesicht, es war bei jeder Verhandlung da oben gewesen. Ein junger Bursche, vielleicht 18 Jahre alt, mit kurzem, dunklem Haar und eingesunkenen Augen. Er starrte mich an. Ich schaute zur Seite und schluckte. War das vielleicht der Sohn? War dies der Junge, dem ich die Mutter genommen hatte? Jetzt verschwand er wieder hinter dem Glas. Dafür kam ein anderes Gesicht, ein Mädchen. Mir wollte schlecht werden. Wenn mein Rechtsanwalt recht hatte, würde ich als freier Mann hier hinausgehen, aber würde ich je Frieden haben? Das Gesicht des jungen Mannes, ich würde es nie vergessen.

Die Verhandlung begann. Es gab nicht viel Neues. Die Verteidigung meines Anwalts ging mir auf den Nerv. Er machte natürlich nur seinen Job, aber ich haßte es, wie er mich als Unschuldslamm darstellte, das zu Unrecht hier vor Gericht stand. Ich dachte an die Familie hinter dem Milchglas. Nein, niemand würde je begreifen, wie mein Gewissen mich folterte. Jetzt begann der Staatsanwalt sein Plädoyer. Diesmal erwähnte er, daß ich bei der Interpol kein Unbekannter und schon einmal im Gefängnis gewesen war. Mein Anwalt protestierte: »Das hat nichts mit dieser Anklage zu tun, Hohes Gericht!« Der Richter befahl ihm, sich wieder zu setzen.

Die Verhandlung ging weiter. Nach einer Weile hörte ich nur noch halb zu. Dies war alles so unwichtig. Vor Gott war ich schuldig, ich wollte am liebsten sterben. Als endlich das Urteil verkündet wurde, verschlug es mehreren im Saal den Atem.

Fünfzehn Monate Gefängnis.

Kapitel 15

Der verdunkelte Polizeiwagen brauste durch die Landschaft von Oxfordshire. Ich saß in dem kleinen Gefangenenabteil, die mit Handschellen versehenen Hände um meine Knie. Scham, Reue. Was war da nur aus mir geworden? Was würde Michael Wright denken, wenn er mich jetzt sehen könnte?

Die Worte eines Liedes klangen mir durch den Kopf: »Am Kreuze meines Heilands …« Ich dachte daran, wie oft ich es schon mit dankbarem Herzen gesungen hatte. Es war die Geschichte meines Lebens:

> Da blick ich auf und sehe im Geiste Gottes Lamm,
> wie es für mich geblutet hat und starb am Kreuzesstamm.
> Dann muß ich schamerfüllt gesteh'n: Zwei Wunder ich hier find:
> das Wunder seiner großen Lieb und meiner großen Sünd.

»Und meiner großen Sünd …« Die Wahrheit dieses Lieder zerriß mir das Herz. Die Tränen schossen mir die Wangen hinab. Ich dachte an mein Leben zurück. Ich war ein böser Mensch, den Gott erlöst hatte. Wie wenig verdiente ich das! Jahrelang hatte ich anderen die Geschichte meiner Bekehrung erzählt, als Anreiz, selber zu Jesus Christus zu kommen. Und jetzt hatte ich diese Geschichte zerstört. Wie sollte ich je noch einmal für Gott nützlich werden können? Und ich schwor mir, ein stiller Christ zu werden. Nein, mit Gott Schluß machen konnte ich nicht; er war die große Realität in meinem Leben. Aber ich war es nicht wert, noch einmal den Namen Jesu auf den Lippen zu führen.

Ich merkte, wie der andere Gefangene mich ansah. Wir waren zu zweit in dem Abteil. Der andere war ein junger Mann mit kahlrasiertem Schädel und einem großen Ring an der einen Augenbraue. Er lächelte mich an, als wollte er mir sagen: *Keine Panik, Kumpel, das packst du schon.* Er hatte keine Ahnung. Das Gefängnis an sich machte mir keine Angst; im Vergleich zu Nikosia war die Strafvollzugsanstalt Bullingdon ein Erholungsurlaub. Mein Gefängnis war in meinem Kopf. Die Gitterstäbe schlossen sich um mein Herz, daß ich vor Scham erstickte. Es war die schlimmste Stunde meines Lebens.

Her Majesty's Prison Bullingdon, mein Zuhause für mindestens die nächsten acht Monate. Ich ließ die Aufnahmeprozedur über mich ergehen. Leibesvisitation, Foto, Fingerabdrücke. Es war mir nur zu vertraut. Wenigstens war dieses Gefängnis hell und luftig, nicht so ein finsteres Loch wie in Nikosia.

Ich teilte meine Zelle mit zwei anderen Männern. Als die Wärter mich hineinschoben, wurden sie lebendig. »Wann kriegen wir endlich unseren Fernseher?« fuhr der eine die Wärter an. »Vor zwei Wochen habt ihr ihn uns versprochen, und es tut sich nichts!«

Ich wollte meinen Ohren nicht trauen. Dachten die, daß sie hier in einem Vier-Sterne-Hotel waren? Verglichen mit Nikosia war diese Haftanstalt ein Kindergarten. Männer, die Billard und Tischtennis spielten. Computer, Fernsehgeräte, aller möglicher Schnickschnack. Ich stieg in mein Stockbett. Es war kein Luxusbett, aber es gab eine richtige Matratze und mehrere Decken, und einigermaßen sauber war es auch.

Ich traute mich fast nicht, an Sara und Ethan zu denken. Sicher haßte Sara mich jetzt. Ich haßte mich selber. Was war ich für ein Ehemann? Wie sollte aus mir je ein Vater werden? Wahrscheinlich hatte ich unserem Sohn einen Knacks für sein ganzes Leben mitgegeben.

Sara schrieb mir fast jeden Tag. Sie schickte mir auch meine Bibel und ein paar andere Bücher. Ihre Briefe klangen mutmachend, aber ich wünschte ihr, sie hätte mich nie kennengelernt. Sie leistete ihre gemeinnützige Arbeit in einer Art Diakonieladen in unserem Ort ab. Die Doppelbelastung – Kind und Arbeit – mußte hart für sie sein, aber sie klagte nicht. Sie war mit Ethan zu ihren Eltern gezogen, suchte aber eine Wohnung. Als Ehefrau eines Strafgefangenen bekam sie Unterstützung vom Staat, aber die Mieten waren trotzdem viel zu hoch für sie. Ich erinnerte mich an einige der Familien, mit denen wir zu Anfang unserer Ehe in Essex gearbeitet hatten. Was, wenn Sara auch so hausen mußte wie sie, in einem heruntergekommenen möblierten Zimmer?

Die Wochen krochen dahin, und ich hielt mich meistens für mich. Wegen »guter Führung« bekam ich bald eine Einzelzelle. Ich genoß die relative Ruhe. Richtig ruhig war Bullingdon nie, und nach einer Weile ging einem der Lärm auf den Nerv. Am schlimmsten war es, wenn ein- oder zweimal in der Woche die Insassen des »Sonderblocks« in die Gemeinschaftsräume des Hauptblocks durften. Die Sonderblock-Häftlinge waren die Pädophilen und Kinderschänder, und wenn sie kamen, wurden alle anderen in ihre Zellen eingeschlossen, worauf sie an die Türen hämmerten, Haßparolen schrieen und Gegenstände zertrümmerten, um zu zeigen, was sie von den Sonderblockhäftlingen hielten.

»Ich würd' was drum geben, fünf Minuten mit einem dieser Tiere allein zu sein«, sagte Lenny und schlug sich mit der Faust auf die Hand.

»Das haben früher bestimmt manche auch über mich gesagt«, sagte ich.

»Du wirst dich doch wohl nicht mit denen vergleichen!« Lenny ging weg, mit der Faust ein Loch in die Luft stoßend.

Ich konnte Lenny gut verstehen. Wenn ich an diese Perversen dachte und dann an meinen eigenen kleinen Sohn, lief es mir kalt über den Rücken. Aber andererseits – waren diese Männer wirklich schlimmer als ich oder als all die anderen hier? Ich wußte doch, was in der Bibel stand: Vor Gott ist kein Mensch gerecht, alle sind schuldig. Michael Wright hatte die Sünde gerne mit einem schwarzen Tintenfleck auf einem weißen Hemd verglichen. Eine kleine Sünde war nur ein kleiner Fleck, aber selbst der reichte aus, um das Hemd zu ruinieren. Wusch man das Hemd in Wasser, breitete der Fleck sich aus, bis das ganze Hemd grau war. Ich dachte an mein eigenes Leben. Mein »Hemd« war über und über verfleckt!

Ich schaute durch das vergitterte Fenster hinaus und dachte an meine Jahre auf Zypern zurück. Was hatte Michael noch gesagt, während er auf die anderen Gefangenen im Besuchszimmer zeigte? »Die Welt weiß nicht, was Sünde ist. Wir versuchen, Sünde zu messen, zwischen kleinen und großen Sünden zu unterscheiden, und die großen Sünder, die wir für besonders schlimm halten, sperren wir weg.« Er hatte sich näher zu mir gebeugt und war leise fortgefahren: »Die Gesellschaft pflegt ihre Fassade, indem sie ihre Häßlichkeit in Anstalten versteckt, Tony. Aber vor Gott gibt es, wo es um Sünde geht, keine Unterschiede.«

»Ich glaub', genauso sehen uns die Gefängniswärter und die Menschen draußen«, hatte ich erwidert. »Für die sind wir Sträflinge hier alle gleich verrückt und verkommen.«

»Exakt. Und so sieht uns auch Gott. Jeder Mensch, ob er im Gefängnis sitzt oder nicht, ist in Gottes Augen von der Sünde verschmutzt; wir alle sind durch einen tiefen Graben von ihm getrennt.«

»Und dann kam Jesus?«

»Richtig.« Michael hatte gelächelt. »Jesus hat das Problem mit der Sünde gelöst. Als er am Kreuz starb, nahm er alle Sünden der Welt auf sich, die vergangenen, die gegenwärtigen und die zukünftigen. Durch Jesus können wir alle Vergebung bekommen. Wir brauchen unsere Schuld nicht mehr abzuzahlen oder unsere Strafe abzusitzen; das hat Jesus für uns getan.«

Ich mußte lächeln, als ich Michael wieder vor mir sah und seine begeisterte Stimme hörte, mit dem melodischen irischen Akzent. »Und deswegen bist du heute gerade so frei wie ich, Tony«, hatte er gegrinst; er wußte, daß ich ihn genau verstand.

Ja, damals war alles so einfach gewesen. Es war verrückt, aber in dem Knast in Nikosia war das Christsein mir einfacher gefallen als danach in der Freiheit. Und ich hatte den Menschen doch bloß erzählen wollen, was ich in Jesus gefunden hatte. Was hatte ich bloß falsch gemacht?

Eines Tages las ich gerade in meiner Zelle die Bibel, als Darren Brown hereinkam – der Mann, der zusammen mit mir nach Bullingdon gefahren war. Ich schob meine Bibel rasch unter mein Kissen. »Was liest du da?« fragte er.

»Nichts weiter«, murmelte ich. Ich hatte keine Lust zu einem Gespräch.

Darren ließ sich auf meinem Bett nieder, den Rücken an die Wand gelehnt. »Wie meinst du das – ›nichts weiter‹? Irgendwas mit Porno oder so?«

Der Kerl irritierte mich. »Ich les halt in der Bibel«, schnappte ich.

»Bibel? Dann bist du einer von diesen Christen, oder so?«

»›Christ‹ ist gut! Ich sitze hier im Knast.«

»Komm, jeder baut mal Scheiß, Kumpel.«

»Schon, aber schlimm ist es doch.«

»Und was steht da so in der Bibel? Was Interessantes?«

Darrens Fragerei ging mir auf die Nerven. »Warum mußt du das unbedingt wissen? Ich möchte eigentlich meine Ruhe haben gerade.«

»Beruhig dich Alter, hab ja nur gefragt.« Er hob beschwichtigend die Hände. Ich merkte, wie grob ich zu ihm war.

»Also gut«, seufzte ich. »Ich hab gerade meinen Lieblingsvers gelesen, Johannes 8,36, wo es darum geht, daß Jesus einen frei macht.« Mein Ton war immer noch aggressiv, und Darren hatte sichtlich genug. Er stand auf.

»Kommst du raus, Pingpong spielen, wenn du dich beruhigt hast?« Er ging, und ich rang frustriert die Hände. Mein Christsein war das Letzte, worüber ich reden wollte.

Drei Tage danach besuchte Darren mich wieder. Er setzte sich auf das Ende des Bettes. Er strahlte über das ganze Gesicht. »Das errätst du nie, Mann!«

»Was?« Ich mußte lachen, sein Grinsen war richtig ansteckend. Er fuhr fort: »Hab richtig Probleme gekriegt, seit ich das letzte Mal bei dir war.«

»Was ist passiert?«

»Ich bin in die Kapelle, um mir 'ne Bibel zu besorgen. Du warst so zugeknöpft, daß ich das Ding mal selber lesen wollte.« Ich rieb mir langsam über das Gesicht; was würde jetzt kommen? Darren fuhr fort: »Ich hab den Gefängnispfarrer um 'ne Bibel gebeten. Der dachte wohl, ich wollte Zigarettenpapier draus machen, und wollte mir keine geben. Da hab ich mir einfach eine geschnappt und unter den Pullover geschoben, als er nicht hinguckte.«

»Und dann haben sie dich erwischt, stimmt's?«

»Ja. Sie haben mich gefilzt und für 24 Stunden in die Strafzelle gesteckt.«

»Mach keine Sachen!«

»Aber die zweite, die ich mir in die Hose gesteckt hatte, haben sie nicht gefunden.« Darrens Augen zwinkerten. Ich mußte lachen. »Da hab ich glatt was zu lesen gehabt in der Zelle. Hab versucht, die Stelle zu finden, die du erwähnt hattest, aber ich wußte nicht, wo die war. Du hattest irgendwas über Johannes oder Joachim oder so gesagt, aber ich hatte noch nie 'ne Bibel in der Hand gehabt.«

»Das steht im Johannesevangelium«, murmelte ich.

»Ja, das weiß ich jetzt auch.« Er strahlte. »Ich hab an die Wand zur Nachbarzelle geklopft und gefragt: ›He, Kumpel, kennst du dich mit der Bibel aus?‹ Der Nebenmann sagte: ›Ja, ich bin Christ, was willst du wissen?‹ Ich hab ihm gesagt, was du gesagt hattest, daß Jesus uns frei macht und so, und er sagte, ich sollte es mal im Johannesevangelium versuchen. Ich hab dann im Inhaltsverzeichnis nachgeguckt und angefangen, das Ding zu lesen, vom ersten bis zum letzten Kapitel, weil ich ja nichts Besseres zu tun hatte.« Er lachte wieder. »Zuerst hab ich nur Bahnhof verstanden – das Wort wurde Fleisch und so. Aber dann wird's heiß, als Jesus Wasser in Wein verwandelt und mit dieser Frau an dem Brunnen spricht und genau weiß, was für ein Luder sie ist. Echt interessant, nicht?«

»Ja«, sagte ich. »Echt interessant.«

»Ich hab also das ganze Ding gelesen. Dann kam ich zu der Stelle, von der du gesprochen hattest. Ich kann sie jetzt auswendig: ›Wenn der Sohn euch frei macht, dann seid ihr wirklich frei.‹ Ich hab weitergelesen, und dann hab ich mir wieder die Stelle vorgenommen.« Darren wurde ruhiger, er sah mich an. »Alter, ich glaub, ich blick's jetzt. Ich hab das über Jesus gelesen und ich glaub' an ihn. Gestern abend hab ich sogar versucht, mit ihm zu reden. Heißt das, daß ich jetzt ein Christ bin?«

Ich war sprachlos. Ich hatte alles getan, um Darren abzuwimmeln. Aber Gott schien wild entschlossen zu sein, mich weiter zu gebrauchen. Es war gerade so, als ob er mir sagte: »Jetzt kann ich dich erst recht gebrauchen. Jetzt, wo du schwach und zerbrochen bist, kann ich durch dich meinen Willen tun.«

»Weinst du, Kumpel?« Darrens Stimme riß mich aus meinen Gedanken. Ich wischte mir hastig über die Augen. Ich wußte kaum, was ich ihm sagen sollte, aber er wollte mit mir reden. Und wir redeten und redeten, bis zur »Sperrstunde«. Darren erzählte mir seine ganze Geschichte. Er war ein Waisenkind gewesen, das von einer Pflegefamilie zur nächsten weitergereicht wurde. Als Erwachsener kam er ständig mit dem Gesetz in Konflikt. Er war nicht das erste Mal im Gefängnis; diesmal saß er ein, weil er einem Mann, der seine Freundin angemacht hatte, mit einer Flasche ins Gesicht geschlagen hatte. »Danach hat sie Schluß mit mir gemacht«, sagte er. »Ich glaub', sie geht jetzt mit dem Typ.«

»Dann laß uns darüber beten«, schlug ich vor.

Darren war nervös. »Zusammen beten? Wie geht das?« Ich neigte meinen Kopf und fing an, einfach so, als ob Gott neben uns in der Zelle war. In der Folge verging kaum ein Tag, wo Darren und ich uns nicht trafen. Oft bat er mich wieder, mit ihm zu beten. Ich fing auch an, Bibelstunden für ihn vorzubereiten, wie damals bei meinen Freunden in Nikosia.

Das Leben war nicht einfach für Darren. Er war drogensüchtig, und es war nur zu einfach, den Stoff zu bekommen. Die Häftlinge wurden regelmäßig auf Drogen getestet; sehr viele verloren ihren Straferlaß oder andere Privilegien, weil das Testergebnis »positiv« war. Darren war halb kaputt vom Cannabisrauchen. Er hatte als Teenager damit angefangen und litt jetzt unter Depressionen und Verfolgungswahn. Ich versuchte, ihm zu helfen, ihn von den Drogendealern fernzuhalten und mit ihm zu beten. Manchmal blieb er mehrere Wochen lang clean, was ein Riesenfortschritt war. Ich wollte ihm so gerne helfen; Darren war der Mann, der meine Beziehung zu Gott wieder ins Lot gebracht hatte.

Die Sache mit Darren zeigte mir, daß ich nicht das Recht hatte, das Evangelium einfach für mich zu behalten. Ich mußte Gott erlauben, mich zu benutzen. Aber ich lernte noch mehr: Ich mußte Gott auch das Planen und den rechten Zeitpunkt überlassen. Schluß mit Tony, dem großen Macher und Superevangelisten. Ich mußte auf meine Knie gehen, zerbrochen vor Gott. Mein Gebetsleben mußte sich radikal ändern. Ich erkannte, daß ich mir bisher nie viel Zeit zum Beten genommen hatte. Ich war immer beschäftigt gewesen, und meine Gebete waren nicht viel mehr als rasch hingeworfene Wunschlisten gewesen. Und Gott hatte die ganze Zeit eigentlich nur gewollt, daß ich einen Gang zurückschaltete und seine Gegenwart suchte. Jetzt wußte ich endlich, was ich am dringendsten brauchte: mehr Zeit, um auf Gott zu hören.

Ich brach die Klinge aus meinem Rasierer und schnitt aus einem Blatt Papier ein Kreuz. Auf das Kreuz zeichnete ich eine Bergidylle mit Bächen, Wiesen und Bäumen. Ich klebte das Kreuz mit Zahnpasta auf mein Fenster. Meine Zelle lag im Erdgeschoß, neben dem Gefängnishof, wo wir immer unseren Ausgang hatten. Ich hielt sie immer peinlich sauber. Es war ein stilles, einfaches Zeugnis für Gott. Ich achtete darauf, zu allen offen, freundlich und freigebig zu sein.

Und sie fingen an, zu mir zu kommen, erst zögernd, dann häufiger. Es fiel mir leicht, ihnen und auch den Wärtern, die ich kennenlernte, meine Geschichte zu erzählen. Viele staunten, wenn sie hörten, wie ich nach Bullingdon gekommen war. Es ging ihnen nicht in den Kopf, wie ein Unfall wie meiner einen ins Gefängnis bringen konnte. Viele fanden, daß ich »unschuldig« einsaß, was mir Gelegenheit gab, darüber zu reden, wie ich auch als Christ Fehler machen konnte. Ich sagte: »Ich finde es richtig, daß ich hier bin. Ich glaube, Gott hat das zugelassen, um mir etwas zu zeigen.« Bald bekam ich den Spitznamen »Pastor«, oder manchmal auch »Hoffnungsdealer« (im Gegensatz zu den Drogendealern im Gefängnis).

Bald gab ich jeden Tag, wenn ich meine vierzig Minuten Bewegung im Gefängnishof hatte, das Evangelium weiter. Einmal kam Nigel Peters, der wegen Mordes lebenslänglich einsaß, zu mir. Er war ein glattrasierter Mann mit Glatze, der Mitte Vierzig war. Er rauchte nie und hielt sich mit Laufen fit. Wir liefen nebeneinander und erzählten uns unsere Lebensgeschichten. »Ich hab gemerkt, daß du anders bist«, sagte er mir. »Die anderen prahlen alle mit den Dingern, die sie gedreht haben, und du redest dauernd von Gott.« Ich lächelte und lief weiter.

Ein paar Tage später begegnete ich Nigel, als er gerade aus dem Fitneßraum kam. Der Schweiß lief ihm über den Körper. »War's schön?« fragte ich ihn.

»Wenn du's wissen willst: ich hab die Nase voll«, erwiderte er. »Jetzt hab ich über vierzehn Jahre abgesessen, Tony, und bin die ganze Zeit clean gewesen. Und jetzt bin ich wieder hier.« Nigel war erst vor kurzem aus einer offeneren Strafvollzugsanstalt nach Bullingdon verlegt worden. Er hatte sich einen Tag Freigang verdient, aber dann war es dumm gelaufen. Es hatte Probleme mit Drogensüchtigen in seinem Block gegeben. »An einem Abend bin ich halt ausgerastet«, erzählte er, »und ehe ich bis drei zählen konnte, war ich hier. Jetzt krieg ich keinen Freigang mehr, bis ich alles abgesessen hab, so in dreieinhalb Jahren.« Wir gingen eine Weile schweigend weiter.

Plötzlich fragte er: »Sag mal, Tony, wie kann es einen Gott geben, wenn solche Sachen passieren?«

Ich dachte nach, dann sagte ich: »Darf ich dir 'ne Geschichte erzählen?«

»Schieß los.«

»Also, da ging ein Schiff unter, und es gab nur einen Überlebenden. Er rettete sich auf eine Insel, wo keine Menschenseele war. Er betete wie verrückt zu Gott, daß der ihm helfen sollte, aber es passierte nichts.«

»Verstehe«, sagte Nigel.

Ich fuhr fort: »Er konnte sich immerhin eine Hütte bauen. Eines Tages ging er fort, um sich wieder etwas Eßbares zu suchen. Als er zurückkam, brannte die Hütte lichterloh; die Sonne hatte sie angezündet. Er schaute zu, wie seine letzte Hoffnung in Rauch aufging. Er war wütend. ›Wie kann Gott das zulassen?‹ schrie er. Die nächste Nacht mußte er unter einem Baum verbringen. Am Morgen weckten ihn mehrere Matrosen auf. Er war platt. ›Wie habt ihr mich gefunden?‹ fragte er. Sie sagten: ›Wir haben die Rauchsignale gesehen.‹«

Nigel schnaubte verächtlich. Ich sagte: »Gottes Liebe fühlt sich manchmal wie Haß an. Wir verstehen es nicht immer, warum er in unserem Leben bestimmte Dinge zuläßt. Ich konnte erst auch nicht verstehen, warum ich hierhin ins Gefängnis kam. Und du nicht, warum du deine Haftprivilegien verloren hast. Bestimmt fühlst du dich auch so, als ob deine Hoffnung in Flammen aufgegangen ist.«

»Kann man wohl sagen«, brummte Nigel.

»Aber jetzt hör zu«, fuhr ich fort. »In der Bibel, im Römerbrief, Kapitel 8, Vers 28 steht ein Vers, wo es heißt, daß Gott den Menschen, die ihn lieben, alles im Leben zum Besten dienen läßt. Hörst du? *Alles*. Das Gute, aber auch das Schlechte, wie daß du keinen Freigang mehr kriegst. Wenn du einfach an Jesus Christus glaubst, auch in so einer Situation, wirst du nie der Verlierer sein. Sieh die Sache als einen Sieg an. Gott will aus der Situation, in der du gerade steckst, etwas Gutes für dich machen.«

Nigel hielt an. Ich merkte, wie es in ihm arbeitete. »Gott liebt dich, Nigel. Echt. So, als ob du sein eigenes Kind wärst.«

Er sah mich an. »Danke für die Geschichte.« Er ging langsam davon.

Am nächsten Tag kam er wieder im Hof zu mir. »Tony, diese Geschichte, die du mir erzählt hast, will mir nicht aus dem Kopf. Erzähl mir mehr von deinem Gott.«

Ich erklärte ihm das Evangelium, aber ich spürte, daß das noch nicht reichte. Ich wußte selber nur zu gut, daß das Christenleben nicht ein pausenloses Zuckerschlecken ist. »Gott wird dir nicht jedes Leiden ersparen«, sagte ich. »Gerade dann, wenn es dick kommt, kann er am besten in dir arbeiten. Ich weiß selber, wie wenig ich mich auf ihn verlasse, wenn mein Leben glatt läuft. Ich bin gerade dabei, diese Lektion zu lernen, Nigel, und das ist nicht leicht, aber ich danke Gott täglich, daß er mich hierhergebracht hat.«

»Aber ich weiß nicht, ob ich das kann, Tony – glauben.«

»O, das kannst du sehr gut«, erwiderte ich. »Was hast du als erstes gemacht, als du heute morgen aufgewacht bist? Du hast geatmet. Du hast nicht darüber nachgegrübelt, ob es den Sauerstoff überhaupt gibt. Sehen kann man ihn ja nicht, oder?« Er lächelte. Ich sprach weiter. »Und als du dich das letzte Mal auf einen Stuhl gesetzt hast, hast du ihn da zuerst untersucht, ob er dein Gewicht auch tragen würde? Nein.« Jetzt lachte er. Ich sah ihn fest an. »So ähnlich ist das auch mit Gott. Er *ist* da, du mußt es nur glauben.« Nigel schaute weg, hinauf in den Himmel.

Ich sagte: »Es war einmal ein Junge, der seinen Drachen fliegen ließ. Es war gerade neblig, und sein Großvater kam zu ihm und fragte: ›Was machst du da?‹ Der Junge antwortete: ›Ich laß' meinen Drachen fliegen.‹ Sein Großvater neckte ihn. ›Wo ist denn dein Drache? Ich seh' ihn nicht.‹ Der Junge schaute hoch; er konnte ihn auch nicht sehen. Er dachte etwas nach, dann sagte er seinem Großvater: ›Aber er muß doch da oben sein. Ich spür' es, wie er an der Leine zieht.‹«

Ich sah Nigel an. »Nigel, wenn du an Jesus glaubst, spürst du es, wie er an deinem Herzen zieht.«

Am Abend schrieb ich Nigel einen Brief, in welchem ich das, was ich ihm gesagt hatte, wiederholte, zusammen mit einigen Bibelstellen, die ihm helfen konnten. Es dauerte nicht lange, und er fand zu einem echten, starken Glauben an Jesus. Bald nach meiner Entlassung aus Bullingdon wurde er in ein Gefängnis in Chelmsford verlegt, wo ich ihn heute noch besuche.

Zwei der härtesten Männer in dem Block waren Bulla und Ferguson. Bald liefen auch sie neben mir durch den Hof. Bulla kam aus dem Osten von London. Er sah wie ein Schwergewichtsboxer aus, hatte praktisch keinen Hals, und an seinen massigen Schultern hingen Arme, die dicker waren als bei anderen Männern die Oberschenkel. Bulla war von Beruf Schuldeneintreiber, der wegen Körperverletzung aus rassistischen Motiven einsaß. Seine ganze Familie war rechtsradikal; so war er aufgewachsen.

Um Bulla machte man besser einen Bogen, vor allem wenn man schwarz oder gemischtrassig war. Einer der Wärter klärte ihn, offenbar zur Vorbeugung, etwas über mich auf. Die Insassenakten sind grundsätzlich vertraulich, aber es kommt oft vor, daß ein Wärter das eine oder andere ausplaudert. Man wußte natürlich, daß ich ehemaliger Kung-Fu-Weltmeister und bei der Interpol bekannt war. »Sie nennen ihn ›Pastor‹, aber vertu' dich nicht: Der kann dir mit der bloßen Hand das Genick brechen, du wärst nicht der erste«, erklärte der Wärter Bulla.

Womit ich für Bulla interessant wurde. Auch wenn ich kein reinrassiger Arier war, das mit dem Kung Fu mußte er genauer wissen. Die Gerüchte über meine Vergangenheit hatten sich, auch wenn ich selber kaum darüber sprach, im Gefängnis wie ein Lauffeuer verbreitet und mir vor allem bei den ganz schweren Jungen einen gewissen Respekt eingebracht. Es schien sie zu interessieren, warum so einer wie ich seine Schokoriegel weiterschenkte, anderen half, ihre Briefe zu schreiben, und mit jedem, der wollte, betete.

»So'n bißchen Kung Fu, ich glaub', das könnt' ich auch«, witzelte Bulla eines Tages, als wir durch den Hof gingen. Er fing an, Löcher in die Luft zu schlagen. »Und Buddha, das hat was für sich. Bin selber kein religiöser Typ, aber du ja um so mehr. Vielleicht probier' ich das glatt mal aus, diesen Buddhismus – oder heißt es Schamanismus? Ach, ist ja egal, wie man's nennt, wie?«

Ich blieb stehen und sah ihn fest an. »Kumpel, du bist nicht im Bilde. Worüber du da gerade redest, ist religiöses Wischiwaschi, das gar nichts bringt. Das ist Volksbetrug, sonst nichts.«

»Mach's halblang, Tony.«

»Nein, hör mir zu! Es ist ein Riesenunterschied, ob ich an Gott glaube oder an irgendeine von den anderen Religionen. Ich glaube an den einen und allmächtigen Gott und an seinen Sohn, Jesus Christus. Nur Jesus hat gesagt: ›Ich bin der Weg, die Wahrheit und das Leben. Niemand kommt zum Vater, außer durch mich.‹«

»Das ist ja voll abartig!«

»Das ist nicht abartig, Bulla, das ist die Wahrheit. In der Bibel steht, daß es nur einen Gott gibt, der uns alles gegeben hat, und nur einen Herrn, Jesus Christus. Die Wahrheit kann man nicht mit Argumenten totschlagen, und man kann sie auch nicht mit irgendwelchem Mist aus menschengemachten Religionen vermischen.«

Wir setzten uns wieder in Bewegung. Plötzlich sagte Bulla: »Dann ist das so wie mit mir und Millwall?«

»Wie meinst du das?«

»Na, das ist doch die beste Fußballmannschaft, oder? Die Champions.«

»Mach weiter«, sagte ich. Was würde jetzt kommen?

»Na ja, bei dir ist es die Religion und dieser Jesus, und bei mir sind's die Kickers Millwall. Jedem das Seine halt.«

Ich hatte Lust, meinen Kopf gegen die nächste Wand zu rennen, aber ich lachte mit Bulla mit. »Nein, du verstehst mich immer noch nicht …«

»Was versteh' ich nicht?«

»Jesus ist für mich nicht ein Hobby oder so, wie Fußball oder Schach oder Tanzen, Jesus ist für mich wie die Luft, die ich atme. Es ist nicht bloß nett, ihn in meinem Leben zu haben, ich *brauche* ihn, ja er *ist* mein Leben. Ob du das annimmst oder nicht, ist dein Bier, aber die Wahrheit ist es trotzdem. Ich habe diese Wahrheit entdeckt, und ich möchte gerne, daß alle anderen sie auch entdekken. Es geht um Leben oder Tod.«

»Das glaub' ich dir gerne, du redest einem ja ein Loch in den Bauch davon! Aber das ist halt das, was *du* glaubst.«

»Ich und Millionen andere Menschen, die diesen Schritt in den Glauben getan und die Wahrheit erkannt haben.«

»Schön, aber zu denen gehör' ich halt nicht.«

»Okay, nehmen wir mal an, du bist in der Kneipe und schaust dir mit deinen Freunden ein tolles Fußballspiel an. Es gibt gerade 'nen Freistoß, aber du mußt dringend pinkeln gehen. Als du wiederkommst, ist der Freistoß ausgeführt worden, und der Torwart hat den Ball abgewehrt. Deine Kumpel sind begeistert, so 'ne tolle Parade haben sie noch nie erlebt. Du bist sauer, daß du sie verpaßt hast, aber bezweifelst du, daß sie passiert ist? Natürlich nicht! Du glaubst sie, obwohl du nicht dabei warst und sie mit eigenen Augen gesehen hast. Du glaubst, weil deine Freunde dir davon erzählen. Sie haben es gesehen, also glaubst du.«

»Du meinst also, bloß weil ich was nicht selber gesehen hab, muß das noch lange nicht heißen, daß es das nicht gibt? Du meinst, Jesus ist da, auch wenn ich ihn noch nicht gesehen hab?«

»Richtig. Jesus hat die größte Abwehrparade aller Zeiten hingelegt, als er für dich und für mich starb. Ich weiß das, weil andere Menschen mir davon erzählt haben, und jetzt glaub' ich es selber und hab diese Wahrheit am eigenen Leib erfahren und werde für den Rest meines Lebens anderen davon erzählen.«

»Heißt das, daß ich noch immer auf dem Klo bin?«

»Nein, Bulla, du bist da rausgekommen, als ich dir das erste Mal von Jesus erzählt hab. Du brauchst nur noch zur Bar zu gehen und dein Freibier in Empfang zu nehmen.«

»Jetzt versteh' ich dich.«

»Ja. Das Glas steht schon da und wartet auf dich«, lächelte ich. Endlich begriff Bulla, was ich meinte. Wir hatten noch viele solche

Gespräche, und es ist immer noch mein Gebet, daß Bulla eines Tages die Wahrheit erkennt und annimmt.

Ferguson war ein Schwarzer, der eine ähnliche Statur hatte wie Bulla. Er arbeitete in der Gefängnisküche. Eines Tages kam er zu mir und sagte: »He, Tony, ich hab gehört, du bist Christ oder so was.«

Ich blieb stehen. Würde er jetzt aggressiv werden? Würde ich es schaffen, nicht zurückzuschlagen? Ich versuchte, meine Angst nicht zu zeigen. »Ja«, antwortete ich.

»Meine Frau ist gerade gestorben«, fuhr er fort. Wollte er seine Wut an mir auslassen? Ein paar Sekunden Schweigen, dann packte er meine Schulter. »Kannst du für sie beten?«

Es dauerte ein paar Augenblicke, bis ich zu mir kam. »Ja«, sagte ich. »Das tu' ich gerne. Und ich werde auch für dich beten.« Wir unterhielten uns noch etwas. Er schüttete mir seine Sorgen aus: Was würde jetzt aus seinen Kindern werden? Ich betete mit ihm, und er schien dankbar dafür zu sein.

Von diesem Tag an gab Ferguson mir, wenn er Dienst hatte, immer eine Extraportion Orangen oder Nachtisch.

Einer der begehrtesten (und mit 5 Pfund pro Woche am besten bezahlten) Jobs im Gefängnis war der des »Red Band«. Die Red Bands hatten Reinigungsarbeiten außerhalb des Zellenblocks auszuführen, und dies selbständig und unbeaufsichtigt. Die Wärter achteten penibel darauf, wem sie diesen Job übertrugen. Das Gefängnis war zwar von einer hohen Mauer umgeben, aber wer hinreichend entschlossen und fit war, konnte sie wahrscheinlich ohne größere Schwierigkeiten überwinden. Für mich war der Job ein Gottesgeschenk. Er war schmutzig, aber ich genoß es, draußen zu sein, allein und in der frischen Luft. Jeden Tag kehrte ich den Unrat draußen zusammen, bis ich pro Flügel an die zwanzig große Müllsäcke gefüllt hatte. Bullingdon ist ein Hochsicherheitsgefängnis, aber es war erstaunlich, was die Männer alles hineinschmuggelten. Der Block hatte zwei Stockwerke, und aus den Fenstern warfen die Insassen ihre gebrauchten Injektionsnadeln, Kondome, verfaultes Obst, Flaschen, Zeitungen, oft auch Exkremente. Manche benahmen sich wie die reinsten Tiere.

Manche neideten mir mein »Red Band«-Privileg. Sie bewarfen mich mit diversen Dingen, von Flaschen über Orangen und mit Seife gefüllte Socken bis zu heißem Wasser. Es war nicht immer einfach, den Geschossen auszuweichen, und ich betete ständig, während ich meinen Dienst tat. Nach einer Weile kannte ich die meisten der Männer in den Erdgeschoßzellen. Bald hatte ich allen von ihnen das Evangelium erzählt. In einer Zelle saßen zwei Polen, Andrzej und Bolek. Sie waren professionelle Kidnapper, große, brutale Männer, die lange Haftstrafen bekommen hatte. Andrzej sprach etwas Englisch, aber es war nicht einfach, mit ihm zu kommunizieren.

Eines Abends setzte ich mich hin und schrieb ihnen einen Brief, in welchem ich versuchte, ihnen in so einfachem Englisch wie möglich das Evangelium zu erklären. Ich benutzte auch ein paar griechische Wörter, denn ich hatte den Eindruck, daß das Polnische Ähnlichkeiten mit dem Griechischen hatte. Einige Tage danach machte ich wieder meine Müllarbeiterrunde, als Andrzej mich durch das Fenster zu sich winkte. »Tony, danke für deinen Brief«, sagte er, ganz aufgeregt. »Wir wußten ja gar nicht, daß du so gut Polnisch kannst.«

»Was?« Ich war platt.

»Na, dein Brief. Dein Polnisch ist perfekt.« Andrzej grinste. »Sogar mein Kumpel hier kann's verstehen. Danke bestens.«

Ich wußte nicht, was ich sagen sollte. Ich kannte keine Silbe Polnisch. »Nein, nein«, sagte ich. »Ich hab den Brief auf Englisch und Griechisch geschrieben.«

Andrzejs Gesicht wurde ein Fragezeichen. Dann verschwand er von dem Fenster und ich hörte, wie er irgendetwas auf polnisch sagte. Im nächsten Augenblick schob Bolek ihn beiseite und winkte mir zu, den Brief in der Hand. »Yes, yes, good Polish«, sagte er. Mehr Englisch konnte er nicht, aber er grinste über beide Ohren, und mir dämmerte es: Hier hatte Gott ein Sprachenwunder getan!

Ich dankte ihm und lobte ihn, während ich weiterarbeitete. Als ich fertig war, drückte ich den Summer, um wieder in den Hauptblock eingelassen zu werden. Oft öffneten die Wärter nicht sofort. Ich wußte: Sie gönnten mir noch ein paar Minuten, um mich in das Gras zu setzen und meine Bibel zu lesen oder zu den Hügeln hinter der Mauer hinzuschauen.

Eines Tages rief aus dem Obergeschoß jemand zu mir herunter: »He, Pastor, weißt du schon, daß Jesus tot ist?« Das ärgerte mich. Ich hatte mit diesem Typen schon mehr erlebt. Er hatte Flaschen auf mich geworfen und mich wüst beschimpft, aber sein Gesicht zeigte er nie. Ich packte die Schaufel fester; ich hatte Lust, sie ihm über den Schädel zu ziehen. Dann dachte ich darüber nach, was Jesus an meiner Stelle tun würde, und beschloß, den Kerl zu ignorieren. Aber er machte weiter mit seinem Gegeifere und lachte wie ein Irrer. Ich mußte etwas tun.

Ich riß mich zusammen und rief, so ruhig es ging: »Du liegst falsch! Jesus lebt! Ich muß das wissen, weil er in meinem Herzen wohnt, und deshalb vergebe ich dir, und Gott segne dich!«

Ein Augenblick Schweigen. Dann merkte ich, was gleich kommen würde. Ich stand still, den Kopf geneigt, und sagte mir den 23. Psalm auf: »Und ob ich schon wanderte im finsteren Tal, fürchte ich kein Unglück, denn du bist bei mir ...«

Ein Schwall kochendheißen Wassers kam aus dem Fenster. Meine Kleider begannen zu dampfen, aber komisch: Das Wasser fühlte sich überhaupt nicht heiß an, sondern kühl, fast schon erfrischend. Kein Stückchen von meiner Haut war verbrannt. Ganz verdutzt stand ich da, dann rief ich nach oben: »Also los, komm ans Fenster!« Brüllendes Gelächter war die Antwort.

»Hast du Schiß?« rief ich. Schweigen. Ich dachte kurz nach, dann fuhr ich fort: »Hör gut zu! Wenn ich ein Spitzel wär', würd' ich dich jetzt verpfeifen, aber ich bin keiner! Ich werd' noch nicht mal zu dir raufkommen! Wenn ich kein Christ wäre, würd' ich dich jetzt zu Brei schlagen, aber dazu liebe ich Jesus zu sehr! Ich bin hier, weil ich selber ein paar Sachen gemacht hab, für die ich mich schäme!« Kein Laut kam von oben. Ich rief weiter: »Daß du's weißt: Ich vergebe dir im Namen des Herrn Jesus Christus! Gott segne dich!«

Viele der anderen Männer hatten den Vorfall mitbekommen. »Das kannst du nicht auf dir sitzen lassen, Tony«, sagten sie mir. »Sag uns, welches Fenster es war, und wir bringen dir den Kerl!«

»Nichts da!« antwortete ich. Sie erklärten mich für verrückt. Als ich zurück in den Block ging, wußten einige der Wärter bereits, was geschehen war. »Sag uns, wer das war, Tony, dann unternehmen wir was.«

»Nein, ich hab ihm versprochen, daß ich ihn nicht anschwärzen werde.«

»Aber das kannst du doch nicht einfach durchgehen lassen«, sagten sie. Einer packte mich am Arm und sagte leise: »Geh doch selber rauf und gib ihm eine Abreibung. Wir kommen dann in ein paar Minuten nach und helfen dir.«

»Ihr wißt, daß ich das nicht machen kann«, antwortete ich. »Ich bin nicht mehr so wie früher.« Den Wärtern stand der Mund offen. Ich versuchte, ihnen die Sache zu erklären. »Ich will diesem Mann vergeben. Vergeben macht frei. Vergeben ist viel mächtiger als Vergeltung.« Und ich erzählte ihnen von dem Erlaßjahr im alten Israel, wenn die Herren und Könige ihren Sklaven die Freiheit gaben und Schulden erließen. »Jesus Christus kennen ist so ähnlich«, erklärte ich. »Er ist der, der uns alle unsere Schulden erlassen hat, und seine Vergebung kennen bringt wahre Freiheit und echtes Glück. Der Haß ist wie ein Gefängnis. Ich weiß, daß ich diesem Mann vergeben muß, egal, wer er ist.«

Die Wärter sahen sich an und zuckten die Achseln. Einer klopfte mir auf den Rücken. »Du bist ein besserer Mensch als ich, Pastor«, lächelte er.

Ich habe mich nie an dem Mann mit dem kochenden Wasser gerächt, aber später erfuhr ich, daß mehrere meiner Freunde aus dem Erdgeschoß herausgefunden hatten, wo das Wasser hergekommen war. Bei der nächsten Gelegenheit waren mehrere von ihnen nach oben gegangen und hatten dem Mann eine ernste Verwarnung erteilt. Er hat mich nie wieder belästigt.

Kapitel 16

Einer der Treffpunkte im Gefängnis war die Kapelle. In die Kapelle ging man, wenn man einen Grund brauchte, um aus seiner Zelle herauszukommen. Der Gefängnisgeistliche, ein anglikanischer Pastor, war ein müder, resignierter Mann, der seit Jahren seinen Dienst in Bullingdon tat und kein großes Herz für das Evangelium hatte. Jeden Abend verließ er die Anstalt, um nach Hause zu gehen, aber innerlich war er genauso ein Gefangener wie wir anderen auch. Meine missionarischen Aktivitäten irritierten ihn sichtlich, aber er konnte wenig gegen sie unternehmen.

Jede Woche kamen Männer zum Glauben an Christus, und wir versammelten uns regelmäßig in der Kapelle, um miteinander zu reden, die Bibel zu lesen und zu beten. Es gab immer ein paar Zaungäste, die manchmal auch mitmachten. Einer von ihnen war Beau Beasley. Er war ein junger Drogensüchtiger mit blasser Haut und ruhelosen Augen. Beau hatte den größten Teil seines Erwachsenenlebens im Knast verbracht. Wenn seine Haftzeit zu Ende ging, stellte er immer irgendetwas an, damit er seine Entlassung verwirkte. »Hier ist mein Zuhause«, verriet er mir eines Tages. »Draußen, das ist nichts für mich. Da hab ich niemand und muß Rechnungen bezahlen und mir 'ne Wohnung suchen. Hier im Knast hab ich jeden Tag 'ne warme Mahlzeit und jede Menge Kumpel.« Es gab zu viele Männer wie Beau.

Ein anderer, den man oft in der Kapelle sah, was Swampy, der durch nicht mehr ganz legale Umweltschutzaktionen Schlagzeilen gemacht hatte. Im Gefängnis war er ein Außenseiter; wen interessierte schon das Schicksal der Bäume um Bullingdon? Swampy war ein ziemlicher Okkultist und ließ sich oft von seiner »Priesterin« besuchen, die dem Gefängnisgeistlichen schöne Augen machte und bald einige der Sonntagsgottesdienste übernahm. Das machte mich wütend. Ich konnte nur beten, und siehe da, Gott griff ein und die Besuche der Priesterin hörten (warum, weiß ich nicht) auf.

Ein hell empörter Swampy kam zu mir. Er rempelte mich an und zischte: »Ich hab von deinen krummen Touren gehört, daß du gebetet hast, daß meine Priesterin nicht mehr kommen darf. Paß auf, daß ich dir nicht eins über die Rübe zieh'!«

Ich schob fest seine Hand von meiner Schulter. Er war um einiges größer als ich, aber ich schob meine Nase vor seine. »Jetzt hörst du *mir* mal zu! Mach, was du willst, von mir aus gleich jetzt, wenn ich mich umgedreht hab. Aber sei dir darüber im klaren: Was du auch machst, ich vergebe dir. Ich liebe dich im Namen Jesu Christi. Ich hab nichts gegen dich, aber was du tun mußt, das tu, bitte sehr!«

Swampy funkelte mich an. Keiner von uns beiden wußte, was als nächstes passieren würde. Schließlich stieß er einen Fluch aus und ging.

Nach sechs Monaten wies man mich an, mich auf meine Entlassung vorzubereiten. Ich wußte nicht, wie mein Leben weitergehen würde, aber Gott hatte mir so viel gezeigt im Gefängnis. Ich war ein anderer Mensch geworden. Auch Sara war in ihrer Beziehung zu Gott gewachsen. Wie ich auch, verließ sie sich viel mehr auf ihn und verbrachte mehr Zeit im Gebet. Das Leben war nicht einfach für sie und Ethan, aber mein Herz wurde warm, wenn ich hörte, wie sie so ganz neu von ihrer Liebe zu Jesus sprach.

Mein Entlassungstag war der 12. Februar 2002. Ich hatte einiges an Geld zusammengespart und wollte den Männern, die ich in den zurückliegenden Monaten kennengelernt hatte, ein letztes Geschenk machen. Ich ging wie immer in die Kapelle, wo die anderen schon auf mich warteten. »Was ist in der Tüte, Pastor?« fragte Sam Paul, der Mann, der mir meinen Spitznamen verpaßt hatte (ich nannte ihn Hagrid). Ich stellte die Tüte auf den Tisch, ließ sie kippen und ein ganzer Wasserfall Schokoriegel kam heraus.

»Es ist genug für jeden da«, rief ich in das fröhliche Gelächter hinein. Schokoriegel waren sehr beliebt im Knast, vor allem bei denen, die ihr ganzes Geld in Zigaretten umsetzten. »Leute, heute ist mein letzter Tag hier. Wie ihr wißt, rauche ich nicht, und da hab ich mein Geld aufgespart, um euch eine kleine Erinnerung an mich mitzugeben. Das ist mein ›Vergelt's Gott‹ an euch.«

Und ich ging durch die Kapelle und paßte auf, daß wirklich jeder einen Riegel bekam. Auch Swampy war da. Er sah etwas verlegen aus. Unter den Christen im Gefängnis war es eine Art Tradition geworden, daß wir uns in einem Kreis aufstellten und gemeinsam den Segensspruch des Paulus aus dem 2. Korintherbrief aufsagten: »Die Gnade unseres Herrn Jesus Christus und die Liebe Gottes und die Gemeinschaft des Heiligen Geist sei mit uns allen. Amen.«

Ich ließ meinen Blick durch den Raum wandern, als wir den Segen sprachen. Nicht wenige Männer, die hier standen, waren in den letzten Monaten radikal anders geworden. Auch Swampy stand in dem Kreis. Er sprach den Segen nicht mit, aber er lächelte. Als wir fertig waren, trat er zu mir und hielt mir seine Faust entgegen, zum Zeichen der Freundschaft. »Du bist in Ordnung, Kumpel«, sagte er. Ich hielt meine Faust an die seine und lächelte. »Gott segne dich.«

Nach meiner Entlassung schrieb ich Swampy und noch vielen anderen regelmäßig Briefe. Sie schrieben mir zurück, und noch heute kümmere ich mich um viele dieser Männer. Einige sind inzwischen selber entlassen worden. Andere wurden in andere Gefängnisse verlegt, und ich versuche, sie so oft wie möglich zu besuchen.

In den sechs Monaten in Bullingdon ist wohl kein Menschenleben mehr verändert worden als meines. Im Rückblick erkannte ich, daß Gott mich durch den Unfall und seine Folgen gleichsam in die Wüste geführt hatte. Ich glaube, nur dort konnte er mir helfen, nur dort mir meinen Hochmut und Fanatismus austreiben. Nur dort konnte er mich auf die Knie bringen und mir Demut beibringen – die Lektion, die ich so dringend brauchte.

Als ich meine Bibel las, merkte ich, daß viele von Gottes erwählten Leuten in ihrem Leben durch Wüstenerlebnisse hindurchmußten, manche in einem ganz wörtlichen Sinne. Die Israeliten hatten nach ihrer spektakulären Befreiung aus der Sklaverei in Ägypten vierzig Jahre durch die Wüste wandern müssen. Der folgende Vers aus 5. Mose 8 sprach mich besonders an:

> Gedenke des ganzen Weges, den dich der HERR, dein Gott, geleitet hat diese vierzig Jahre in der Wüste, auf daß er dich demütigte und versuchte, damit kundwürde, was in deinem Herzen wäre, ob du seine Gebote halten würdest oder nicht.

Wie ich, so hatten auch die Israeliten wieder und wieder gesündigt. Gott hatte gewaltige Wunder unter ihnen getan, aber sie enttäuschten ihn immer wieder. Doch er liebte sie weiter. Ich las, wie er sie mit Wasser, Speise, Schuhen und Kleidung versorgte. Er hatte einen Plan für sie, ja er schenkte ihnen eine neue Offenbarung: die Zehn Gebote.

Ich blätterte weiter in der Bibel. Auch später hatten viele Schlüsselereignisse die Form von Wüstenerlebnissen. Ganz fasziniert las ich in meiner Studienbibel, daß eines der hebräischen Wörter für »Wüste« wörtlich übersetzt »der Ort, wo Gott spricht« bedeutet.

Mein Entdeckerhunger wuchs noch. Ich wußte bereits, daß Johannes der Täufer auch »die Stimme eines Predigers in der Wüste« genannt wurde. Die Gestalt des Johannes zeigte mir noch mehr darüber, wie Gott mich haben wollte. Johannes der Täufer war ein Superevangelist – genau das, was ich auch sein wollte. Die Leute standen buchstäblich Schlange, um sich von ihm taufen zu lassen. Aber er wußte darum, daß seine Botschaft sich nicht um ihn selber drehte, sondern um einen anderen. Seine Aufgabe war, dem kommenden Messias den Weg zu bereiten. In Johannes 3,30 sagt er über Jesus: »Er muß wachsen, ich aber muß abnehmen.«

Je mehr ich diese Bibelstellen studierte, um so faszinierter wurde ich. Sogar Jesus selber wurde vom Heiligen Geist in die Wüste geführt, wo er vierzig Tage blieb und dreimal vom Teufel versucht wurde. Anders als so viele andere biblische Figuren war Jesus seinem Vater vollkommen gehorsam. Er ließ sich nicht von den Versuchungen der Welt einwickeln. Ich merkte: Das größte aller Vorbilder war Jesus selber.

Ich war dankbar für die Zeit, die Bullingdon mir gab, um mehr über Jesus zu entdecken. Obwohl er mächtig genug war, um die Versuchungen in der Wüste abzuwehren, war er doch gleichzeitig des Urbild der äußersten Demut. Gebrochen an Körper und Geist, trug er die Sünden der Welt, als er am Kreuz starb. Bald ging ich ins

Alte Testament zurück, um zu sehen, was die Propheten über Jesus vorhergesagt hatten. Im 22. Psalm stieß ich sogar auf Worte, die Jesus selber prophetisch über sich gesagt hatte. Beim 7. Vers kam mir meine Kung-Fu-Ausbildung zu Hilfe mit den Tieren, die ich damals imitiert hatte. »Ich aber bin ein Wurm und kein Mensch«, sagt Jesus. Ich mußte daran denken, wie ich den Weg der Schlange gelernt hatte. Wenn eine Schlange angegriffen wird, richtet sie sich zischend auf und schlägt zurück – ein gutes Bild des Menschen, wie er von Natur aus ist. Ein Wurm dagegen wehrt sich nicht; man kann mit ihm machen, was man will. Der Wurm ist das Bild totaler Zerbrochenheit.

Ich saß lange da und grübelte über dieses Bild nach. Jesus, der Sohn Gottes, der Schöpfer des Alls, war für mich wie ein Wurm geworden. Wieviel mehr mußte ich da bereit sein, für ihn zerbrochen zu werden? Er suchte keine Hochglanzchristen – also das, was ich mit den immer dickeren Gehältern, dem schöneren Haus, dem besseren Auto geworden war. Die Worte Jesu im Gleichnis vom vierfachen Ackerfeld kamen mir ins Gedächtnis: »... und die Sorgen der Welt und der betrügerische Reichtum und die Begierden nach allem andern dringen ein und ersticken das Wort, und es bleibt ohne Frucht« (Markus 4,19). Ich merkte: Das schöne Haus und das Auto an sich waren nicht das Problem, um so mehr aber meine Einstellung zu diesen Dingen. Ohne es zu merken, hatte ich damals den Wohlstand zu meinem Götzen gemacht und Gott an die zweite Stelle gesetzt.

Seit meinen ersten Tagen als Christ hatte ich die Lehren des Apostels Paulus studiert. Er war ein Mann, mit dem ich mich identifizieren konnte. Wie ich, war er ein gewaltiger Sünder gewesen. Wie ich, hatte er eine dramatische Begegnung mit Jesus gehabt. Wie ich, war er im Gefängnis gewesen; in Kolosser 4,3 schreibt er, daß er für »das Geheimnis Christi« »in Fesseln« war. Manche der Männer, die ich durch das Fenster meiner Zelle im Gefängnishof sehen konnte, waren stolz auf ihre Verbrechen, andere, wie ich, schämten sich. Aber alle waren sie in sich selber gefangen, und ich wünschte ihnen so sehr, daß sie alle die rettende Gnade Jesu Christi erleben würden.

Oft schrieb ich meine Gedanken nieder, wenn ich die Bibel studierte. Oder kritzelte einfach mit meinem Bleistift. Einmal sah ich, daß ich gerade ein kantonesisches Schriftzeichen zu Papier gebracht hatte. Ich lächelte, als ich es erkannte: Es war *Yi*, das Wort für »Gerechtigkeit«. In der kantonesischen Schrift wird es dadurch wiedergegeben, daß über das Zeichen für »ich« (*wo*) das Zeichen für »Lamm« (*yang*) gesetzt wird. in Johannes 1,29 nennt Johannes der Täufer Jesus »Gottes Lamm, das die Sünde der Welt trägt«. Was für ein treffendes Schriftzeichen für die Gerechtigkeit, die Gott dem Sünder durch den Glauben an Christus anbietet!

Die ganze Zeit, die ich in Bullingdon war, bat ich Gott immer wieder, meinen weiteren Lebensweg zu ordnen. Sorgen gab es mehr als genug. Zum Beispiel meine Beziehung zu Sara und Ethan. Sara hatte inzwischen gelernt, auch ohne Ehemann zu leben, und Ethan hatte mich noch nicht wirklich als Vater kennengelernt. Sara hatte ein Haus für uns gefunden, aber ich brauchte eine Arbeitsstelle, um das Haus zu finanzieren. Aber wer würde einem mehrfach Vorbestraften wie mir eine Stelle geben?

Vor allem aber wollte ich nicht noch einmal die Art Christ werden, die ich vor meiner Inhaftierung gewesen war. Ich wollte weiter für Gott arbeiten, ihn bezeugen, Menschen zu ihm führen, aber diesmal anders. »Bitte, Herr«, betete mich, »schenke mir Menschen, die mir bei dieser Arbeit helfen und dafür sorgen, daß ich auf dem Teppich bleibe.«

Gott erhörte diese Gebete alle, und alle zu seiner Zeit. Nur ein paar Tage nach meiner Entlassung sagte Sara mir, daß es gerade so war, als ob ich nie fortgewesen wäre. Sie war anders geworden. Wie ich, war auch sie vor Jesus auf die Knie gegangen. Am Kühlschrank und überall im Haus gab es Aufkleber und Zettel mit Bibelversen. Ethan gewöhnte sich rasch an mich. Wir spielten und lachten zusammen. Mein Herz floß über vor Freude, wenn er »Papa!« schrie und sich in meine Arme warf. Ich hatte so viel von ihm zu lernen.

Bereits nach einer Woche hatte ich eine Arbeit bekommen, als Kellner in einem Restaurant. Ich sagte dem Inhaber ehrlich, wo ich die letzten sechs Monate verbracht hatte; er nahm mich trotzdem. Die Bezahlung war mickrig, aber ich achtete darauf, stets lächelnd zu meiner Arbeit zu erscheinen. Das Lächeln war ein ebenso wichtiger wie natürlicher Teil meines Zeugnisses. Ich war voll von einer neuen Freude. Gott ist ein Gott der zweiten Chance, und diese Wahrheit stand auf meinem Gesicht geschrieben. Meine alte Aggressivität war wie weggeblasen, und ich hatte den Eindruck, daß Jesus mir täglich etwas Neues zeigte. Irgendwie konnte ich durch die Gesichter der Menschen hindurchsehen. Viele von ihnen hatten verletzte Seelen, und ich wollte sie so gerne erreichen. Oft begann ich, im Bus oder im Restaurant, ganz spontan mit jemandem über Jesus zu reden. Was die Leute von mir dachten, war mir egal. Wenn Gott sich nicht wegen mir schämte, obwohl ich ihn so oft enttäuscht hatte, wie sollte ich mich da für ihn schämen?

Mit dieser neuen Einstellung hatte ich keine Hemmungen, anderen von meinem Glauben zu erzählen. Aber ich lernte auch neu, was die einzelnen gerade brauchten. Nicht jeder brauchte eine Bekehrungspredigt; manche brauchten nur jemanden, der ihnen ein Lächeln gönnte oder zuhörte. Manchmal gab ich den Leuten ein christliches Buch in die Hand oder ein paar Seiten, auf denen ich meine Lebensgeschichte zusammengefaßt hatte. Immer legte ich meine Telefonnummer dabei und sagte den Betreffenden, daß sie mich jederzeit anrufen konnten. Ich staunte nur so, wie oft das Telefon klingelte. »Sie haben mich heute morgen im Bus angesprochen ...« Oder: »Erinnern Sie sich noch? Vor zwei Wochen standen wir in der Schlange vor der Kasse im Supermarkt.« Die einen Anrufer waren als Christen erzogen worden, dann aber vom Glauben abgefallen, andere hatten es noch nie erlebt, daß jemand so persönlich zu ihnen über Gott sprach. Und viele brauchten einfach jemanden, dem sie ihr Herz ausschütten konnten.

Gleichzeitig arbeitete ich still in unserer Gemeinde mit. Die Christen in der Leigh Road Baptist Church hatten treu zu Sara und mir gestanden, als ich in Bullingdon einsaß, und jetzt hießen sie mich mit offenen Armen willkommen. Ich konnte es kaum erwarten, evangelistisch tätig zu werden, aber ich hielt mich an Gottes Verheißung für mich. Kurz vor meiner Haftentlassung hatte Gott durch einen Abschnitt im 1. Kapitel der Apostelgeschichte zu mir gesprochen. Als der auferstandene Jesus seinen Jüngern erschienen war, hatte er sie angewiesen, in Jerusalem zu bleiben und zu warten, bis sie die Gabe seines Vaters empfingen, und ich hatte den Eindruck, daß genau dies Gottes Botschaft an mich jetzt war: »Warte, bis die richtige Zeit da ist!«

Pastor Steven Hembery war sehr verständnisvoll. Er wußte von meiner Erfahrung mit Teenagern und machte mir Mut, bei der Jugendarbeit und Jugendevangelisation der Gemeinde zu helfen. Er bat mich auch, der Gemeinde aus meinem Leben zu erzählen. Ich hatte so viel zu erzählen, daß ich es in zwei Vorträge aufteilte, die über sechs Monate auseinanderlagen. Beide Male war die Resonanz groß. Alle staunten über meine Kindheits- und Jugendgeschichte und wie ich Gott begegnet war. Nur wenige Menschen können viel mit meinem Leben als Kung-Fu-Kämpfer und Bodyguard anfangen, aber mehrere Menschen in der Gemeinde fanden durch mein Zeugnis erstmals zu einem lebendigen Glauben an Jesus Christus. Das war ein Feiertag!

Aber die größte Stunde sollte noch kommen. Viele Glieder dieser Gemeinde waren schon seit vielen Jahren Christen, und manche waren in die gleiche Falle getappt wie ich vor meinem Autounfall; sie waren selbstgefällige Sofachristen geworden, die ihre Leidenschaft für Jesus und den Drang, anderen von ihm zu erzählen, verloren hatten. Ich wußte nur zu gut, daß viele der Menschen, die da vor mir auf den Bänken saßen, gute, ehrliche Leute waren, die hart für ihre Gemeinde arbeiteten und einander echt liebten. »Aber seid ihr wirklich zerbrochen und für Gottes Willen offen?« fragte ich sie. »Oder arbeitet ihr in eurer eigenen Kraft und Gerechtigkeit, wie ich so lange?« Und ich zitierte die Worte des Apostels Paulus in Galater 2,20: »Darum lebe nicht mehr ich, sondern Christus lebt in mir.«

Ich fuhr fort: »Ich habe für mich persönlich entdeckt, daß Jesus erst dann wirklich ganz in mir leben kann, wenn mein stolzes Ich zerbrochen ist. Dieses Ich ist hart und unnachgiebig. Es rechtfertigt sich selbst, sucht seinen eigenen Willen, seine eigenen Rechte, seine eigene Herrlichkeit. Solange dieses Ich sich nicht endlich unter Gottes Willen beugt, zugibt, daß es falsch liegt, und sich in Jesu Hand gibt, kann er nicht wirklich in dein Leben hineinbrechen und dich für seine Pläne benutzen, und du wirst nie die tiefe Freude erfahren, die der hat, der nicht für seine eigenen Wünsche lebt, sondern allein für Gott.« Es wurde ganz still in der Kirche.

Ich erzählte weiter von meiner »Wüstenzeit«. Ich wußte, daß viele in der Gemeinde sich nur zu gut damit identifizieren konnten. Sie brauchten nicht hinter Gittern zu sein, um sich verlassen, allein und als Versager vor Gott zu fühlen. Ich machte ihnen Mut: »Gott spricht zu seinen Leuten in der Wüste. Wenn alles andere verloren erscheint, hören wir seine leise, sanfte Stimme, die uns ruft. Habt keine Angst vor dem Leiden. Leiden und Prüfungen werden kommen, aber sie sind nur die Gelegenheit, zu zeigen, daß ihr Gott vertraut und ihm gehorcht. Seid still und erkennt, daß Gott euch liebt und für euch sorgen wird. Er weiß genau, was er in eurem Leben tut. Nehmt euch die Zeit, auf ihn zu hören, um seinen vollkommenen Weg zu entdecken.«

Am Ende der Veranstaltung waren viele Anwesende den Tränen nahe, am allermeisten wohl ich. Eine alte Dame kam zu mir. Aus ihrem Gesicht strahlte die Liebe zu Jesus. Sie dankte mir für meine Worte, und dann sagte sie: »Junger Mann, Sie sind durch eine lange und tiefe Wüste gegangen. Aber lassen Sie sich warnen: Es könnte sein, daß Gott Sie eines Tages wieder in die Wüste führt.« Mir lief es kalt den Rücken hinunter; das hatte ich nicht erwartet. Die Frau fuhr fort: »Seien Sie wachsam, bleiben Sie ganz nah bei Jesus.« Und sie drehte sich um und ging. Ich habe mir ihre Warnung zu Herzen genommen. Jeden Tag gebe ich mich Jesus neu hin, wohl wissend, daß sein Werk in mir erst angefangen hat.

In den letzten Jahren habe ich meine Geschichte in Kirchen, Schulen, Altenheimen, Gefängnissen, Sporthallen und auf der Straße erzählt, auf vielen Veranstaltungen in Großbritannien. Und Gott erhört weiter meine Gebete und benutzt mich, um anderen die Gute Nachricht von Jesus Christus weiterzusagen.

Meine Geschichte ist eine Botschaft für alle, weil sie Gottes Botschaft ist: daß ein zerbrochener Mensch heil werden, ein Böser Vergebung bekommen, ein verpfuschtes Leben neu werden kann und voller Freude an der Gegenwart und Hoffnung für die Zukunft. Es ist mein Gebet, daß Sie diese Geschichte nehmen und zu Ihrer eigenen machen.

Nachwort (über die Autoren)

Im Jahre 2003 gründete Tony Anthony mit der Unterstützung eines Leitungsteams das Missionswerk Avanti Ministries Limited. *Avanti* ist das italienische Wort für »Geht!«, und der Name des Werkes ist aus dem Missionsbefehl Jesu abgeleitet:

> Darum gehet hin und machet zu Jüngern alle Völker: Taufet sie auf den Namen des Vaters und des Sohnes und des heiligen Geistes und lehret sie halten alles, was ich euch befohlen habe. Und siehe, ich bin bei euch alle Tage bis an der Welt Ende. (Matthäus 28,19-20)

Avanti sieht seine Aufgabe darin, zusammen mit Gemeinden vor Ort dafür zu arbeiten, das Evangelium von Jesus Christus den Menschen in ihrer Umgebung bekannt zu machen.

Anfang 2004 beschloß Tony, Vollzeitevangelist zu werden. Heute ist er voll damit beschäftigt, in Schulen und Altenheimen, Gefängnissen und Kinos, auf Straßen und öffentlichen Plätzen in Großbritannien und anderswo seine Geschichte zu erzählen und das Evangelium weiterzugeben. Unterstützt durch ein tatkräftiges und erfahrenes Team, organisiert er Jugendevangelisationen, Familientage und alle möglichen kleinen und großen Missionsveranstaltungen. Avanti möchte den einzelnen Gemeinden helfen, die Botschaft des Evangeliums so in die Welt hineinzutragen, daß die Menschen aufhorchen und merken: Wir sind gemeint. Das Avanti-Team bietet Evangelisations- und Jüngerschaftskurse für Anfänger wie Fortgeschrittene im Glauben an und ermutigt Gemeinden, im Glauben zu wachsen.

Tony hilft weiter vielen der Insassen der Strafvollzugsanstalt Bullingdon (darunter mehrere in diesem Buch erwähnte Männer, die inzwischen ihre Strafe abgesessen haben) sowie Insassen anderer Gefängnisse in Großbritannien.

Tony und Sara sowie ihre beiden Söhne Ethan und Jacob wohnen weiter in Essex.

Angela Little ist freie Schriftstellerin. Als Herausgeberin des Magazins *Premier* war sie an mehreren von Authentic Media sowie Hodder & Stoughton publizierten Büchern beteiligt. Sie wohnt zur Zeit mit ihrem Ehemann Phil und ihrem Sohn Samuel in Northamptonshire (England).

Weitere Informationen über Avanti sind im Internet auf der folgenden Website erhältlich: www.avantiministries.com – oder kontaktieren Sie Tony direkt über seine E-Mail-Adresse: tony@avantiministries.com

Steve Amos: **Kampf am Abgrund**
ISBN 3-931188-74-4
Drogen, Kriminalität, Okkultismus, Gefängnis, sexuelle Verhältnisse – Steve Amos hatte alles zu bieten. Er war ein hoffnungsloser Fall. In der Sackgasse angekommen, will Amos seinem Leben ein Ende machen. Da greift Gott ein. Eine unglaubliche Bekehrung macht aus ihm einen Drogenberater und Evangelisten.

Raul Ries: **Raul – der Hölle entronnen**
ISBN 3-931188-28-0
Raul Ries – wer ihn in seinen jungen Jahren kannte, fürchtete sich vor ihm. Sein Name war gleichbedeutend mit Kampf, Gewalttätigkeit und Terror. Es war ein Wunder, das diesen Mann an einem Sonntagabend von seinem Jähzorn befreite. Wie war das möglich?

Gulshan Esther: **Der Schleier zerriß**
ISBN 3-922349-30-7
Gulshan, direkte Nachfahrin des Propheten Mohammed, begegnet Jesus in der wunderbaren Heilung ihres verkrüppelten Körpers und wird dadurch zu einem lebendigen Zeugnis für die Kraft Gottes, die alle Hindernisse durchbrechen kann.

Nicky Gumbel: **Heiße Eisen angepackt**
ISBN 3-931188-02-7
Gumbel hat die Fragen, die gegen den christlichen Glauben geltend gemacht werden, untersucht. Es sind die Fragen, die am häufigsten gestellt werden und schwierig zu beantworten sind.

Dave Hunt: **Verteidigt den Glauben**
ISBN 3-931188-41-8
Viele Fragen, mit denen der Christ im Gespräch mit Nichtchristen, aber auch in seinem eigenen Glaubensalltag konfrontiert wird werden gestellt. Dave Hunt gibt biblisch fundierte, systematisch aufgebaute Antworten, die den Leser Schritt für Schritt in ein tieferes Verständnis Gottes und der Bibel hineinführen.

Dave Hunt: **Globaler Friede und Aufstieg des Antichristen**
ISBN 3-922349-81-1
Der Friede, der von der ganzen Menschheit sehnsüchtig erwartet wird, wird das Ende der Menschheitsgeschichte einleiten. Dave Hunt zeigt die dramatischen Entwicklungstendenzen und Haupttrends auf und deutet sie auf der Grundlage fundierter Bibelkenntnis und aktueller zeitgeschichtlicher Analyse.

David Wilkerson: **Ein starker Gott in Zeiten der Not**
ISBN 3-931188-42-6
Wo gibt es Zuflucht vor dem Sturm, der den ganzen Globus erfassen wird? Informieren Sie sich: Wie man in dieser gefährlichen Zeit die Angst überwindet... Wie man in schwerer Zeit Gelingen haben kann ... Wie man sich auf die kommende Wirtschaftskrise vorbereitet ... Und vieles mehr.

David Wilkerson: **Mit dem Herzen Gott erkennen**
ISBN 3-931188-60-4
Genügt es nicht, zu wissen, daß Gott der Allmächtige, der Ewige, das A und O ist?
Es genügt – bis eines Tages Stürme über uns hereinbrechen – dann brauchen wir mehr.